弹簧上的行政
Administration upon Spring

中国土地行政运作的制度分析
Institutional Analysis of
the Land Administration in China

谢志岿　著

2015年·北京

图书在版编目(CIP)数据

弹簧上的行政:中国土地行政运作的制度分析/谢志岿著.—北京:商务印书馆,2015
ISBN 978-7-100-10551-4

Ⅰ.①弹… Ⅱ.①谢… Ⅲ.①土地管理—行政管理—研究—中国 Ⅳ.①F321.1

中国版本图书馆 CIP 数据核字(2014)第 007098 号

所有权利保留。
未经许可,不得以任何方式使用。

弹簧上的行政
——中国土地行政运作的制度分析
谢志岿 著

商务印书馆出版
(北京王府井大街36号 邮政编码 100710)
商务印书馆发行
北京冠中印刷厂印刷
ISBN 978-7-100-10551-4

2015 年 2 月第 1 版　　开本 787×960　1/16
2015 年 2 月北京第 1 次印刷　印张 19½
定价:49.00 元

目　　录

第一章　导论 …………………………………………………… 1
　一、非制度化运作研究:文献综述 ………………………… 3
　二、本书的主要问题、基本假设和理论发现 …………… 18
　三、本书的基本概念与理论 ……………………………… 20
　四、本书的研究方法、过程和主要内容 ………………… 37

第二章　中国土地管理正式制度与组织变迁 ……………… 47
　一、1949—1977 年中国土地(管理)制度及其主要特征 …… 48
　二、1978 年以来中国土地管理制度变迁 ……………… 60
　三、土地利用计划管理制度变迁:建立集中统一的计划管理体制
　　　……………………………………………………… 63
　四、建设用地审批制度变迁:严格控制占用耕地 ……… 67
　五、土地征用制度变迁:完善程序,提高成本 …………… 70
　六、土地供应制度变迁:从行政配置到市场配置 ……… 75
　七、耕地保护制度变迁:控制与开发相结合 …………… 78
　八、土地市场管理和房地产调控制度变迁:弥补市场失灵 …… 80
　九、土地管理组织变迁:从多头分散管理到集中统一管理 …… 87
　十、土地监察制度变迁:加强与规范 …………………… 90
　十一、土地管理组织和制度变迁的逻辑 ………………… 92

第三章　地方土地行政中的非正式制度 …………………… 94
　一、土地利用计划管理中的非正式规则 ………………… 95

二、建设用地报批中的非正式规则……………………………… 101
　三、征地实施过程中的非正式规则……………………………… 107
　四、土地供应中的非正式规则…………………………………… 128
　五、耕地保护中的非正式规则…………………………………… 141
　六、土地监管中的非正式规则…………………………………… 144
　七、房地产调控中的非正式规则………………………………… 147
　八、组织的非正式制度：一个理论概括………………………… 151

第四章　行政绩效、制度化与正式制度、非正式制度的作用…… 156
　一、中国土地管理的绩效………………………………………… 156
　二、正式制度、非正式制度与土地管理绩效…………………… 168
　三、公共行政制度化的衡量标准………………………………… 177
　四、对土地行政制度化的评价…………………………………… 183
　五、正式制度、非正式制度与制度绩效和制度化的关系分析… 192

第五章　组织性非正式制度存在的原因及后果…………………… 199
　一、财政制度与利益结构………………………………………… 199
　二、土地产权与公地问题………………………………………… 208
　三、计划管理体制与代理人问题………………………………… 213
　四、压力型体制与下级政府(组织)行为………………………… 216
　五、司法制度的缺席……………………………………………… 218
　六、传统社会主义意识形态的影响……………………………… 220
　七、从预算软约束到资源软约束………………………………… 221
　八、总体制度安排的缺失………………………………………… 223
　九、组织性非正式制度的政治后果……………………………… 229

第六章　关于中国公共行政的制度化和绩效：一个新的解释…… 235
　一、"组织的非正式制度"的解释视角…………………………… 236

二、组织的非正式规则在地方行政中的普遍性························ 238
三、"组织的非正式制度"的解释意义···································· 248
四、地方土地乱象的治理·· 253
五、政府转型、制度安排与行政制度化前景···························· 266

附录　田野访谈人员名单·· 278

参考文献·· 281

后记·· 303

图 表 索 引

表 1-1　从作用划分的非正式制度类型 …………………… 27
表 1-2　从存在形式划分的非正式制度类型 ……………… 36
表 3-1　土地行政中的正式制度与非正式规则 …………… 152
表 4-1　中国历年耕地变化情况 …………………………… 158
表 4-2　2002—2010 年全国新建商品住房平均销售价格 ……… 163
表 4-3　2002—2010 年全国与四个一线城市房价收入比 ……… 164
表 4-4　土地管理重大组织和制度变迁与耕地变化情况 ……… 169
表 4-5　1998—2005 年中国土地管理人员、土地管理经费投入与建设占用耕地面积变化数据 …………………… 172
表 4-6　中国历年 GDP 涨幅、固定资产投资与建设占用耕地面积变化数据 ……………………………………… 174
表 4-7　1997—2005 年全国各地建设占用耕地指标及执行情况 ……………………………………………………… 176
表 4-8　1998—2006 年各年土地违法案件及涉及土地面积数量 ……………………………………………………… 189
表 4-9　2001—2005 年全国土地违法案件处理情况 ……… 191
表 5-1　地方土地出让收入及其与地方本级财政收入的比率 … 205
表 5-2　房地产业税收占地方税收收入的比重 …………… 206
表 5-3　中国改革开放以来的经济周期和建设占用耕地周期 … 230
表 6-1　监管型政府与发展型政府在治理形态上的区别 ……… 274
表 6-2　不同政府类型与行政制度化特征 ………………… 275

图4-1	1996年以来中国耕地面积变化	159
图4-2	土地招标拍卖挂牌出让宗数占出让总宗数的比例	162
图4-3	全国房价与人均收入变化对比	165
图4-4	北京房价与人均收入变化对比	165
图4-5	上海房价与人均收入变化对比	165
图4-6	广州房价与人均收入变化对比	166
图4-7	深圳房价与人均收入变化对比	166
图4-8	中国历年GDP涨幅与建设占用耕地面积变化	173
图4-9	土地行政中组织的非正式制度的类型和作用	198
图6-1	行政运行形态的四种典型类型	267

第一章 导论

任何一种治理都是从非正式到正式演进的过程。在韦伯看来,现代国家的建立,就是理性的官僚体制建立的过程。[①] 但是,不同地区治理制度化演进的过程和制约因素却各有不同。波森(Nils Boesen,2007)指出,治理起初是非正式的,它是在历史上逐步地被制定为正式的规则。从3700多年前最早的成文法典《汉谟拉比法典》到指导当今经济合作与发展组织(OECD)国家系统的法律、规则和律令,都与一定的政治社会(political society)、政府(government)、官僚组织(the bureaucracy)、经济社会(economic society)、司法制度(the judiciary)和市民社会(civil society)有关,[②] 历史可以看成是一个正式规则和治理机制不断正规化(formalization)的过程,这一过程随着专门化和劳动分工造成的日益增长的社会复杂性而显得必要。[③] 从功能的观点来看,规则和治理的正式化会伴随经济增长和多样化出现,虽然它既不是

[①] 〔德〕马克斯·韦伯:《经济与社会》(上卷),林荣远译,商务印书馆1997年版,第248页。

[②] Hydén, Göran, Julius Court and Kenneth Mease, *Making Sense of Governance: Empirical Evidence From Sixteen Developing Countries*, Boulder, Colo.: Lynne Rienner Publishers, 2004.

[③] Jütting, J., "Institutions and Development: A Critical Review", OECD Development Centre Working Paper No. 210, 2003; Li, S., S. H. Park, et al., "The Great Leap Forward: The Transition From Relation-Based Governance to Rule-Based Governance", *Organizational Dynamics*, Vol. 33, No. 1, 2003, pp. 63-78.

经济起飞前的必然要求,也与经济发展没有必然的逻辑联系。[①]

在东亚,政治制度化更是表现出与其他地区相区别的特点。研究者注重东亚传统社会和文化特征对政治运作的影响,并深入探讨了基于社会关系和传统文化的非正式政治。晴弘福井(Haruhiro Fukui, 2000)在讨论东亚的非正式政治时写道,关于非正式政治,最突出的和令人感兴趣的地方是在任何一个东亚社会里,目前和在可见的未来它都还没有消减的迹象。[②]

改革开放以来,中国经济发展取得了巨大成就,国家治理也发生了重大转型,法制日益健全,国家与社会、政府与市场的关系逐步理顺,国家能力得到提高,与社会主义市场经济相适应的一套治理制度和治理模式逐步形成。但是,另一方面,在一些治理领域,仍然存在这样那样的问题,如征地拆迁问题、房地产价格过快上涨问题、资源环境问题、食品及生产安全问题、地方保护主义问题等。这些问题,反映了治理绩效和制度化状况,也彰显了制度化治理的重要性。

在治理转型并取得重大成就的同时,为什么仍有一些行政领域治理的制度化和绩效状况不佳?影响这些行政领域制度化和绩效的原因是什么?为什么在这些领域国家的正式法律和制度往往得不到充分地执行?本书将以土地行政为例,对低制度化和低效的行政表现及其原因进行分析。

已有研究将行政运行的低制度化和低效表现的原因归结为文化和社会关系、中央与地方的委托代理关系和政治社会体制等因素。本书通过对土地行政制度化和绩效状况进行的制度分析将证明,组织的非

[①] Boesen, Nils, "Governance and Accountability: How Do the Formal and the Informal Interplay and Change?", J. Jütting, D. Dreschler, S. Bartsch and I. de Soysa (eds.), *Informal Institutions: How Social Norms Help or Hinder Development*, Paris: OECD, 2007.

[②] Fukui, Haruhiro, "Introduction: On the Significance of Informal Politics", Lowell Dittmer, Haruhiro Fukui and Peter N. S. Lee (eds.), *Informal Politics in East Asia*, Cambridge: Cambridge University Press, 2000, pp.13 – 14.

正式制度，而不仅仅是上述因素，是导致一些领域低效和低制度化的重要原因。组织的非正式制度的存在，也表明一些行政领域的制度转型还没有完成，合理的利益诱因结构还没有形成，制度建设仍然是这些领域的重要任务。

一、非制度化运作研究：文献综述

（一）非制度化运作的主要表现

地方治理中存在的一些非制度化和低效运作，已经引起了国内外学者的重视和讨论，涉及经济、政治和行政各个领域。

1. 经济领域

主要表现在财税体制调整后，地方政府经济行为的变化。王绍光和胡鞍钢在他们后来产生重要影响的著作中，对中国实行财政包干体制后地方政府的扭曲性经济行为做了精辟的概括和分析。在他们看来，改革以来，实行中央地方"分灶吃饭"的财政体制，使中央政府与地方政府形成了相互独立的利益主体。中央与地方的矛盾，首先是经济利益矛盾，其次是政治利益矛盾。经济利益关系决定政治利益关系。不同的经济利益具有不同的发展目标函数和不同的经济行为。地方政府扭曲中央政策的经济行为主要包括：为了招商引资，任意进行税收减免，竞相出台各种优惠政策；在宏观调控过程中，中央政府坚持经济调整，地方政府坚持经济扩张；在经济发展中，地方政府普遍投资饥渴，重复建设，搞大而全、小而全；在建立统一的市场经济体制中，地方政府实行地方割据和封锁，限制资金、资源、商品、劳动力和技术要素的自由流动，影响全国统一市场的形成；在税费征管中，基层政府、部门和机关比较普遍存在乱摊派、乱收费和乱集资的所谓"三乱"现象。[①] 分税制实

---

① 参见王绍光、胡鞍钢：《中国国家能力报告》，辽宁人民出版社1993年版，第3—4章。

施后,上述有的问题并未根本改观。萨吉森和张健(Sally Sargeson & Jian Zhang,1999)则揭示了地方政府及其官员的自利性经济活动。他们提出了与戴慕珍(Jean Oi,1992)[①]和魏昂德(Andrew Walder,1995)[②]不同的关于地方政府的行为假设,认为地方政府行为并不像后者所假定的那样,总是出于发展地方经济和提高集体利益而非为了部门或个人的利益。[③] 方仁生和张军利用中国28个地区的1994—2004年的非平衡面板数据和Probit模型方法,验证了在中国式分权治理模式和缺乏良好制度约束条件下,地方政府扩张偏向的财政行为倾向。他们认为,要使地方政府执行有利于宏观经济稳定的财政政策,除了需要良好的制度基础设施之外,最根本的还是要将中国式分权治理模式中以GDP为主的政绩考核机制调整为以经济稳定优先并兼顾民意的政府考核机制。[④] 财政部办公厅一份报告表明,近年来,很多地方政府为了缓解财政压力,通过各种途径进行借贷,形成了严重的债务风险。[⑤]

2.政治领域

主要表现在体制和文化原因引起的政治运行中的低制度化状况。

[①] Oi, Jean, "Fiscal Reform and the Economic Foundation of Local State Corporation in China", *World Politics*, Vol. 45, No. 1, Oct., 1992, pp. 99 – 126.

[②] Walder, Andrew G., "Local Government as Industrial Firms: An Organizational Analysis of China's Transitional Economy", *American Journal of Sociology*, Vol. 101, No. 2, Sep., 1995, pp. 263 – 301.

[③] Sargeson, Sally and Jian Zhang, "Reassessing the Role of the Local State: A Case Study of Local Government Interventions in Property Rights Reform in a Hangzhou District", *China Journal*, No. 42, 1999, pp. 77 – 99.

[④] 参见方红生、张军:"中国地方政府扩张偏向的财政行为:观察与解释",《经济学》(季刊)第8卷第3期。

[⑤] 参见财政部办公厅协作调研课题组:"关于化解地方政府债务有关情况的调研报告",《2006财税改革纵论——财税改革论文及调研报告文集》,经济科学出版社2006年版。

宗派政治模型①、"非正式政治"理论模型用宗派政治和非正式政治来概括政治运作的某些特征，在这种模型里，非正式政治和非正式关系极大地影响了正式政治和正式关系。②萧功秦认为，由于上下级之间的主从关系、少数地方官员与黑恶势力之间的互生关系等因素，导致个别地方出现了庇荫网政治，表现在权力范围私产化、权力运作的无规则化、统治方式的非意识形态化以及以庇荫网络为基础的朋党组织结构。③夏明（Xia，Ming，2000）探讨了地方人大制度的运作特征。在他看来，在政治经济转型中，中国既避免了单纯的等级制模式，也避免了单纯的市场模式，而是采取了一种结合二者的混合的或者是网络战略去组织其政治和经济转型。治理的网络模型以行动者之间一系列复杂的关系为特征。它不排除等级结构，以整合不同的行动者，减少合作者之间的交易成本，因为网络可以透过等级组织的边界，也为组织提供了互相学习和沟通的渠道及调整变化的弹性。也就是说，地方人大在履行职能的过程中，借助中国传统的关系文化而不只是依赖正式制度的规定。④马骏和侯一麟则深入地探讨了地方预算政治中的非正式制

---

① Nathan, Andrew, "A Factionalism Model for CCP Politics", *The China Quarterly*, Vol. 53, Jan.-Mar., 1973, pp. 34–66; Pye, Lucian W., *The Dynamics of Chinese Politics*, Cambridge, Mass.: Oelgeschlager, Gunn & Hain, 1981; Huang, Jing, *Factionalism in Chinese Communist Politics*, Cambridge: Cambridge University Press, 2000.

② Tsou, Tang, "Prolegomenon to the Study of Informal Groups in CCP Politics", *The China Quarterly*, Vol. 65, May, 1976, pp. 98–117; Dittmer, Lowell, "Modernizing Chinese Informal Politics"; Tsou, Tang, "Chinese Politics at the Top: Factionalism or Informal Politics? Balance-of-Power Politics or a Game to Win All?", Jonathan Unger (ed.), *The Nature of Chinese Politics: from Mao to Jiang*, Armonk, N.Y.: M.E. Sharpe, 2002.

③ 参见萧功秦："中国现代化转型中的地方庇荫网政治"，《社会科学》2004年第12期；"中国转型期地方庇荫网形成的制度因素"，《文史哲》2005年第3期。

④ Xia, Ming, "Political Contestation and the Emergence of the Provincial People's Congress as Power Players in Chinese Politics: A Network Explanation", *Journal of Contemporary China*, Vol. 9, No. 24, 2000, pp. 185–214.

度。在他们看来,中国改革以来的预算环境具有三个特征,即威权体制零碎化、正式预算制度零碎化、正式预算制度落后。在这样的预算环境中,制定和实施预算合同无疑会涉及很高的交易费用和合同风险。为了降低交易费用,在维持零碎化威权体制不变的条件下,地方政府发展出了三种横向的非正式制度安排,即预算产权、部分等级制、完全等级制。除了横向的非正式制度,围绕着这三种横向非正式制度还存在一种纵向的非正式预算制度,即"以关系为基础"的预算制度。这种非正式制度主要是发展出来解决各个部门与领导人之间的预算交易中存在的交易费用问题。① 魏昂德(1986)②和戴慕珍(1989)③分别讨论了由于党垄断了权力和资源在工厂和农村中形成的基于庇护关系的社会结构和依附文化,这种新传统主义不利于确立基于制度的治理。

3.行政领域

行政领域的非正规行政行为包括地方政府在具体行政管理过程中存在的各种不完全符合正式制度规定的行为。孙立平、郭于华以华北地区一个镇定购粮的征收为例,分析了在正式行政权力运作的过程中,权力的行使者如何以及为何将诸如人情、面子、常理等日常生活原则和民间观念引入正式行政权力行使的过程,从而揭示了国家正式权力在基层社会的实现形式。在他们看来,市场转型过程中国家权力的衰败,使得基层官员必须"软硬兼施",灵活运用正式、非正式的制度才能完成国家的相关工作任务。④ 周雪光也关注到中国一些基层上下级政府在

---

① 参见马骏、侯一麟:"中国省级预算中的非正式制度:一个交易费用理论框架",《经济研究》2004年第10期。

② Walder, Andrew G., *Communist New-Traditionalism: Work and Authority in Chinese Industry*, Berkeley: University of California Press, 1986.

③ Oi, Jean, *State and Peasant in Contemporary China: The Political Economy of Village Government*, Berkeley: University of California Press, 1989.

④ 参见孙立平、郭于华:"'软硬兼施':正式权力非正式运作的过程分析",《清华社会学评论》特辑,2000年。

执行来自上级部门特别是中央政府的各种指令政策时，常常采取的"上有政策、下有对策"的现象。他将基层上下级政府采取各种手段共同来应付这些政策要求以及随之而来的各种检查，导致实际执行过程偏离政策初衷这种现象称为基层政府间的"共谋现象"，并认为在中国行政体制中，基层政府间的共谋行为已经成为一个制度化了的非正式行为。在周雪光看来，共谋行为反映了中国政府组织制度环境、组织决策过程、激励机制诸方面的不兼容性及其矛盾，而且常常是近年来政府改革中各种"理性"制度设计所导致的未预期的后果，体现了中国行政中的三个悖论，即政策一统性与执行灵活性之间的悖论、激励强度与目标替代的悖论、科层制度非人格化与行政关系人缘化的悖论。周雪光写道："我们观察到这样一个奇怪的现象：一方面法规条令、正式制度安排不断出台，另一方面非正式关系、特殊性纽带在日常工作中不断延伸强化；而这些稳定可靠的非正式关系，为基层政府间共谋行为提供了重要的非正式制度条件。在这里，我们提出科层制度非人格化与行政关系人缘化这一悖论来描述和解释这一现象，讨论它与基层政府共谋现象之间的关系。"他一方面认为基层政府间的共谋行为导致政策执行偏离政策初衷，但同时又认为这种共谋现象是其所处制度环境的产物，有其合理性。[①] 黄宗智也注意到了改革开放以来中国公共管理中存在的矛盾现象，即一方面创造了经济奇迹，一方面也造成了诸多社会危机。[②] 黄宗智还讨论了中国在中央集权制下地方行政的另一个非科层化的传统，即在基层管理中大量运用准官员进行治理，他将这种治理称为"半正式基层行政"或"集权的简约治理"。在他看来，这种传统在当今日益

---

① 参见周雪光："基层政府间的'共谋现象'——一个政府行为的制度逻辑"，《社会学研究》2008年第6期。

② 参见黄宗智："改革中的国家体制：经济奇迹和社会危机的同一根源"，《开放时代》2009年第4期。

科层化、正式化的治理中仍然发挥作用。[1] 腐败也是行政低制度化的重要表现之一。腐败既可以个体形式出现,也可以集体和组织形式出现。后者日益成为学者们研究的重点,如魏德安(Andrew Wedeman,1997)所讨论的机构性腐败[2]、公婷(Gong, Ting, 1997)讨论的宏观经济管理中的腐败[3]、吕晓波(Lü, Xiaobo, 2000)讨论的组织性腐败[4]、丁学良(Ding, Xue Liang, 2000)所讨论的银行部门系统性的违规等,[5]这些研究证明,腐败并没有随着市场化改革而立即消失,有些时候甚至更为严重,并且以组织和制度化的形式表现出来。

还有一种地方政府的改革实践,起初也具有非正式的特征,孙立平称之为主导性意识形态连续性背景下的"非正式运作",这类改革涉及政治、经济、行政诸方面,因此,不便于简单地归入上面的某种类型。在孙立平看来,政体断裂背景下的市场转型,基本上是以立法、通过正式制度推进的方式进行的。在这个过程中,尽管也存在许多争论,但这些争论基本不是在意识形态的层面上进行的,而主要是在策略和利益的层面上进行的。这种转型过程,为正式制度发挥作用提供了广阔的空间。而中国的转型是在主导性意识形态连续性背景下进行的,为了缩

---

[1] 参见黄宗智:"集权的简约治理——中国以准官员和纠纷解决为主的半正式基层行政",《开放时代》2008年第2期。

[2] Wedeman, Andrew, "Stealing from the Farmers: Institutional Corruption and the 1992 IOU Crisis", *The China Quarterly*, Vol. 152, Dec., 1997, pp. 805–831.

[3] Gong, Ting, "Forms and Characteristics of China's Corruption in the 1990s: Change with Continuity", *Communist and Post-Communist Studies*, Vol. 30, No. 3, 1997, pp. 277–288.

[4] Lü, Xiaobo, "Booty Socialism, Bureau-Preneurs, and the State in Transition Organizational Corruption in China", *Comparative Politics*, Vol. 32, No. 3, Apr., 2000, pp. 273–294.

[5] Ding, Xue Liang, "Systemic Irregularity and Spotaneous Property Transformation in Chinese Financial System", *The China Quarterly*, Vol. 163, Sep., 2000, pp. 655–676.

小改革成本，许多实质性的改革措施是通过变通的方式进行的。在变通的过程中，特别是在开始的阶段，新的体制因素往往是以非正式的方式出现并传播的。因此，在研究中国市场转型的时候，必须对非正式因素，特别是对体制的运作过程，给予足够的关注。[1] 韩博天将中国这种实践过程称为"不确定情况下的反复试验"。只要政策工具符合上级领导在讲话、文件或发展规划中所提出的工作重心，未经批准的政策试验就可以被当作对政策工具的探求，服务于上级领导不断提出又不停修改的政治议程。[2]

地方政府公共行政中的非正式运作，从其针对的对象来看，也可分为针对上级的非正式运作、针对社会的非正式运作和政治/行政体系自身内部的非正式运作。针对上级的非正式运作主要是从自身利益出发形成的各种不符合正式制度规定的行为类型，包括前述经济领域的地方保护主义、各种优惠政策、扩张偏向的财政行为，行政领域的各种共谋行为等。针对下级的非正式运作主要是基层政府为了完成上级或本级政府的工作任务，所采取的各种不一定符合正式制度规定或超越正式制度规定的行为，包括前述经济领域的"三乱"，行政领域的计划生育、征地、征粮等工作中所采取的各种行为和办法。政治/行政体系内部的非正式运作，是指在组织体系内部同级别或上下级之间发生的各种非正式运作，包括以关系和社会网络等非正式制度而不是正式制度为基础形成的各种非正式政治、非正式预算、组织内部的腐败行为等。这些非正式规则在具体的行政行为中发挥着各自的作用，影响着不同正式制度的绩效。

---

[1] 参见孙立平："社会转型：发展社会学的新议题"，《开放时代》2008 年第 2 期。

[2] 参见韩博天："中国异乎常规的政策制定过程：不确定情况下的反复试验"，《开放时代》2009 年第 7 期。

(二) 关于地方政府低制度化运作的原因分析

对地方治理中低制度化运作及其原因的解释,概括起来,目前主要有如下几种理论路向:

1. 中央与地方关系理论

中央与地方关系理论将地方政府的非正式运作看成是政府内(中央与地方)分权和集权不合理造成的。学者们注意到改革开放以后实行的分权式改革和分灶吃饭的财政体制,使地方政府成为独立的利益主体,削弱了中央的财政能力,也削弱了中央的调控能力,由此产生了地方政府各种不合规的行为。由此,应该通过中央与地方的合理分权改变地方政府运行中的问题。王绍光深入探讨了中央与地方合理分权的问题。他指出,凡事皆有度,在"度"以内是好事的,到了"度"以外就变成坏事了;集权和分权亦然。"如果应该由中央政府行使的权力相当一部分落到了地方政府手中,就是跌出了分权的底线;反之,如果应该由地方政府行使的权力相当一部分却集中在中央政府手中,就超出了集权的上限。"基于此,王绍光提出了一个集权与分权的量化比例。他指出,在当今世界上,一国中央政府的财政收入或支出不应低于财政总收入或支出的50%或国内生产总值的10%。当一个国家在这四个方面全部低于指标的话,就可以说是超过了分权的底线了。[①] 吴国光和郑永年指出,中国经济改革的一个突出特点,是以分权为导向,这样一种分权战略的贯彻实施,深刻地改变了中国政治的结构图景,产生了一系列重大的政治经济后果。其中,最为直接和突出的政治后果,就是地方主义在中国的兴起。在他们看来,权力下放在促进经济发展的同时,也给中国的政治制度带来了严重的制度性危机。集中表现在崛起的地方主义向传统的中央集权制度的挑战。首先,地方政府的经济自主性和政治自主性空前增加;其次中央政府的力量受到削弱,地方政府的自

[①] 参见王绍光:《分权的底线》,中国计划出版社1997年版。

主性往往阻碍中央政府的某些意志和政策顺利地深入地方；再次，各地的自主发展使得不同地方之间的社会经济发展差距越来越大。所有这一切，都使得中国政治制度面临着总体性危机。为了解决中央与地方关系中的问题，吴国光和郑永年反对单纯的集权和分权路径，而是主张一种制度化的分权。他们遵循托克维尔的传统，区分了两种分权，即"政府集权"和"行政分权"，前者是指关系全体国民的利益的，比如一般法律的制定和实施、国家的对外关系等，应该置于同一权威之下；后者是指只与国家中的一部分民众利益有关的事项分属于相应不同的地方行使。他们认为，制度化的分权，应该是"政府集权"和"行政分权"的结合。①

2. 国家结构和功能理论

国家结构和功能理论将中国政治/行政运行中存在的非正式运作归因为国家结构体制和功能运行中存在的问题，有很多的理论解释，如政治体制说、转型体制说、压力型体制说、混合体制说等。

(1) 政治体制说

政治体制说将中国政治、行政运行中的失序归因为中国的政治体制，如党政不分，权力过于集中，立法、行政、司法机关之间缺乏科学合理的权力划分和权力制约，导致整个国家的权力运行失据，也造成行政乃至各领域的混乱。如林尚立认为，高度集权的政治形态，导致国家（政府）制度变形。② 因此，调节党、国家、市场和社会的关系，按照市场经济的要求，合理设置政府机构、划分政府职能，建立与市场经济体制相适应的职责分工明确合理的行政管理体制，成为国内学者的普遍共识。③

---

① 参见吴国光、郑永年：《论中央与地方关系：中国制度转型中的一个轴心问题》，(香港)牛津大学出版社1995年。
② 参见林尚立：《当代中国政治形态研究》，天津人民出版社2000年版。
③ 参见唐铁汉主编：《中国公共管理的重大理论与实践创新》，北京大学出版社2007年版；曹康泰："进一步转变政府职能需要研究和解决的几个问题"，郜风涛主编：《行政管理体制改革问题研究》，中国法制出版社2008年版。

胡伟认为中国的政府过程在结构上包括体制化和人格化两个层面,在官僚模式外还存在一个人治的执行模式。①郑世平(Zheng, Shiping, 1997)则认为,中国面临的制度危机,主要是由于共产党组织的纪律性和凝聚力下降,国家制度能力(capacity)缺乏,制度建设、法治状况都很脆弱,国家还没有发展出必要的足够的能力去解决其主要的政治、社会和经济问题。②徐湘林则认为,以党的系统全面推动政策实施的执行体制为政治精英转换提供了有力的政策执行手段,然而,由于该体制的一定程度的等级化和政治化倾向,在其运行中也不可避免地产生了政策扭曲和偏差。③

(2)转型体制说

转型体制说将中国现阶段政治和行政运行中的问题归结为从计划向市场经济转型过程中出现的问题。孙立平将中国向市场经济的转型视为一个政体、权力和主导型意识形态仍然持续但经济和社会形态逐渐断裂的过程。在这一背景下,很多制度变迁最初只能以非正式的形式表现出来。在这里,孙立平实际上讨论的是制度创新的微观过程。孙立平归纳的另一种非正式运作是前述的收粮案例,讨论的是国家正式权力在农村衰落后非正式运作被运用的情形。他将这两类非正式运作都归因为转型体制。

黄宗智也将中国地方治理中存在的一些问题归因为转型体制,他将中国目前的转型体制称为"改革中的国家体制"。他认为,集权体制的优点是可以在短时间内动用大规模的资源,可以做到一般资本主义经济所不可能达到的创业"效率",尤其是中央直接创办的战略性大企业。在这样的经济体制现实下,要发动潜在企业家们的创业,一个可能

---

① 参见胡伟:《政府过程》,浙江人民出版社1998年版。
② Zheng, Shiping, *Party vs. State in Post－1949 China: The Institutional Dilemma*, Cambridge: Cambridge University Press, 1997.
③ 参见徐湘林:"后毛时代的精英转换和依附性技术官僚的兴起",《战略与管理》2001年第6期。

是解散旧体制,完全转向市场机制,如苏联实行的休克疗法,另一种则是中国采用的改革的方法。即是用计划和市场的"双轨"进路,"摸着石头过河"来逐步实现市场化。结果在旧体制的基础上,通过中央和地方的分权,以地方政府为能动主体,结合市场刺激而形成了改革经济的主要动力。在黄宗智看来,中国改革中的国家体制带来的经济成就只是问题的一个方面,与这一体制相联系的还有社会和环境危机。改革中的国家体制所采取的"招商引资"和"征地"等促进经济发展的方法,只可能形成官员+企业家的"官商勾结"的新"利益集团"。同时,在"非正规"地使用廉价劳动力的"比较优势"下,也只可能形成尖锐的贫富不均和社会矛盾。因此,这一改革中的国家体制既是经济发展的动力,也是社会危机和公共管理中非正式运作的根源。①

与黄宗智"改革中的国家体制"的表述不同,张玉林则用"政经一体化"来概括作为地区经济发展重要动力的地方政府的双重角色及其与企业的密切关系。他指出,在向(社会主义)市场经济过渡了十多年的中国,地方政府与企业的关系之密切程度甚至超过了原来"政企合一"、"政企不分"的计划经济时期。在这里,即便不考虑官员个人对企业的参股和企业家对官员的"贿赂"等并不鲜见的隐性因素,单就主要由制度压力和生存压力决定的地方政府的上述价值和行为取向而言,也就非常容易促使政府与企业和企业家结成牢固的政商同盟。于是,双重的和带有递进意义的"政经一体化"开发机制就此形成,它成为推进中国目前经济增长的主要动力机制。这也正是中央政府抑制"经济过热"的努力往往难以抵挡地方政府的投资冲动的主要原因所在。②

(3)压力型体制说

荣敬本等将地方政府运行中失序问题归因为一种压力型体制。所

---

① 参见黄宗智:"改革中的国家体制:经济奇迹和社会危机的同一根源",《开放时代》2009年第4期。

② 参见张玉林:"中国农村环境恶化与冲突加剧的动力机制——从三起群体性事件看政经一体化",《洪范评论》第9集,法律出版社2007年版。

谓压力型体制,按照荣敬本等人的定义,指的是一级政治组织(县、乡)为了实现经济赶超,完成上级下达的各项指标采取的数量化任务分解的管理方式和物质化的评价体系。为了完成经济赶超任务和各项指标,各级政治组织(以党委和政府为核心)把这些任务和指标层层量化分解,下派给下级组织和个人,责令其在规定的时间内完成,然后根据完成的情况进行政治和经济方面的奖惩。由于这些任务和指标中的一些主要部分采取的评价方式是"一票否决"制(即一旦某项任务没达标,就视其全年工作成绩为零,不得给予各种先进称号和奖励),所以各级组织实际上是在这种评价体系的压力下运行的。在荣敬本等人看来,在分权化和市场化改革背景中出现的压力型体制,是导致地方政府在经济和行政领域出现对付上级和管理对象的各种非正式运作的主要原因。因此,他们提出用一种民主合作型的体制代替目前的压力型体制。[1]

(4)混合体制说

黄宗智将中国的社会—政治体系设想为一个由大小不同的三块构成的结构,上面是国家的正式机构,底部是社会,居于中间的是连结两者的一个半正式的领域,黄宗智称之为"第三领域"。在黄宗智看来,这个"第三领域"在中国一直存在。在清代,这一领域是诸如乡镇的乡保与村里正、牌长等县级以下行政职位的立足之处,是国家官吏与士绅领袖合作进行公益活动的地方。在晚清与民国时期,近代社会整合与近代国家政权建设的双重过程虽然与西方相比可能尚属有限,但已导致国家与社会两方面的相互渗透加剧,并使第三领域的活动日渐增多。在当代中国,第三领域主要体现在乡以下的领域。[2] 黄宗智将第三领

---

[1] 参见荣敬本等:《从压力型体制向民主合作体制的转变——县乡两级政治体制改革》,中央编译出版社1998年版。

[2] 参见黄宗智:"中国的'公共领域'与'市民社会'——国家与社会间的第三领域",邓正来、〔英〕J.C.亚历山大主编:《国家与市民社会:一种社会理论的研究路径》,中央编译出版社2002年版。

域视为本来就不是正式组织按照正式制度进行治理的领域,并将中国运用半正式官员进行治理的做法视为集权主义中国的一个传统,他用"集权的简约治理"来概括这一传统。① 许慧文不同意黄宗智关于基层治理的第三领域的说法,在她看来,用正式和非正式来重构问题,以便为"半正式"腾出活动空间,似乎只是在二元之间做割裂,而不是去跨越和消弭这种二元对立。用"第三领域"来思考处于民间和官方之间的"准官员"的活动,好像只会在原有的概念分隔之间再加上一个空间,而这种概念分隔是我们都同意应该消除的。她赞同用杜赞奇"权力的文化网络"这一概念来概括中国基层国家与社会之间的互动与联结。杜赞奇所说的"权力的文化网络"不是一个地方,而是一个制度、实践和信仰等互动的框架,国家和社会的因素在其中互相混合,各自从这种相互联结中获取机会和权力。② 许慧文认为,中国的国家—社会关系不应该被看作是一个舞台、一个空间,甚至一个框架或一个联结,而应看作是一个混合体,一个把互不相干的元素调和在一起的一种混合物,在其中原先独立的成分丧失了它们的特点。就像磨墨一样,成功统治的艺术也是,如许多中国的思想家和政治家所相信的那样,首先在于完善其技术,来混合正式与非正式、国家与社会。③

3. 政权内卷化和腐败理论

政权内卷化和腐败理论将中国地方治理中的失序行为归因为政权内卷化和腐败。杜赞奇(Prasenjit Duara,1988)较早讨论了中国20世纪上半期政权建设内卷化的问题。他认为,在20世纪之前,国家完全依靠文化网络进行统治,但在中国20世纪前半期,国家政权的现代化

---

① 参见黄宗智:"集权的简约治理——中国以准官员和纠纷解决为主的半正式基层行政",《开放时代》2008年第2期。

② Duara, Prasenjit, *Culture, Power, and the State*, Stanford, Calif.: Stanford University Press, 1988.

③ 参见许慧文:"统治的节目单和权威的混合本质",《开放时代》2008年第2期。

试图彻底抛开文化网络进行统治,然而伴随着国家政权扩张的,是国家控制能力的降低和地方上的无政府状态。他对政权内卷化的定义为:"内卷化的国家政权无能力建立有效的官僚机构从而取缔非正式机构的贪污自肥——后者正是国家政权对乡村社会增加榨取的必然结果。更广泛地说,国家政权内卷化是指国家机构不是靠提高旧有或新增机构的效益,而是靠复制或扩大旧有的国家和社会关系——如中国旧有的营利型经纪体制——来扩大其行政职能。"国家政权内卷化在财政方面的最充分表现是,国家财政每增加一分,都伴随着非正式机构收入的增加,而国家对这些机构缺乏控制力。[①] 质言之,政权内卷化是指国家的汲取能力提高与国家的边际治理能力递减相伴随的现象。

吕晓波(2000)则用内卷化来刻画中共取得政权后的组织衰变过程。他认为,如果革命运动不能继续通过原先的革命模式(如大众动员、创造中心任务、道德激励和意识形态教化)来整合组织,同时又拒绝韦伯式的理性官僚体制时,内卷化就发生了。在吕晓波看来,组织内卷化起源于"反右派"和"大跃进运动",并在"文革"期间得到进一步发展。在改革年代,制度化和韦伯主义官僚化成为主导性的战略选择,有意识的努力也提升了法治水平,但很多源于过去时代的行为方式仍然存在,并与新体制所要求的组织精神相抵牾。如"小金库"、形式主义、关系网络等。从这个意义上讲,组织内卷化仍然存在并在发展。这种发展表明在党组织内外不同关系和权威模式中以及正式制度和非正式运作模式之间的张力和冲突,也表明新传统主义仍然处于支配地位。[②]

于建嵘则用"退化"来表示改革以来中国一些基层政权的内卷化问题。他认为,部分农村基层政权和基层组织出现了黑恶化,某些乡村干

[①] Duara, Prasenjit, *Culture, Power, and the State*, Stanford, Calif.: Stanford University Press, 1988.

[②] Lü, Xiaobo, *Cadres and Corruption: The Organizational Involution of the Chinese Communist Party*, Stanford, Calif.: Stanford University Press, 2000, pp.230-232.

部为完成各种"任务"假借地痞流氓之手恫吓和强迫农民成为了一种习以为常的"工作方法","恶霸"和"地头蛇"控制农村基层组织的情况已十分严重,黑恶势力进入县乡政权直接掌握国家权力也屡见不鲜。在他看来,基层政权的这种病变不仅仅是国家政权出现了功能性异化,而更严重的是一种结构性退化。甚至可以说,如果黑恶势力侵入基层政权是制度性的原因在起主导作用的话,就标志着国家政权出现了严重的政治危机。①

与组织内卷化相关的是腐败问题。如吕晓波运用掠夺型政府理论②讨论的与组织内卷化相关的腐败,③上述魏德安(1997)所讨论的机构性腐败,④公婷(1997)讨论的宏观经济管理中的腐败,⑤丁学良(2000)所讨论的银行部门系统性的违规等,⑥都属于这类腐败。腐败违反了法律、规章等正式制度的规定,因此是导致治理低效和失序的重要原因。

---

① 参见于建嵘:"农村黑恶势力和基层政权退化——湘南调查",《战略与管理》2003 年第 5 期。

② Evans, Peter B., "Predatory, Developmental, and Other Apparatuses: A Comparative Political Economy Perspective on the Third World State", *Sociological Forum*, Vol. 4, No. 4, 1989, pp.561–587.

③ Lü, Xiaobo, *Cadres and Corruption: The Organizational Involution of the Chinese Communist Party*, Stanford, Calif.: Stanford University Press, 2000; Lü, Xiaobo, "Booty Socialism, Bureau-Preneurs, and the State in Transition Organizational Corruption in China", *Comparative Politics*, Vol. 32, No. 3, Apr., 2000, pp. 273–294.

④ Wedeman, Andrew, "Stealing from the Farmers: Institutional Corruption and the 1992 IOU Crisis", *The China Quarterly*, Vol. 152, Dec., 1997, pp. 805–831.

⑤ Gong, Ting, "Forms and Characteristics of China's Corruption in the 1990s: Change with Continuity", *Communist and Post-Communist Studies*, Vol. 30, No.3, 1997, pp.277–288.

⑥ Ding, Xue Liang, "Systemic Irregularity and Spotaneous Property Transformation in Chinese Financial System", *The China Quarterly*, Vol. 163, Sep., 2000, pp. 655–676.

概括起来,已有研究对中国地方治理低制度化和低效问题的解释,主要有三个理论预设,即将中国地方行政的紊乱看成是三个主要变量的函数。这三个主要变量是:(1)中央与地方政府之间集权与分权状况;(2)政治体制,如政党、立法、行政、司法机构之间的权力划分及其关系;(3)韦伯意义上官僚体制的理性化程度。

本书并不否认上述解释的价值,并且同意中央与地方政府之间的权力划分不尽合理、政治体制运行问题和理性官僚制的缺失是导致地方政府诸多非正式运作和失范行为的原因。但本书同时认为,这些解释并没有完全解释转型期中国地方政府行政中存在的所有问题。也就是说,一些地方政府行政中的失范行为,不是中央与地方政府之间集权与分权关系的函数,也不是党政不分和人大作用没有充分发挥等政治体制因素的结果;甚至也不是因为韦伯式理性官僚制的缺乏,近年来中国行政体制理性化程度提高与土地行政中失序行为愈演愈烈同时存在的事实,即说明了这一点。地方政府行政中的一些失范行为,有其自身的逻辑。

二、本书的主要问题、基本假设和理论发现

与上述的研究相区别,本书将主要从正式制度与(组织的)非正式制度/规则关系角度详细探讨中国行政运行形态,揭示正式制度、组织的非正式制度/规则与行政制度化和绩效之间的关系。

将重点讨论如下问题:

中国公共行政制度化进程和状况如何?正式组织和正式制度是怎样演进的?为了达成组织整体和局部目标,地方行政主体采取了哪些非正式制度/规则?中国一些公共行政领域绩效和制度化程度偏低的原因是什么?中国地方政府组织性的非正式制度/规则的主要表现是什么?正式制度、非正式制度/规则在中国行政管理制度化及绩效中发挥了什么作用?中国地方行政主体在行政管理中需要借助组织性的非

正式制度/规则的原因何在？单一的非正式政治模型、传统文化模型、中央与地方关系理论、结构功能理论、掠夺性政府(腐败)模型等能否完全解释中国行政领域的低制度化现象？中国行政运作的制度化将取决于什么制度环境？等等。

本书将提出一个基本的假设，即在一些公共行政领域政策执行过程中，由于整体制度安排以及由此形成的利益结构的缘故，地方行政主体为了维护地区利益或实现上级的行政任务，往往会采取或借助一些非正式行为规则/制度；这些组织性的非正式规则/制度在实现局部利益或眼前的行政目标的同时，也削弱了正式制度的权威；正式制度的削弱最终会影响制度绩效，也导致了中国基层行政管理的低制度化。

通过对上述问题的讨论，本书将对中国公共行政制度化及其绩效问题提出与其他的理论模型相区别的理论解释。有如下主要理论发现：

第一个发现是中国一些公共行政领域低效和低制度化的原因。本书将揭示，地方政府组织的非正式制度/规则影响了正式制度的执行，也影响了行政目标的实现，是中国一些公共行政领域低效和低制度化的重要原因。地方政府非正式制度作用的强弱和正式制度的执行情况，往往取决于正式制度的执行强度，正式制度执行强度大，非正式制度作用强度就较弱，制度绩效就较高；反之，非正式制度的作用就强，正式制度执行就较差，犹如弹簧的伸缩取决于施加压力的大小。

第二个发现是组织的非正式制度。非正式制度并不限于零散的、自发的行为规则，中国公共行政的事实表明，行政主体在实现组织整体或局部的行政目标时会发展出组织性的非正式规则/制度，这些非正式规则/制度是高度同形化(isomorphic)和制度化的，在初始的博弈中可能会提高局部的收益或绩效。

第三个发现是关于非正式制度的复合的或变异的作用。赫姆基和列维茨基(Gretchen Helmke & Steven Levitsky, 2004)总结了非正式制度作用的四种情形，即补充性(complementary)、替代性(substitutive)、变应性(accommodating)和竞争性(competing)。① 本书的研究发现,组织性非正式规则/制度对正式制度绩效的作用并不是单纯的补充性或替代性类型,而是具有复合性、累积性和变异性。也就是说,它们在最初的博弈中可能发挥促进(如补充性)的作用,但是在后续的博弈中,则可能变为一种变应性和竞争性的制度(运作),影响政策执行和制度绩效,导致行政的低制度化,最终可能造成社会冲突和政治认同危机。

后两个发现,与目前一些新制度主义文献关于非正式制度的内涵和作用的认识有所区别,这些文献将非正式制度主要限于零散、自发的规则,并将其作用视为单纯的、一次性的(如赫姆基和列维茨基等)。本书的发现表明,事实不完全是这样,从而,可以对新制度主义关于正式、非正式制度与行政的绩效和制度化关系的理论问题做出一些补充或修正。

三、本书的基本概念与理论

本书主要从组织的非正式制度/规则的角度对中国行政制度化状况、行政绩效及其原因进行探讨,同时,也将对新制度主义关于非正式制度作用的论述进行一些验证。因此,首先有必要对相关概念做出界定。

(一) 正式制度、非正式制度与制度化的概念

1. 制度、正式制度、非正式制度的概念

对制度、正式制度、非正式制度的概念以及它们之间的理论关系,新制度主义进行了深入讨论,但并没有一致的看法。

---

① Helmke, Gretchen and Steven Levitsky, "Informal Institutions and Comparative Politics: A Research Agenda", *Perspectives on Politics*, Vol. 2, No. 4, Dec., 2004, pp.725–740.

诺斯(Douglass North,1990)认为,制度是一个社会中的游戏规则。更严谨地说,制度是人为制定的限制,用以约束人类的互动行为。[1] 斯科特(W. R. Scott,1995)将制度定义为认知的(cognitive)、规范(normative)或规管性(regulatory)的结构或活动,为社会行为提供稳定性和意义,制度包括在不同权限层次运行的诸如文化、结构和惯例等内容。[2] 杰培森(Ronald Jepperson,1991)将制度定义为一种组织定型化(established)的过程,这一过程是以自我复制的规范体系和社会建构的惯例形式出现的。制度意味着一种社会秩序和模式,这种秩序和模式在一定的程度上已经具备存在的状态和特征。[3] 巴利和托尔伯特(Stephen Barley & Pamela Tolbert,1997)认为,制度是共享的规则和典型化(typification),它们鉴别社会行动者及其行为或关系的类别(categories)。[4] 这一定义类似吉登斯(Anthony Giddens,1984)的结构(structure)概念[5]和休厄尔(William Sewell,1992)的"schema"概念[6],但他们都没有强调制度的规范力量和对行为影响的差异

---

[1] North, Douglass C., *Institutions, Institutional Change and Economic Performance*, Cambridge: Cambridge University Press, 1990. 笔者在本书的写作中参考的中文译本为〔美〕道格拉斯·诺斯:《制度、制度变迁与经济成就》,刘瑞华译,(台湾)时报文化出版企业有限公司 1994 年版。

[2] Scott, W. R., *Organizations, Rational, Natural and Open Systems* (4th ed.), New Jersey: Prentice Hall, 1995.

[3] Jepperson, Ronald L., "Institutions, Institutional Effects, and Institutionalism", Walter W. Powell and Paul J. DiMaggio (eds.), *The New Institutionalism in Organizational Analysis*, Chicago: University of Chicago Press, 1991.

[4] Barley, Stephen R. and Pamela S. Tolbert, "Institutionalization and Structuration: Studying the Links between Action and Institution", *Organization Studies*, Vol. 18, No.1, 1997, pp.93–117.

[5] Giddens, Anthony, *The Constitution of Society*, Berkeley: University of California Press, 1984, pp.2, 377.

[6] Sewell, William, "A Theory of Structure: Duality Agency and Transformation", *American Journal of Sociology*, Vol. 98, No. 1, Jul., 1992, pp.1–29.

程度。倪志伟和英格拉姆(Victor Nee & Paul Ingram,1998)从社会交往的角度解释制度,他们认为,一种制度是一个相互联系的规范(正式和非正式的)网,管理着社会关系,正是通过构建社会交往,制度才会在诸如家庭和工作单位这样的基本团体及组织甚至整个经济体这样的大型社会单元中产生团体绩效。[1]

新制度主义认为,制度包括正式的规则和非正式的规则。在诺斯(1990)看来,规则的层级结构——宪法、成文法、习惯法(以及法律细则)——合起来界定一件特殊交换的正式权利结构。但是大部分的契约是不完全的,因此非正式限制也影响到真正的合约。非正式限制包括声誉、普遍接受的行事标准(效力以足以迅速观察对方行为为限),以及重复交往中产生的习俗。[2] 岑格等(T. Zenger et al., 2002)则将正式制度定义为由具有正式地位的诸如正式行政当局和所有权者规定与施行的、能够很容易通过文本文件和规章观察到的规则,包括明确的激励、契约条款以及权益关系规定的企业边界。而非正式制度是建立在隐含的默契和协议的规则之上,它们大都来源于社会,不以文本文件表现出来,而且未经正式认可,非正式制度包括社会规范、惯例以及政治过程。或者,非正式制度是以不言自明的理解为基础,不成文的、不必要获得正式地位的规则。[3] 倪志伟和英格拉姆(1998)认为,正式规范是显性规则,此外它们还依赖于正式机制(国家和组织)对其进行监督和实施,而且支持遵守规范的激励经常是物质的(虽然并非总是如此),正式规则包括契约、产权、法律、规章和国家等;非正式规范是一个团体或

---

[1] Nee, Victor and Paul Ingram, "Embeddedness and Beyond: Institutions, Exchange, and Social Structure", Mary C. Brinton and Victor Nee (eds.), *New Institutionalism in Sociology*, New York: Russell Sage Foundation, 1998.

[2] North, Douglass C., *Institutions, Institutional Change and Economic Performance*, Cambridge: Cambridge University Press, 1990.

[3] Zenger, T., S. Lazzarini, and L. Poppo, "Informal and Formal Organization in New Institutional Economics", Paul Ingram and Brian S. Silverman (eds.), *The New Institutionalism in Strategic Management*, Boston: JAI, 2002.

共同体的规则,它们不可以或不能清晰地加以表述,而且依赖诸如社会认可和不认可这样的非正式监督机制。指导人际关系的规范通过明确团体中对个体的激励结构(物质和非物质的),既能约束也能支持行为。[1]

总之,"非正式制度"一词被用于指称包括诸如人际网络[2]、庇护主义[3]、腐败[4]、宗族和黑帮组织[5]、市民社会[6]、传统文化[7],以及立法、司

---

[1] Nee, Victor and Paul Ingram, "Embeddedness and Beyond: Institutions, Exchange, and Social Structure", Mary C. Brinton and Victor Nee (eds.), *New Institutionalism in Sociology*, New York: Russell Sage Foundation, 1998.

[2] Wang, Hongying, "Informal Institutions and Foreign Investment in China", *The Pacific Review*, Vol. 13, No. 4, 2000.

[3] O'Donnell, Guillermo, "Another Institutionalization: Latin America and Elsewhere", Kellogg Institute Working Paper No. 222, University of Notre Dame, 1996; Lauth, Hans-Joachim, "Informal Institutions and Democracy", *Democratization*, Vol. 7, No. 4, Win., 2000, pp. 21 – 50.

[4] Böröcz, József, "Informality Rules", *East European Politics and Societies*, Vol. 14, No. 2, 2000, pp. 348 – 380; Darden, Keith, "Graft and Governance: Corruption as an Informal Mechanism of State Control", paper prepared for the Conference Informal Institutions and Politics in the Developing World, Harvard University, Apr. 5 – 6, 2002.

[5] Lauth, Hans-Joachim, "Informal Institutions and Democracy", *Democratization*, Vol. 7, No. 4, Win., 2000, pp. 21 – 50; Collins, Kathleen, "Clans, Pacts and Politics in Central Asia", *Journal of Democracy*, Vol. 13, No. 3, Jul., 2002, pp. 137 – 152; Collins, Kathleen, "The Political Role of Clans in Central Asia", *Comparative Politics*, Vol. 35, No. 2, 2003, pp. 171 – 190.

[6] Boussard, Caroline, "Democratic Consolidation: The Role of Informal Institutions-Illustrations from Central America", paper presented at the 22nd International Congress of the Latin American Studies Association, Miami, FL., Mar. 16 – 18, 2000; Manor, James, "Center-state Relations", Atul Kohli (ed.), *The Success of India's Democracy*, Cambridge: Cambridge University Press, pp. 78 – 102.

[7] Dia, Mamadou, *Africa's Management in the 1990s and beyond: Reconciling Indigenous and Transplanted Institutions*, Washington: World Bank, 1996; Pejovich, Svetozar, "The Effects of the Interaction of Formal and Informal Institutions on Social Stability and Economic Development", *Journal of Markets and Morality*, Vol. 2, No. 2, 1999, pp. 164 – 181.

法及官僚机构的道德规范等范围广泛的对象。

赫姆基和列维茨基(2004)在他们的综述性研究中对正式制度和非正式制度的概念进行了仔细梳理和辨析,沿着岑格等人(T. Zenger et al.,2002)的方向,他们将非正式制度定义为:"由社会分享的规则,常常是不成文的,在官方批准渠道之外创立、传播和执行。"与此相比较,正式制度则是"通过广泛接受的官方渠道创立、传播和执行的,包括国家制度(法院、立法、和官僚机构)和由国家执行的规则(宪法、法律和规定)"①,也就是埃利克森(Robert C. Ellickson,1991)所说的"组织的规则"(organization rules),或者统御诸如公司、政党和利益团体等组织的官方规则。② 赫姆基和列维茨基(2004)对于将非正式制度这一概念用于包括人际关系网、庇护主义、腐败、宗族或黑帮、市民社会、传统文化及各种各样的立法、司法和官僚规范等一系列令人眼花缭乱的现象中持怀疑态度。他们认为,虽然非正式制度的概念应该尽可能多地揭示非正式规则的普遍特征,但是它必须被限制在能够与其他的非制度和非正式现象区别开来的范围内。③

社会资本理论也主要从上述新制度主义的意义上讨论非正式制度,他们将非正式制度归结为方便合作行为从而提高社会效率和制度绩效的社会网络以及其中产生的互惠规范、信任和文化因素等。④ 福山在讨论第三世界国家的行政能力时,也将社会资本作为克服组织中

---

① Helmke, Gretchen and Steven Levitsky, "Informal Institutions and Comparative Politics: A Research Agenda", *Perspectives on Politics*, Vol. 2, No. 4, Dec., 2004, pp.725 - 740.

② Ellickson, Robert C., *Order Without Law: How Neighbors Settle Disputes*, Cambridge: Harvard University Press, 1991.

③ Helmke, Gretchen and Steven Levitsky, "Informal Institutions and Comparative Politics: A Research Agenda", *Perspectives on Politics*, Vol. 2, No. 4, Dec., 2004, pp.725 - 740.

④ Putnam, Robert D., *Bowling Alone: The Collapse and Revival of American Community*, New York: Simon & Schuster, 2000; Putnam, Robert D., *Making Democracy Work*, Princeton, N. J.: Princeton University Press, 1994.

的偷懒和机会主义行为的重要资源。在他这里,社会资本主要是指各种不成文的规范。①

2. 正式制度、非正式制度之间的关系

正式制度与非正式制度之间的关系,也是新制度学派讨论的重点之一。诺斯指出,制度限制的复杂组合会造成许多不同之正式与非正式的组合,它们又接着反映衡量和执行的成本,这些成本越高,则交换的各方越会引起非正式限制,塑造交换形态,虽然如果是真正的极端则当然不会有交换发生。② 非正式限制包括三个层面:(1)正式规则的延伸、阐扬和修正;(2)社会制裁约束的行为规范;(3)内部自我执行的行为标准。③ 一方面,非正式限制的主要作用是修饰、辅助或延伸正式的规则。另一方面,正式规则可以补非正式限制之不足,而增加非正式限制的效力。它能降低讯息、监督和执行成本,以致使非正式限制能解决较复杂的交换。④ 正式规则也可以修正、改造和代替非正式规则。虽然交换双方谈判能力的改变,会导致必须建立新的交换制度架构,但是非正式限制会从中作梗。然而有时候(未必总是)新的正式规则可以超越既有的非正式限制。⑤ 在诺斯看来,正式的规则、非正式的规则以及执行的形式与成效三者合并,决定比赛的性质。⑥ 倪志伟和英格拉姆(1998)认为,非正式规范和正式规范之间的相互关系是复杂的,一个组

---

① Fukuyama, Francis, *State-building: Governance and World Order in the 21st Century*, Ithaca, New York: Cornell University Press, 2004.

② North, Douglass C., *Institutions, Institutional Change and Economic Performance*, Cambridge: Cambridge University Press, 1990, pp.67-68.

③ Ibid., p.40.

④ Ibid., pp.46-47; Milgrom, Paul R., Douglas C. North, and Barry R. Weingast, "The Role of Institutions in the Revival of Trade: The Law Merchant, Private Judges, and the Champagne Fairs", *Economics and Politics*, Vol. 2, No. 1, Mar., 1990, pp.1-23.

⑤ North, Douglass C., *Institutions, Institutional Change and Economic Performance*, Cambridge: Cambridge University Press, 1990, p.47.

⑥ Ibid., p.4.

织的正式规范被认为与小团体中行为者的偏好和利益相一致时,正式与非正式规范之间的关系将得到紧密地结合。这种紧密结合推动组织和经济体取得高绩效,否则非正式规范就可能扭曲正式组织规则。[1]受诺斯等人的启发,岑格等(2002)详细地讨论了正式制度与非正式制度的关系问题。提出了如下假设:(1)非正式制度强烈地影响着组织行使的功能;(2)正式制度影响着非正式制度的运作轨迹,类似非正式网络运作受到个人在正式等级制度中职位的影响;[2](3)正式制度是非连续排列的,而非正式制度相比则是在连续统一体之上运行的;(4)正式和非正式制度变迁的速度不同,非正式制度具有一种惯性,这就延缓了其变化的速度。他们认为,正式和非正式制度是相互依赖的治理机制,其中一个机制的使用能够促进(补充)或削弱(取代)另一个的使用。[3]

赫姆基和列维茨基(2004)进一步发展了岑格等(2002)关于正式制度与非正式制度关系的理论。按照他们的归纳,关于正式制度与非正式制度的关系,有两个主要的阵营。一派将非正式制度看成是功能性的和问题解决式的,对社会互动和合作中的问题提供解决办法,具有增强正式制度的效率和表现的作用。另一派将非正式制度看成是反功能的、制造问题的。庇佑主义(clientelism)、腐败、家产制主义(patrimonialism)都被认为有损正式的民主、市场和国家制度。赫姆基和列维

---

[1] Nee, Victor and Paul Ingram, "Embeddedness and Beyond: Institutions, Exchange, and Social Structure", Mary C. Brinton and Victor Nee (eds.), *New Institutionalism in Sociology*, New York: Russell Sage Foundation, 1998.

[2] Brass, D. J., "Being in the Right Place: A Structural Analysis of Individual Influence in an Organization", *Administrative Science Quarterly*, Vol. 29, No. 4, Dec., 1984, pp. 518 – 539; Krackhardt, D., "Assessing the Political Landscape: Structure, Cognition, and Power in Organizations", *Administrative Science Quarterly*, Vol. 35, No. 2, Jun., 1990, pp.342 – 369.

[3] Zenger, T. S. Lazzarini, and L. Poppo, "Informal and Formal Organization in New Institutional Economics", Paul Ingram and Brian S. Silverman (eds.), *The New Institutionalism in Strategic Management*, Boston: JAI, 2002.

茨基认为这两派观点都存在问题。他们从两个层面对非正式制度类型进行区分。第一个层面是正式制度和非正式制度产出的一致化程度。如非正式制度导致了一个与正式制度实质上不一致的结果,正式制度和非正式制度就是不一致的;当两者的产出并无实质上的不同,则正式与非正式制度是一致性的。第二个层面是相关的正式制度的有效性(effectiveness),也就是成文的规则或程序在实践中被执行和遵守的程度。有效的正式制度在事实上限制或者促成政治行动者的选择,行动者认为如果不遵守,遭到官方制裁的可能性很大。如果正式制度和程序没有效率,行动者会认为执行的可能性会很小。这两个方面的组合形成了非正式制度的四种类型。

表1-1 从作用划分的非正式制度类型

结果(outcomes)	有效的正式制度 (effective formal institutions)	无效的正式制度 (ineffective formal institutions)
一致(convergent)	补充性(complementary)	替代性(substitutive)
不一致(divergent)	变应性(accommodating)	竞争性(competing)

参见:Helmke, Gretchen and Steven Levitsky, "Informal Institutions and Comparative Politics: A Research Agenda", *Perspectives on Politics*, Vol. 2, No. 4, Dec., 2004, pp. 725-740.

(1)补充性的非正式制度。"补充性的非正式制度"由劳思(Hans-Joachim Lauth, 2000)提出,这些制度既通过解决正式制度不能处理的偶发情况,也通过便利在正式制度框架下达成个体目标而填补正式制度的空白。[1] 这些非正式制度常常提高正式制度的效率,比如官僚机构里大量的道德、惯例和操作规程使得决策和合作变得容易。补充性非正式制度也可以作为正式制度的基础,创造和增强遵循正式规则的诱因,否则正式规则可能只能停留在纸面上。比如,学者们常常把美

---

[1] Lauth, Hans-Joachim, "Informal Institutions and Democracy", *Democratization*, Vol. 7, No.4, Win., 2000, pp.21-50.

国宪法的效能与一系列公民所持有补充性的信念和期望联系起来。[1]社会资本理论也往往持这一观点。

(2)变应性的非正式制度。这种非正式制度创造了一种改变而不是直接违背或影响正式制度效果的行为动机,它们与正式制度的精神而不是文字相矛盾。变应性非正式制度是由那些不喜欢但又不能改变和公然违反正式规则结果的行动者形成的。这样,他们经常将自己的利益与既有的正式制度相调和。因此,虽然变应性非正式制度不会增进效率,但它们会通过减弱改革要求而提高正式制度的稳定性。

(3)竞争性非正式制度。竞争性非正式制度存在于其产出结果与正式制度不一致且正式制度没有效能的情形下。在这样的情形下,正式规则和程序都未得到系统性的执行,使得行动者可以无视或违背它们。这些非正式制度通过与正式规则不兼容的方式形成诱因结构:遵循一个,必须违背另一个。特定的非正式制度如庇佑主义、家产制主义、宗族政治和腐败都是其中最熟悉的例子。比如"二战"后的意大利,腐败嵌入在一种选择性的规范(alternative norms)中:行动者可以违背某些国家法律而不被惩罚,而遵循法律的可能会遭到某种处罚。[2]在正式制度经常强加到地方性规则和权威结构中的后殖民背景中,竞争性非正式制度也很常见。

(4)替代性非正式制度。这一制度是产出结果一致而正式制度无效时的产物。[3]正如补充性的制度,行动者运用替代性的非正式制度

---

[1] North, Douglas C., William Summerhill, and Barry R. Weingast, "Order, Disorder, and Economic Change: Latin America Versus North America", Bruce Bueno de Mesquita and Hilton L. Root (eds.), *Governing for Prosperity*, New Haven: Yale University Press, 2000, pp.17-58.

[2] DellaPorta, Donatella and Alberto Vannucci, *Corrupt exchanges: Actors, Resources, and Mechanisms of Political Corruption*, New York: Aldine De Gruyter, 1999.

[3] Lauth, Hans-Joachim, "Informal Institutions and Democracy", *Democratization*, Vol.7, No.4, Win., 2000, pp.21-50.

追求与正式规则和程序相一致的产出结果。然而,替代性非正式制度存在于正式制度没有得到正常执行的地方。因此,替代性非正式制度可以达成正式制度意图但未达成的目标。替代性非正式制度往往出现在国家机构懦弱或缺乏权威的地方。比如,在墨西哥旷日持久的民主转型过程中,选举争议解决的正式制度(如选举法庭)缺乏信誉并常常被忽略。在这个背景下,政府官员和反对派国家行动党通过非正式的协调会(concertacesiones)或者"君子协议"(gentleman's agreements)来解决选举后的争议。①

3. 关于制度化的概念

传统的制度化理论,强调政治系统与稳定及适应性相联系的那些特征。如亨廷顿(Samuel P. Huntington,1968)认为,制度是稳定的、受尊重的和周期性发生的行为模式,组织和程序与其制度化水平成正比例。制度化是组织和程序获取价值观和稳定性的一种进程。任何政治体系的制度化程度都可根据它的那些组织和程序所具备的适应性、复杂性、自治性和内部协调性来衡量;同样,任何一个组织或程序的制度化水平也可以套用这几个条件来加以衡量。复杂社会里的政治共同体依赖于该社会政治组织和政治程序的力量,而这种力量又取决于这些组织和程序获得支持的广度及其制度化的程度。②

新制度主义也强调制度化所带来的确定性和可预期性。如诺斯指出,制度在一个社会中的主要作用是建立人们互动的稳定结构(未必是

---

① Eisenstadt, Todd, "Trust but Verify: How Mexico's Opposition Forced Electoral Dispute Resolution from Bargaining Tables to Court Rooms and Lived to Tell about It", paper presented at the Conference Informal Institutions and Politics in the Developing World, Weatherhead Center for International Affairs, Harvard University, Apr. 5 – 6, 2002; Isenstadt, Todd, "Thinking Outside the (Ballot) Box: Informal Electoral Institutions and Mexico's Political Opening", *Latin American Politics and Society*, Vol. 45, No.1, Spr., 2003, pp.25 – 54.

② Huntington, Samuel P., *Political Order in Changing Societies*, New Haven: Yale University Press, 1968, p.12.

有效率的),以降低不确定性。① 这些不确定性是出于问题的复杂度和个人所具有解决问题的软件(套用计算机名词)两方面造成的。不确定是肇因于人类互动过程中对他人的行为之信息不完全。个人的计算能力是受制于处理、组织和利用讯息的心智能力。从这种能力中,配合诠释环境衍生的不确定性,规则与程序逐渐形成以简化过程。完成的制度架构透过安排人类互动的结构来限制行为者的选择范围。②

杰培森(1991)认为,制度意味着一种社会秩序和模式,这种秩序和模式在一定的程度上已经具备存在的状态和特征。制度化指的是这些状态或特征的形成过程。如果秩序或模式是传统的规范化互动的结果,那么制度就是表现某一特定再生产过程的社会模式。当偏离模式受到某种行使如奖励和许可制裁的社会建构、控制的抵制时,我们就称这种模式是制度化。换句话说,制度是那些社会模式,当其长期重复时,其生存就依赖于自我激励的社会过程。在他看来,正式的组织、体制与文化是制度化的三种主要载体,一个客体(object)的制度化程度可能的特点与其抗社会干扰能力有关。因此,一项制度如果沉淀于组织的结构之中,将较少受到干扰。一个制度越被认为正确或不被质疑,它的制度化程度也就越高。杰培森关于制度化程度的观点与亨廷顿关于制度化是组织和程序获取价值观和稳定性的一种进程的观点很类似。杰培森还讨论了非以正式组织为表现形式的制度化类型。一种是体制(regime),指的是一些中央集权体制的制度化,并不是以正式的组织装置表现出来。一种是文化,指那些规则、程序和目标,它们不是以正式组织为基本表现,也没有"中央"集权的监控和制裁。③

---

① North, Douglass C., *Institutions, Institutional Change and Economic Performance*, Cambridge: Cambridge University Press, 1990, p.6.

② Ibid., p.25.

③ Jepperson, Ronald L., "Institutions, Institutional Effects, and Institutionalism", Walter W. Powell and Paul J. DiMaggio (eds.), *The New Institutionalism in Organizational Analysis*, Chicago: University of Chicago Press, 1991.

诸多关于制度化的观点都强调制度化过程中制度被认知和践行的特征。如朱克(L. G. Zucker,1991)认为,制度化既是一个过程变量也是一个特征变量。它是个体行动者传达由社会定义的事实的过程;同时,在这一过程的任一节点,一个行动的意义可以或多或少被想当然地定义为社会事实的一部分。他认为制度化过程不能被看成往往作为创制其他结构的副产品发生;相反,一旦实现制度化,结构或行为会不需要任何进一步的行动而得以维持。[1] 伯杰和卢克曼(P. L. Berger & Luckmann,2003)认为,制度化现象出现在各类行为者惯例行为相互类型化的时候。一系列惯例性行为(形成过程先于制度化)是行动者或某个特定的行动者在某个时间以共同的方式,在一定的社会背景下开始担负某种角色时形成的。[2] 而鲍威尔(W. W. Powell,1991)认为,制度化是迫使一部分人在遇到同样挑战时变得与其他人相类似的一个强制性的过程,在同形化的作用下,他们将采取同样的办法。[3]

托尔伯特、朱克和巴利(Tolbert & Zucker,1996;Barley & Tolbert,1997)还讨论了制度化的过程,他们将制度化分为前制度化、准制度化和完全制度化三个渐次推进的阶段,每一阶段分别以习惯化(habitualization)、客观化(objectification)、沉淀(sedimentation)三个

---

[1] Zucker, L. G., "The Role of Institucionalization in Cultural Persistance", W. W. Powell and P. J. DiMaggio (eds.), *The New Institutionalism in Organizational Analysis*, Chicago: The University of Chicago Press, 1991.

[2] Berger, Perter L., and Thomas Luckmann, *The Social Construction of Reality*, New York: Doubleday, 1967, cited from Carlos Alberto Sampaio de Freitas and Tomás de Aquino Guimaraes, "Isomorphism, Institutionalization and Legitimacy: Operational Auditing at the Court of Auditors", *BAR*, Vol. 4, No. 1, Jan./Apr., 2007, pp.35-50.

[3] Powell, W. W., "Expanding the Scope of Institutional Analysis", W. W. Powell and P. J. DiMaggio (eds.), *The New Institutionalism in Organizational Analysis*, Chicago: The University of Chicago Press, 1991.

连续化的过程为特征。[1]

还有的学者将制度化与合法性联系起来。如萨奇曼(M. C. Suchman, 1995)认为与制度化紧密相连的是合法性——由对实体行为的必要性及符合既定社会道德、价值、信仰、规定等的普遍化的认同和设定构成。合法性在由制度理论造成可能的知识转型中发挥着重要作用,为围绕构建、限制或加强组织行为者的规范化、认同性力量的理论形成提供一个框架基础。因此,合法化与制度化是同义词。[2] 但是,杰培森(1991)认为,合法性是制度化的产物或者促进因素,但并不总是联系在一起,因为非法因素如腐败、诈骗和有组织犯罪也会制度化。[3]值得注意的是,这里,杰培森指出非法的因素也会制度化。

4. 本书的概念界定

从前面的综述中我们看到,由于分析的角度不同,对制度、正式制度、非正式制度以及制度化的定义都不尽一致。亨廷顿将制度定义为一种行为模式,是一种稳定的、受尊重的和周期性发生的行为模式,而制度化是组织和程序获取价值观和稳定性的一种进程。诺斯则将制度看成是游戏规则,是用以约束人类的互动行为的人为限制。斯科特则将制度定义为认知的和规范性的结构或活动,为社会行为提供稳定性

---

[1] Tolbert, P. S. and L. G. Zucker, "The Institutionalization of Institutional Theory", S. R. Clegg, C. Hardy, and W. R. Nord (eds), *Handbook of Organization Studies*, London: Sage, 1996, pp. 175 - 190; Barley, Stephen R. and Pamela S. Tolbert, "Institutionalization and Structuration: Studying the Links between Action and Institution", *Organization Studies*, Vol. 18, No. 1, 1997, pp. 93 - 117.

[2] Suchman, M. C., "Managing Legitimacy: Strategic and Institutional Approaches", *Academy Management Review*, Vol. 20, No. 3, Jul., 1995, pp. 571 - 610.

[3] Jepperson, Ronald L., "Institutions, Institutional Effects, and Institutionalism", Walter W. Powell and Paul J. DiMaggio (eds.), *The New Institutionalism in Organizational Analysis*, Chicago: University of Chicago Press, 1991.

和意义,包括在不同权限层次运行的诸如文化、结构和惯例等内容。杰培森也强调制度作为惯例和规范,引致社会秩序和模式的特征。巴利和托尔伯特则将制度视为鉴别社会行动者及其行为或关系的类别(categories)的共享的规则和典型化(typification)。

借鉴上面的定义,本书将采用较为宽泛的制度定义,将制度界定为规范组织和个人行为或标示组织和个人模式化行为的成文或不成文的规则、文化和价值观等的总和。本书赞同赫姆基和列维茨基应该使制度与其他的非制度和非正式现象区别开来的观点。因此,本书认为,那些有一定约束性,能够形成模式化行为的惯例、规则和结构,包括信念和文化等,都是制度的组成部分。

关于正式制度和非正式制度,不同研究者对它们的内涵和外延也存在较大分歧。诺斯认为正式权利结构包括宪法、成文法、习惯法(以及法律细则),而非正式限制包括声誉、普遍接受的行事标准和重复交往中产生的习俗。倪志伟和英格拉姆,岑格以及赫姆基、列维茨基等都倾向于将正式规则与正式组织(如政府、企业、正式团体等)和成文性(显性)相联系,将非正式规则与非官方、不成文性(隐性)特征相联系。赫姆基和列维茨基在关于正式、非正式制度的综述性研究中,将正式制度明确界定为"通过广泛接受的官方渠道创立、传播和执行的,包括国家制度(法院、立法和官僚机构)和由国家执行的规则(宪法、法律和规定)",即埃利克森(1991)所说的组织的规则;而非正式制度是"由社会分享的规则,常常是不成文的,在官方批准渠道之外创立、传播和执行"。社会资本理论也遵循新制度主义的传统,将非正式制度等同于道德、文化、信任之类的规范因素。

本书的研究表明,在中国,作为官方的行政主体为了实现全局性的、局部和小圈子的组织目标,在目标利益所对应的行政组织里,存在和分享着各类不成文的或者是成文性的但相对于国家法律和政策属于非正式的行为规则,这些规则虽然由官方创立,甚至是成文性的,但都属于非正式规则,而不能名正言顺地归为正式规则,是地方行政主体的

"非正式规则"。鉴于此,非正式规则也不限于关系、声誉、信念和道德等影响正式规则绩效的社会因素。

因此,本书认为,正式制度是由正式组织制定,规范和标示组织和个人模式化行为的各项成文的法律、规章和制度等的总和。而非正式制度是规范和标示组织和个人行为的不成文(或者内部成文)的各种规则、惯例、文化和价值观等的总和。如果腐败和庇护关系等也成为模式化的行为准则,它们也将构成非正式规则。[①]

提供一个相对宽泛的定义,有利于深化我们对正式组织和非正式组织、正式方面和非正式方面的认识。同时,还在于正式和非正式的比较只是相对的,即使在国家制度里面,一般政府文件与宪法和国家法律相比,其正式性也相差甚远。因此,诺斯一方面强调正式规则的层次性,另一方面也指出非正式与正式限制之间的差异只是程度上的。设想一条连续线,禁忌、习惯和传统在这一端,明定的宪法在另一端,从不成文的传统和习惯到成文的法律,其漫长蜿蜒的移动是单方向的。社会越趋复杂自然就越提高将限制予以正式化的报酬率,而技术变动往往降低衡量成本,并且引发精确又标准化的度量衡。[②]

关于制度化的定义,有的强调其外在特征,有的强调其作用,有的强调其过程。不同结构和行为的制度化存在不同的特点,本书讨论的是行政的制度化。笔者认为,行政制度化是制度形成、制度认同和制度践行的连续过程。

(二) 组织的非正式制度/规则:概念的引入

影响中国政治与行政运行状况的因素很多,如宗派、非正式政治、

[①] Anastassiya, Zagainova, "The Analyses of Corruption as Informal Institution and Its Dynamics", project presented at European School on New Institutional Economics, Cargese, May, 2006.

[②] North, Douglass C., *Institutions, Institutional Change and Economic Performance*, Cambridge: Cambridge University Press, 1990, p.46.

重社会关系而不重制度的文化传统、官员腐败、政治结构、社会转型等,本书将提出一个新的解释视角,即组织性的非正式制度/规则视角。笔者认为,中国政治系统(尤其是地方行政系统)组织性地利用非正式制度/规则来达成行政目标,是导致地方政治尤其是地方行政运行制度化程度较低和整体行政绩效较低的重要原因。

事实上,政治与行政都既需要借助正式制度,也需要借助非正式制度,即使是制度化的政治与行政,也并不一定排斥非正式制度的作用。但是如果在治理中正式制度没有得到充分尊重,而非正式规则大行其道,那么制度化就无从谈起。为什么要引入非正式制度/规则这一概念,而不用狄特玛(Lowell Dittmer,2002)的非正式政治概念？因为后者无法涵盖非正式制度影响下的所有行为。其一,本书的非正式制度概念并不是与狄特玛非正式政治(以非正式关系为基础)对应的概念,非正式制度/规则包括更丰富的内容;其二,由非正式制度/规则指导的政府行为并不方便用"非正式政治"或"非正式行政"来表示,这些行为是受非正式规则控制的,但是由政府实施的、具有效力的行政行为,因此并不能简单地称为"非正式政治/行政"。它们也不同于李和帕克等(S. Li, S. H. Park, et al., 2003)概括的以关系而不是规则为基础(relation-based rather than rule-based governance)的"非正式治理"(informal governance)[①],因为前者的治理基础并非关系。用"非正式制度/规则"可以概括影响政治/行政制度化的所有惯例化的非正式方面,这些非正式制度/规则渗透到地方治理的方方面面,成为正式制度的孪生物。

非正式制度的表现形式,既有非组织的形态,也有组织的形态。而组织的非正式制度也可以分为两类:一类是组织的政策或制度试验,这

---

① Li, S., S. H. Park, et al., "The Great Leap Forward: The Transition From Relation-Based Governance to Rule-Based Governance", *Organizational Dynamics*, Vol. 33, No. 1, 2003, pp. 63–78.

类政策试验是探索性的,在表现形式上往往不具备非常正式的特征,如韩博天等学者讨论的地方政府的各种改革探索和政策试点①,以及一些正式制度没有详细规定的政策执行方面的操作办法;另一类则主要是下级组织为了局部利益发展起来的、旨在规避上级组织的正式制度约束的各种模式化的行为规则,这些行为规则往往是正式制度所禁止的。上述两类非正式制度是两种不同性质的非正式制度,前一类非正式制度往往是上级组织所默许的,是正式制度的外部利润下降,或者无法获得新的外部利润,需要进行制度创新时的产物。这类制度探索的利益和目标指向与正式制度具有一致性,并且有可能发展为正式的制度(探索成功),因而大多可以归纳为补充性和替代性的非正式制度。而后一类非正式制度,一般不会发展为正式的制度,它们是在正式制度仍然有效并且需要执行的情况下发生的。其利益指向或者与正式制度不一致,为正式制度所禁止,如变应性的非正式制度、竞争性的非正式制度;或者即使在利益指向上一致,但是与正式制度的精神不一定契合(见表1—2)。本书讨论的主要是后一类非正式制度,并评估其对中国土地行政绩效和制度化的影响。

表1—2 从存在形式划分的非正式制度类型

类型	非组织性的非正式制度	组织的非正式制度	
表现形式	自发和零散的非正式关系、惯例、文化、道德等	政策或制度试验、操作规则、组织的意识形态	目标替代的非正式制度
与正式制度的关系	补充性、变应性、竞争性、替代性非正式制度	补充性、替代性非正式制度	变应性、竞争性非正式制度

资料来源:作者整理。

---

① 韩博天:"中国异乎常规的政策制定过程:不确定情况下的反复试验",《开放时代》2009年第7期。

四、本书的研究方法、过程和主要内容

(一) 以土地行政为案例

本书试图讨论中国行政的制度化问题。行政的制度化是一个很宏大的问题，笼统地进行讨论难以使讨论得以深入，解剖一只麻雀远比浏览一群麻雀深入。因此，本书拟从一个行政领域对中国行政制度化问题进行讨论。

本书选择的是中国土地行政。中国土地管理是近年来令人瞩目、争议颇多的领域，但是由于其专业性和复杂性，在政治学、行政学理论领域却较少研究。政治学领域关注的焦点主要是农民的土地维权和抗争问题。

中国改革开放以来，随着经济的发展和城市化的推进，对建设用地的需求大大增加。从土地审批、土地征收或征用、土地出让、土地使用到土地监管各个环节，涉及的相关方如政府(包括上级政府与下级政府、横向相关部门)、村集体、村民、用地单位等基于自身的利益展开了复杂的博弈，由此形成了复杂的利益格局和斑驳陆离的土地政治生态。

第一，土地问题再次成为中国城乡社会问题的焦点。土地是基本的生产生活资料，在农民占人口多数的社会里，土地制度(所有权和使用权)一直是社会政治问题的线索，从中国历代重大的政治革命都与土地问题有关即可见土地问题的重要性(邓小平领导的改革也是从农村土地经营权的变革开始的)。近年来，土地问题再次成为城乡社会问题的焦点之一，主要是城市化过程中各级政府实施的征地拆迁所引起的。

据相关统计，中国的土地信访案件在 2003 至 2004 年间持续大幅攀升。2004 年，国土资源部共受理群众来信 14 146 件，接待群众来访

达 7 233 起,计 31 513 人次。2005 年 5 月 1 日《中华人民共和国信访条例》实施以来,来信件数、来访起数、来访人次才大幅下降。① 相关研究表明,实践中每年发生的土地争议(从广义上来讲)在 90 万件之上。截至 2005 年 6 月,各级信访部门受理的信访案件有 60% 以上为土地争议引发,土地行政案件占全国法院一审受理行政案件总数的 15%—19%,居各类行政案件之首。另外,中国社会科学院农村发展研究所相关研究也发现,2003 年 8 月至 2004 年 6 月,农村土地纠纷已取代税费争议居各类纠纷之首。② 土地信访事件表现出以下特点:反映的问题相对集中,组织化倾向比较明显,全国的土地信访情况不平衡,重复信访率较高。2006 年 2 月,国土资源部副部长李元在接受记者采访时承认,近年来,土地信访数量居高不下,成为国土资源管理工作面临的突出问题和矛盾,而土地信访绝大多数与征地补偿安置有关。据统计,近年来群众来信来访中反映征地补偿安置问题的占来信来访总数的 60% 以上,个别地方甚至达到 80%。③

第二,土地成为中国官员腐败的重灾区之一。2007 年 9 月 17 日,在国务院新闻办公室举行的新闻发布会上,国土资源部国家土地副总督察甘藏春、国土资源部执法监察局局长张新宝等在介绍全国土地执法"百日行动"等方面情况时承认,土地问题上引发的腐败现象已成为当前腐败的一个重点。从 2000 年到 2006 年,全国因为土地违法违规受到党纪政纪处分的有 8 698 人,另外,有 1 221 人被追究刑事责任。而 2006 年一年,受到党纪政纪处分的有 3 094 人,有 501 人被追究刑事责任。2006 年一年当中被处理的人分别占了六年当中被处理人数

---

① 参见王亦白、宋檀:"解决土地信访问题的几点思考",《中国房地产》2006 年第 6 期。
② 参见连玉明、武建忠:"每年土地纠纷 90 万件,已取代税费争议居各类纠纷之首",《中国国力报告》,中国时代经济出版社 2006 年版;于建嵘:"土地问题已经成为农民维权抗争的焦点",《调研世界》2005 年第 3 期。
③ 参见郄建荣:"土地信访数量居高不下,国土资源信访规定出炉",《法制日报》2006 年 2 月 6 日。

的35.6%(党纪政纪处分)和41%(追究刑事责任)。当然,被处理的只是少数。国土资源部执法监察局局长张新宝指出,土地执法当中存在偏轻偏软的问题,行政处罚有的时候往往是罚款了事,对责任人的处理有时候也不到位。①

第三,房地产调控。改革开放以来,房地产调控成为中国宏观调控的重要领域之一,因为经济过热往往与房地产热联系在一起,同时,房地产经济也成为国民经济的重要组成部分,尤其是在房地产市场形成、各地将房地产作为经济支柱之一以后。从20世纪80年代房地产市场形成到本世纪初,主要经历了两次大的调控,分别为1992—1993年的房地产调控和1997年亚洲金融危机之后的房地产调控,②这两次调控都是宏观经济调控的重要组成部分。2004年以来,中国城市商品房持续出现价格上涨,有的城市房价涨幅达2—3倍之多,过高的房屋价格成为城市居民的沉重负担,"住房难"成为中国居民生活三大民生问题之一。为了抑制过高的商品房价格,中央政府开始了新一轮房地产调控,出台了多项以土地、房屋供应、财税和金融等为主要内容的调控措施。但是这次调控没有达到预期的目标、收到理想的效果。房地产调控措施及其执行效果,也成为了解各级政府之间、政府与市场、政府与房地产企业之间复杂关系及中国中央政府权威和经济调控能力的重要视角。

第四,土地成为地方政府最重要的收入来源之一。1988年通过的《中华人民共和国宪法修正案》和《中华人民共和国土地管理法》对土地的出让、转让做出了规定,正式启动了中国的土地市场。从此,卖地逐步成为地方政府的重要收入来源。根据《中国国土资源统计年鉴》的数据,2001年以来,各地国有土地出让收入一直呈上升趋势,到2007年,全国土地出让收入达到12 216.72亿元,而同期全国地方政府本级收

---

① 参见虞伟:"土地是当前腐败重点",《南方都市报》2007年9月18日。
② 参见张泓铭:"对中国房地产宏观调控历史的初步探讨",《社会科学》2003年第9期。

入为 23 565.04 亿元,土地出让收入达地方政府本级收入的51.84%,[①]同时,地方政府利用土地作抵押,大肆向银行举债。土地财政在地方政府财政中的重要地位,对地方政府及其行为有着深刻的影响,同时也大大影响着宏观调控政策的落实及中央与地方关系。

因此,以土地行政为例,可以从一个角度了解中国行政过程和行政制度化状况,了解各项制度,包括正式制度和非正式制度在行政管理中的作用,了解行政主体在复杂的利益结构下的变应行为,从而为解释中国公共行政的生态和行政制度化所嵌入的社会政治经济背景提供一个实例。同时,通过对中国土地行政的分析,也可以为中国目前一些社会问题的根源提供行政体制视角的解释。

当然,土地行政只是行政管理的一个领域,它与其他行政领域的情况有时可能存在着相当大的差别。因此,本书以土地行政为案例所得到的发现,并不一定能够解释中国公共行政及其制度化和绩效方面的所有问题。

(二) 田野研究与文献研究相结合

本书将通过田野研究和文献研究相结合的办法探究地方政府土地管理的真实情况。田野研究方面,包括工作经验、田野调查、参与观察、访谈、问卷等;文献研究方面,包括收集各种相关报道、网络资料、著作和论文等。通过两种方法的结合,全面、深入地了解地方政府土地管理的运作及现状。

对于土地监管,笔者在此前的研究工作中已经有所接触。从 2002 年开始,笔者就开始研究中国城市化过程中出现的城中村问题。在深圳、广州、东莞等城市,原农村社区在土地被大量征用后,缺乏劳动技能

[①] 参见国土资源部:《中国国土资源统计年鉴(2008)》,地质出版社 2008 年版,第 165 页;财政部:"中央和地方预算执行情况和预算草案报告(摘要)",http://www.gov.cn/2008lh/content_910951.htm.

和稳定收入来源的村集体和村民家庭利用剩余的土地未经批准超标准建造了大量的住宅和厂房,在城市的中央或外围区域建成了一个个"城中村"。由于建筑密度过大,基础设施和管理落后,住房和厂房交织,这些"城中村"卫生状况差、社会治安混乱,成为城市政府面对的重大城市社会问题。这些都与城市土地和建筑管制有关。笔者在与村股份合作公司及村民访谈时,了解到他们违法抢建住房的理由是土地被征用了,只得靠违法建房出租赚取生活来源,而街道办事处和土地与建筑监管部门也因为曾经征用了村民的土地,对没有其他生活来源的村民违法抢建行为的处理也往往难以太过严苛,导致违法建筑屡禁不止,愈演愈烈。这使笔者从征地到违法建筑管制整个土地行政过程来看中国的土地行政,通过将前面的行政行为(征地)与后面的行政行为(土地监管)联系起来看,可以发现其中具有某些关联。更确切地说,由于征地的制度安排还不是完全的法理化的,导致后面的管理行为也难以完全的法理化,而是给非正式规则留下了过多的作用空间。在多年的"城中村"研究中,笔者先后到广州、东莞、西安、北京、深圳等城市的相关部门和数十个"城中村"调研,并与一些政府部门合作开展了有关"城中村"问题的研究,有机会接触了大量的相关部门及官员、"城中村"股份合作公司管理人员、"城中村"村民,并与他们进行了广泛的访谈,这些知识虽然不是基于直接的土地行政研究进行的,但都与土地管理相关,对加深笔者对土地行政现实的理解具有很大帮助,使得笔者对城市土地和建筑管理有了大量的感性认识。[①]

本书选择P市作为主要的田野调查地点。其原因有二:一是P市是中国经济规模和城市规模扩张最快的城市之一,通过对P市的研究,可以为我们提供一个观察经济发展和土地利用关系的典型案例;二是笔者对P市相对熟悉,有利于开展田野调查工作。2006年7月至2007年7月,笔者走访了P市土地管理部门及多名官员和研究人员,搜集了P市近年来的土地管理方面的资料,了解了土地管理方面的基

---

① 参见谢志岿:《村落向城市社区的转型》,中国社会科学出版社2005年版。

本情况。期间（2006年7月至2007年1月），笔者来到位于P市Y区H街道办事处属下的一个经济发展相对落后的D社区，以社区居委会主任助理的身份，协助社区开展各项工作。笔者吃住在社区，工作在社区，几乎参加了社区所有会议和工作，得以近距离地观察以至参与社区和各级部门（市、区、街道）土地与建筑管理方面的工作，了解土地管理相关方面情况及干部的工作方式和态度。

D社区毗邻P市Y区，四周环山，总面积为12.7平方公里，可利用土地面积约为5平方公里。下辖7个自然村，本地人口近1 500人，各类外来人口约5万人。① 2004年，D村开始在P市的统一部署下进行城市化改制，行政建制从行政村改为城市社区，此后，经历了城市化统收土地（即在村委会变为居委会、农村居民变为城市居民、农村社区变为城市社区后，村落土地在适当补偿的基础上按照有关"城市土地属于国有"的法律规定转变为国有，在所有权上不再属于村集体所有）、村民霸地抢建和政府查处违法建筑的过程。同时，经历了SH快速路建设征地拆迁。到笔者进驻社区时，统收土地和征地拆迁工作已接近尾声，而违法抢建和查处违法建筑活动则正值高潮，使笔者有机会直接参与观察与上述土地行政管理环节的一些细节，了解各级政府、村集体、个人围绕征地和建筑管制所展开的博弈。在为期七个月的社区工作中，笔者收集并整理了自2001年来社区各次会议的原始记录、上级政府部门发给社区及社区内部的各种文件；参与了社区土地行政的一些工作，得以直接观察上级政府在土地行政和建筑监管方面行为，并与社区干部和居民讨论有关征地、统收土地和查处违法建筑的问题。另外，笔者还在社区和街道的支持下，开展了一项名为《城市化进程中的新社区建设》的课题调研。在课题调研过程中，笔者就社区规划建设与街道规划、国土部门、建设部门、查处违法建筑办公室等十个部门及社区一

---

① "D村情况简介（2004年）"，收录于《地方土地行政田野调查记录》（2006—2008），《地方土地行政田野调查记录》是笔者田野调查收集资料的汇集。

些干部和居民进行了访谈,并对村民进行了问卷调查,积累了大量的素材和感性认识。

2006年12月,笔者到X省H市对HY大学城征地拆迁进行了调查。HY大学城是2004年省重点工程,占地总面积2 880亩,投资额11.9亿元,由两个校区组成(此为调查时数据,后有扩大)。该项目2004年正式启动,2006年9月基本落成并投入使用。调查期间,笔者实地考察了大学城的建设情况,并与大学城所在地区政府领导和一些村民进行了访谈,了解了曾经在中国各地如火如荼的大学城建设的一个实例。此外,笔者还通过不同形式进行了多次补充调查。

除了集中进行的田野工作,笔者日常的工作和生活也为了解土地管理工作提供了契机。通过日常的工作和生活,尤其是通过其他一些研究项目的调研工作,笔者可以接触到与土地管理相关的政府部门、政府工作人员、社区干部以及其他了解土地管理的人员,具体地了解土地管理的有关情况。这些不同渠道、不同侧面的接触和了解,丰富了笔者田野工作的内容。

然而,土地行政是一个由审批、征地、出让、登记、利用、监管等多个环节组成的系统,要了解土地行政中的正式制度和非正式制度的作用,通过一两个点甚至多个点的实地调查可能仍难以了解到土地行政各个环节的具体内容,因此,搜集散布在报刊、图书、网络上的各种文献资料,就成为了解土地行政正式、非正式规则作用及土地管理绩效全貌的必不可少的环节和手段。笔者尽量搜集了散布于各种媒介上的资料,试图给出土地行政各个主要环节尤其是其中的非正式规则的尽可能完整的图景。同时,必须说明的是,土地行政是一个涉及巨大利益的领域,要了解其中非正式运作,难度可想而知。当事人一般是不会透露土地行政背后的交易的,除非被查处后公布的调查结果。对于这类事例,本书也将尽量使用已公开报道的资料。① 因此,本书将在引述田野调

---

① 在田野工作中,虽然笔者零零星星地听闻了一些不合法的交易,但由于无法核实,即使是真实的,这些材料也不会被采用,以免引起不必要的纠纷。

查资料的同时,将使用在各种媒介上搜集到的已经公开的文献资料,来论证土地行政中的各种非正式规则,使田野调查资料和已经公开的其他地区的文献资料互相印证,以使土地行政中的非正式规则得到更全面的揭示,同时也可反映非正式规则的普遍性。

(三) 解释性研究和描述性研究相结合

本书提出了关于中国行政制度化和绩效的一个基本假设,即由于整体制度安排的缘故,中国地方行政主体在一些公共行政和政策执行的过程中,往往需要借助非正式规则;组织性的非正式规则/制度在有效地推进暂时的、局部的行政目标的同时,也削弱了正式制度的权威;正式制度的削弱,最终会影响制度绩效,也导致了中国基层管理的低制度化。围绕这一假设,本书探讨了中国土地行政的正式组织和正式制度、非正式规则以及它们在土地行政绩效和制度化中的作用,并分析了组织性非正式规则/制度产生和存在的原因,为中国土地行政状况提出了一个新的理论解释。虽然本书的主要任务是以土地行政为案例解释中国行政领域存在的低制度化现象及其原因,但是,对于土地行政中存在的正式和非正式规则,本书将在掌握的材料的基础上尽量采取描述性的办法,尤其是对非正式规则的表现形式,本书将用案例和事实材料进行客观的描述性论述,以使读者能够更清楚非正式规则的真实面貌和运行过程。

(四) 定性研究与定量研究相结合

本书将采用定性研究和定量研究相结合的方法来揭示正式制度、非正式规则与制度化和行政绩效的关系。由于系统充分的统计数据的缺乏,也由于制度、制度化和绩效难以量化,本书主要用定性的方法讨论它们之间的关系,同时也利用现有数据,尽量对一些变量之间的关系进行量化分析。同时,也将采用田野调查期间对所在社区居民所做的问卷调查中的一些数据来支撑本书观点,虽然由于样本的问题,本书不打算从统计学意义上使用这些数据。

(五) 本书的主要内容安排

本书将分为六章。

第一章导论,将讨论本书的研究任务、理论背景、基本概念、主要问题和假设,介绍本书研究的主要过程和方法。

在接下来的一章里,本书将在回顾作为中国土地行政历史前提的 1949 年至改革开放前土地制度的基础上,讨论 1978 年以来土地行政正式组织和制度的演进。揭示非公有制经济发展和市场化改革带来的国家、企业和所有者之间在土地利益关系上的改变,导致了土地利用方式和动机的改变;同时,人多地少的外部压力,也成为土地管理的巨大约束;而传统的计划管理和意识形态以及经济条件,也影响着中国的土地管理体制。这些因素,型构了 1978 年以来土地管理制度的基本格局。中国土地管理正式组织和制度的演进,基本上遵循了如下路径:一是面对着建设用地过度扩张和耕地急剧减少的形势,通过建立统一的土地管理部门和计划管理体制,建立起了中央集权的土地利用管理体制;二是土地使用由无偿变为有偿,国家、土地使用者、土地所有者之间的利益关系不断调整;三是微观领域的土地配置日益市场化。这些正式制度和组织的变迁,因应了当时经济社会结构变化带来的利益结构变化对土地管理提出的一些要求,但在既有制度框架下,没有从根本上解决监管的问题。

第三章将深入讨论中国土地行政中存在的各种非正式规则,揭示存在于土地利用计划管理、建设用地报批、征地实施、土地供应、耕地保护、土地监管和房地产调控各环节中的各种非正式运作及其规则。这些非正式规则是地方(下级)政府为突破中央(上级)政府的土地利用控制,规避土地利用监管和处罚或为完成上级政府布置的工作任务而发展出来的各种模式化的行为规则,遍布于土地行政的各个环节和各个方面。土地行政中的这些非正式规则是组织性的,而非零散和自发的,其主体是地方政府和土地管理部门,而不是"宗派"或"非正式团体"。它们不是以社会关系为基础形成的,而是通过正式的组织渠道形成的。

第四章将讨论中国土地管理的绩效,提出行政制度化的评价标准,并从制度成型化、制度认同和执行情况、管理绩效及对反制度行为的处罚等方面,对土地行政制度化做出评价,讨论正式制度、非正式制度与行政绩效和制度化之间的关系。

第五章将讨论组织性非正式制度产生的原因及其后果,从财政制度与利益结构、土地产权、计划管理体制、政策执行体制、司法制度、传统社会主义意识形态、资源软约束、总体制度安排等方面讨论土地行政中组织性非正式规则存在的原因,从而揭示组织性非正式规则存在的制度背景。同时讨论组织性非正式规则对国家宏观管理目标实现、国家整合及政治认同造成的不利后果。

第六章进一步讨论组织的非正式制度在地方公共行政领域的普遍性,论证"组织的非正式制度"这一概念作为对中国地方行政制度化和绩效问题的一个新的解释视角的解释价值,对制度化解决当前中国土地问题提出政策建议,并从政府转型和整体制度变迁角度讨论中国行政制度化的前景。

第二章　中国土地管理正式制度与组织变迁

　　按照新制度主义的观点,制度变迁的动力来源于某些外生性变化(如技术、市场规模、相对价格、收入预期、知识流量或者政治和经济游戏规则的变化)使得某些人收入的增加成为可能。意识到存在潜在利润的这些人,通过一段时滞,将会把受影响的人组成一个初级行动团体,或者重新调整方向,将已经建立的行动团体的目标调整到获取这些潜在利润。一旦制度安排实现,系统便复归平衡,就不再有改变安排的压力,除非一些外在事件又产生新的外部利润,制度均衡重新被打破。也就是说,成本和收益的变动会使制度产生不均衡,并诱致了安排的再变迁。[①] 制度变迁包括诱致性变迁,也包括强制性变迁。在林毅夫看来,在制度供应上,国家会通过强制性的制度变迁来弥补单纯的诱致性变迁所造成的制度供应不足;国家的制度供应受制于统治者的偏好和有限理性、意识形态刚性、官僚政治、集团利益冲突和社会科学知识的局限性等。[②] 同时,任何制度变迁都是路径依赖的,都受历史和制度环境的影响。

　　1949年以来,中国土地制度及土地管理的组织与制度,经历了复杂的变迁过程,反映了外生性变化对利益相关方在土地成本及收益方面的持续影响,也反映了国家在调整这些利益、形成规范有效的土地管

　　[①] Davis, Lance E. and Douglass C. North, *Institutional Change and American Economic Growth*, Cambridge: Cambridge University Press, 1971.

　　[②] Lin, J. Y., "An Economic Theory of Institutional Change: Induced and Imposed Change", *Cato Journal*, Vol. 9, No. 1, 1989, pp.1–31.

理正式组织和制度方面所做的努力。尤其是1978年以来,外生性变化对土地成本收益的影响更是频仍复杂,调整和规范土地利益的变革也更是应接不暇。

一、1949—1977年中国土地(管理)制度及其主要特征

(一) 土地所有制变化:从私有制到公有制

1.变土地的地主所有制为农民所有制

1949年以前,中国实行的是以地主土地所有制为主体的土地私有制度。新中国成立后,除一部分地区外,全国多数地区仍然实行原有的土地制度。1950年下半年开始,中国实行土地改革,旨在将土地的地主所有制变革为土地的农民所有制。土地改革的核心内容是实行"耕者有其田",主要做法是"中间不动两头平",同时注意保护工商业。1950年6月30日颁布的《中华人民共和国土地改革法》其主要内容包括:没收地主的土地;征收祠堂、庙宇、寺院、教堂、学校和团体等在农村的土地;富农所有自耕和雇人耕种的土地不得侵犯,其出租的少量土地一般也予以保留;保护农民的土地及其他财产不受侵犯;所有没收和征收得来的土地和其他生产材料,除依法收归国家所有的外,应统一地、公平合理地分配给无地少地的贫苦农民所有;对地主同样分给一份土地,使其自食其力;森林、大水利工程、大荒地、大荒山、大盐田和矿山及湖、沼、河、港等,均归国家所有,由人民政府管理经营,等等。

城市方面,1950年11月由政务院通过的《城市郊区土地改革条例》规定,城市郊区所有没收和征收得来的农业土地,一律归国家所有,由市人民政府管理……统一地、公平合理地分配给无地少地的农民耕种使用;国家为市政建设及其他需要收回由农民耕种的国有土地时,应给耕种该土地的农民以适当安置,并对其在该项土地上的生产投资(如

凿井、植树)及其他损失,予以公平合理的补偿;国家为市政建设及其他需要征用私人所有的农业土地时,须给以适当代价,或以相等之国有土地调换之,对耕种该项土地的农民亦应给以适当的安置,并对其在该项土地上的生产投资(如凿井、植树等)及其他损失,予以公平合理的补偿;对分得国有土地的农民,发给国有土地使用证,对私有农业土地发给土地所有证。

1952年年底,全国除部分少数民族地区,基本上完成了土地改革。土地改革完成后,在农村中彻底废除了地主土地所有制,实现了"耕者有其田",建立了土地的农民所有制,农民拥有完整的土地权利。如《土地改革法》第30条规定:"土地改革完成后,由人民政府发给土地所有证,并承认一切土地所有者自由经营、买卖及出租其土地的权利。"

2. 土地公有制度的建立

土地改革虽然完成了,但是农民土地所有制仍然是私有制,不是传统社会主义意义上的公有制。同时,土地改革完成后,少数农户由于种种原因开始卖地、借债,沦为新雇农和佃农;少数农户则开始买地、雇工,成为新富农,农村中又出现贫富分化。这些都不符合新政权的社会制度和意识形态。①

1953年开始,中国开始对农业、手工业和资本主义工商业进行社会主义改造。改造的目的就是"使生产资料的社会主义所有制成为国家和社会主义的唯一经济基础"②。在农村,农业的社会主义改造先后经历了初级农业生产合作社和高级农业生产合作社两个阶段。初级农业生产合作社的主要特点是土地入股,统一经营,按劳力和土地分配。初级农业生产合作社只是土地经营权的变更,土地的所有权仍然是农户私有的。与此同时,随着1953年开始的第一个五年计划的实施,工

---

① 参见王力:《逐步实现国家对农业的社会主义改造》,华东人民出版社1954年版。

② 毛泽东:"关于党在过渡时期的总路线",《毛泽东著作选读》下册,人民出版社1986年版,第705页。

业化的发展对农业生产也提出了新的要求,突出表现在粮食的统购统销上。因为农业是国民经济的重要组成部分,如果不把农业及农产品纳入到计划体制中,国民经济计划和工业化就很难实现。而要将农业纳入到计划体制中,实现对农产品的计划配置,前提之一是实行社会主义的公有制。也正因如此,变土地私有为土地公有,成为农业社会主义改造的基本内容。1956年6月30日由第一届全国人民代表大会第三次会议通过的《中华人民共和国高级农业生产合作社示范章程》(以下简称《示范章程》)即明确规定,"入社的农民必须把私有的土地和耕畜、大型农具等主要生产资料转为合作社集体所有",并原则上"取消土地报酬"。到1956年年底,全国参加初级社的农户占总农户的96.3%,参加高级社的达到农户总数的87.8%,基本上实现了完全的社会主义改造,完成了由农民个体所有制到社会主义集体所有制的转变。① 根据上述《示范章程》,高级农业生产合作社的特点是土地归合作社,统一经营、统一分配。农户的私有土地无偿转为农业生产合作社集体所有(坟地、宅基地等暂未入社)。② 至此,农村土地基本上实现了从私有制到高级生产合作社集体所有的变革。

农村高级合作社规模仍然较小,不利于大规模的农田水利基本建设,同时,《示范章程》规定了农民有退社的自由,城市的个体和集体经济也不完全符合社会主义的意识形态。1958年,随着"人民公社化"和"大跃进"运动的推进及"一大二公"意识形态的膨胀,城乡土地制度发生了进一步的变化。在农村,经过多次调整,形成了由1962年发布的《农村人民公社工作条例修正草案》固定下来的"三级(人民公社、生产大队、生产队)所有,队为基础"的农村集体土地所有制。农村的所有土地均由农村集体所有,但允许农户保留一定的自留山、自留地和宅基地

---

① 参见苏星:《我国农业的社会主义改造》,人民出版社1980年版,第58页。
② 《中华人民共和国高级农业生产合作社示范章程》,1956年6月30日由第一届全国人民代表大会第三次会议通过,并于同日由中华人民共和国主席公布。

(由农户自行经营)。①

在城市,通过接管国民党的财产,没收战犯、汉奸、官僚资本家、反革命分子的财产和将资本主义工商业、城市手工业改造成为社会主义全民所有制或集体所有制企业,以及对城市私有房地产的社会主义改造,使得城市土地基本上变为国有土地。② 资本主义工商业的土地资产的社会主义改造,主要通过赎买的方式将资本家私有的包括土地在内的生产资料收归国有。个体手工业私有房地产改造,在高级手工业生产合作社阶段,通过将包括土地在内的生产资料折价实现土地的集体所有。城市私有房地产的社会主义改造,主要包括国家经租、公私合营、收归国有、保留私有(主要是自住的房屋)等方式。但是,城市私房社会主义改造的范围主要是超过一定标准的私房,一些小的私人宅基地并未进行社会主义改造,仍然属于私人所有。③ 1982 年,全国人大通过了新的《中华人民共和国宪法》,宣布"城市的土地属于国家所有"。至此,城市所有土地在法律上都成为国有土地。

(二) 土地管理体制:多头分散管理

按照 1949 年 7 月全国政协会议制定的《中央人民政府组织法》,在中央人民政府政务院内务部下设地政司,作为全国的土地管理机关。④

---

① 《农村人民公社工作条例修正草案》(1962 年 9 月 27 日),中国共产党第八届中央委员会第十次全体会议通过。

② 接管没收相关房产的政策法规,参见《中国人民政治协商会议共同纲领》和政务院《关于没收战犯、汉奸、官僚资本家及反革命分子财产的指示》(1951 年 2 月 4 日);资本主义工商业改造的政策,参见《中共中央关于资本主义工商业改造问题的决议》,1956 年 2 月 24 日发布。

③ 《国务院批转国家房产管理局关于私有出租房屋社会主义改造问题的报告》(国房字〔64〕22 号),1964 年 1 月 13 日。

④ 内务部下设地政司是借鉴了中华民国前内政部内设地政司的做法。1928 年 4 月,内政部设土地司,主管全国土地行政。1936 年 7 月,土地司改称地政司。1942 年 6 月成立地政署。1947 年 5 月,地政署扩大为地政部,主管全国土地行政工作,下设地籍司、地价司、地权司、地用司等部门。

根据《中央人民政府内务部试行组织条例（草案）》的规定，地政司的职能如下："主管农村土地改革，土地的清丈、登记和颁发土地证，城市房地产政策，城市营建的计划考核，公共房地产的保护，其他地政事项。"

除了内务部地政司主管土地外，农业部、林业部、财政部等部门也负责与本部门有关的一些土地管理业务。如农业部负责土地改良、肥料和水土保持工作。财政部负责土地估价、房地产税收等工作。在省、自治区一级，则由与中央对应的部门承担相关职权，如民政部门掌管地权，财政部门掌管土地评级及公粮征收，农林部门掌管农林土地的利用。在省以下政府，很多仍然沿袭了旧政府的机构，设有地政局。20世纪50年代初期，通过接管旧政府的房屋或者没收官僚资本家的房产，城市政府掌握了大量的公共房产，多数城市都设立了房地产管理局，负责城市房地产管理工作。在农村，土地改革时期县级以上人民政府均设立了土地改革委员会，在乡（村）则成立了农民大会、农民协会等组织，负责土地改革及一些土地管理工作。[①]

社会主义公有制基本建立后，土地属于国有（全民所有）或集体所有，国家建设需要土地，均通过行政渠道配置，土地市场基本消失，土地不再是可以获得利益的"财产"，土地管理的主要任务是土地利用管理，农村地籍管理全部废弛，城市地籍也被寓于房地产管理之中。土地所有权及土地管理内容和方式的变化，导致土地管理机构的变化。

在中央一级，1954年2月13日，政务院发出《关于民政部门与各有关部门的业务划分问题的通知》，明确"房屋管理工作，在没有专设掌管此项工作机构的地方，由民政部门掌管"。1955年，内务部机构调整，撤销了地政司，其业务归入民政司。[②] 1958年1月，全国人大常委会通过了经修改的《国家建设征用土地办法》，规定由有权批准本项建设工程初步设计的机关（主要是建筑工程部、国家基本建设委员会、国

[①] 参见邹玉川主编：《当代中国土地管理》，当代中国出版社1998年版。

[②] 民政部网站："民政部组织机构与职能演变"，http://www.mca.gov.cn/article/zwgk/jggl/lsyg/。

家计划委员会、国家经济委员会、国家城市建设总局等部门)负责批准用地数量,然后由用地单位向土地所在地的省级人民委员会申请核拨。房地产管理方面,1956年,房地产管理由内务部移交城市服务部(1958年改为第二商业部,同年裁撤并入商业部)。1962年,成立国家房产管理局,主管房产工作,后于"文革"中被裁撤。1975年,由国家基本建设委员会城市建设局负责城市房产管理工作。

城市土地利用管理方面。"一五"期间,国家即开始进行城市规划。"大跃进"期间,由于城市规划方面的"大跃进"造成了浪费,此后城市规划一度被削弱,城市规划部门也经历了多次调整,1958年由国家建筑工程部负责;1960年,建筑工程部城市规划局划归国家基本建设委员会;1961归国家计划委员会,改称城市建设计划局;1964年划归国家经济委员会,改称国家经委城市规划局;1965年再划归国家基本建设委员会;"文革"期间,城市规划部门被撤销,直到1973年,国家建设委员会城市建设局恢复,才重新启动城市规划工作。[1]

农村土地利用方面。主要由农业部、农垦部和林业部、水利部门主管。农业部下设土地利用总局,负责人民公社土地利用规划、水土保持、土壤调查改良、肥料等工作。林业部负责林地的调查、权属管理、林业生产经营等。农垦部主管荒地勘测、规划设计、国营农场和移民,水利部负责农田水利和水土保持工作。这些机构都经过了多次调整。[2]

在地方,土地管理也由多个部门负责。如广东省,20世纪50年代至70年代中期,农村集体土地的征用管理主要由省、市(地)、县民政部门负责,按照征地审批权限规定,报本级人民政府审批或上级审批。

---

[1] 参见李兆汝、曲长虹:"规划岁月:几度春暖秋凉——访城市规划界的老前辈曹洪涛",《中国建设报》2006年8月8日。

[2] 参见邹玉川主编:《当代中国土地管理》,当代中国出版社1998年版。

1977年开始,转由省、市、县的建设委员会管理。① 城市建设征用土地(包括城市公地)则由城市建设规划部门或房地产部门管理,报本级或上级人民政府审批。这种城乡分管的体制一直延续到专门的国土主管部门成立以后一段时间。同时,农林水利等部门也都分别负责相应领域的土地利用管理工作。② 城市企业、军事部门,高等、中等专业学校以及较大的医院使用的房地产,一般由各部门按系统自行管理;机关团体使用的房地产,有的城市统一由房地产管理机关管理,有些城市则分别由各用房单位自管;民用公有的房地产则全部由市(县)房地产管理部门管理。③

总之,1949—1977年间,中国土地(管理)体制是一种多头分散管理的体制,主要体现在两个方面:一是在同一级政府,土地管理权分布在不同的部门;二是在中央(上级)政府与地方(下级)政府之间,地方(下级)政府享有较大的用地自主权,地方(下级)政府可以根据需要自行决定土地的使用而无须获得上级的批准。据1984年Y省《征地工作会议纪要》反映的情况,"个别县解放以来从未上报过征地文件和征地情况,只凭个别领导人口头说了算。"④

(三) 土地行政管理

土地行政管理包括土地权属、土地配置、土地利用、土地税收管理等多个方面。在土地改革和社会主义改造时期,土地权属管理的地位非常突出。《中华人民共和国土地改革法》第30条规定:"土地改革完

---

① 1976年3月20日,广东省革命委员会发出《关于将国家建设征用地和行政区划工作分别移交给省建设委员会和省公安局主办的函》,此项工作当年正式移交。参见广东省地方史志编纂委员会:《广东省志·国土志》,广东人民出版社2004年版。
② 参见同上书。
③ 参见邹玉川主编:《当代中国土地管理》,当代中国出版社1998年版。
④ 《转发全省征地工作会议纪要的通知》(Y府办〔1984〕52号),1984年4月3日。

成后，由人民政府发给土地所有证，并承认一切土地所有者自由经营、买卖及出租其土地的权利。"很明显，作为财产权利的证明，地籍登记和发证工作是土改的最后步骤和土改完成的最终标志。农村土地改革后，所有农户都领到了由政府发放的有关土地、房屋权属的证书，包括两类：对农民原有的或新分的耕地、山林、池塘等土地及在农村中的房产，发给土地房产所有证，简称"土地证"；对分配给农民使用的国有土地（主要在城市郊区），发给土地使用证。在城市，主要是接收、没收国民党政府、官僚资本、战犯、反革命分子等的土地，开展房地产清理登记，澄清产权归属，代管无主房地产，打击土地投机和其他非法活动。随着土地公有制和行政配置制度的确立，地籍管理开始变得松弛。

　　土地配置制度。在土地公有制建立之前，土地允许买卖、租赁和转让，政府机关、企事业单位要想获得土地，必须按市场规则行事，国家主要通过地籍登记和相关税收制度进行管理。① 随着社会主义公有制和计划经济体制的确立，有偿的市场配置土地的方式逐步为行政的、无偿配置土地的制度所取代。由于用地的机构都是国家所有或国家拨款，因此，向这些机构"收取（土地）使用费或租金，并非真正增加国家收入，而是不必要的提高企业的生产成本或扩大国家预算，并将增加不少事务手续"。为此，1954年2月，政务院在《关于对国营企业、机关、部队、学校等占用市郊土地征收土地使用费和租金问题的批复》中明确规定："国营企业经市人民政府批准占用的土地，无论是拨给或出资购买，均作为该企业的资产，不必再向政府缴纳租金或合作费；机关、部队、学校经政府批准占用的土地，亦不缴纳租金或使用费。"只有在多占土地、使用市场区内的土地及非国有单位使用国有土地时，需视情形缴纳租金或使用费。②

---

① 参见《内务部地政司对目前城市房产问题的意见》，1950年8月发布。
② 参见政务院：《关于对国营企业、机关、部队、学校等占用市郊土地征收土地使用费和租金问题的批复》（1954年2月24日），《国家房地产政策文件选编（1948—1981）》（《房产通讯》增刊），房产通讯杂志社1982年。

土地利用管理。土地利用管理包括城市和农村两个方面。为了配合大规模的经济建设,1952年4月,中央人民政府政务院财政经济委员会举行了全国性的城市建设座谈会,部署城市规划设计工作,并讨论了《中华人民共和国编制城市规划设计程序与修建设计草案》。1953年3月,中央人民政府建筑工程部城市建设局设立了城市规划处,主管全国城市规划编制工作。1954年9月,国家计划委员会颁发了《关于新工业城市规划审查工作的几项暂行规定》。1955年5月,国务院设立了城市建设总局,下设城市规划局和城市设计院。1956年5月,城市建设总局扩大为城市建设部,统一管理全国的城市规划和城市建设工作。1956年7月,国家建设委员会颁发了《城市规划编制暂行办法》,对城市规划的编制程序进行了规范。[①]

城市规划为城市土地利用确立了框架,而具体的建设用地是在建设项目投资计划过程中附带完成的。也就是说,一俟建设项目及投资额得到批准,其用地申请也会按照建设项目规模得到核准。接下来就是选址和初步设计,经批准后,再进行征地、划拨和建设。按照"一五"计划期间建立起来的"统一计划、分级管理"的计划体制,国民经济(包括基本建设)由中央各主管部门的计划(条条)和地方各省、市、自治区的计划(块块)两个系统分别编制,由国家计委综合平衡后形成整体的国民经济社会发展计划。建设用地的决策权是按照计划体制的结构框架和基建项目审批权限分布在各级政府的计划部门和主管部门手中,用地申请需要通过对应的主管部门。哪些企业归属于哪一级计划控制,决定着其管理权和财政收益权归属于哪一级政府。从计划经济建立开始,中央与地方政府间一直处于放权与收权的反复之中。管理权集中于中央,则意味着中央财政的增加和中央控制能力的增强,但同时增加了计划管理和综合平衡的困难,减少地方财政收入并影响地方积

[①] 参见李益彬:《启动与发展:新中国成立初期城市规划事业研究》,西南交通大学出版社2007年版。

极性;反之,意味着地方财政收入增加及中央控制能力的削弱。1964年至1970年,中央再一次放权,各地乱上项目,导致基建规模失去控制。同时,由于"文革"期间城市规划工作陷于停顿,乱占乱建现象相当严重。①

农村土地利用决策方面。农村土地公有制的建立,为农村土地利用决策奠定了基础。1958年8月29日颁布的《中共中央关于在农村建立人民公社问题的决议》在部署人民公社化进程时即明确提出要"统一规划秋后的农田基本建设,统一安排为争取明年更大丰收的各项准备工作"②。1960年3月17日《人民日报》发表了题为《人民公社要制定土地利用规划》的社论,掀起了农业土地利用规划的高潮。当时的农村土地利用规划,"就是根据各个人民公社所在地的土壤、气候和其他自然条件,考虑到国家和人民对各种农产品的需要和农林牧副渔相互依存的关系,适应水利化、园田化、农业机械化和电气化的发展趋势,参照原有的耕作基础,提出因地种植和因地利用的方案,以求最合理地最节约地使用土地,最妥善地配置各项基本建设,最大限度地发挥土地潜力,从而促进各种农作物普遍增产,农林牧副渔全面发展。"③农业土地利用规划建设,极大地改善了当时的农业生产条件,但也存在脱离实际、好高骛远和劳民伤财的问题。④

征地管理。1953年11月,政务院颁布《关于国家建设征用土地办法》,规定大凡建设用地均需按本办法征用,征地的对象包括农民所有的土地、农民使用的城市郊区国有土地、公有土地和城市市区土地。征

---

① 参见邹玉川主编:《当代中国土地管理》,当代中国出版社1998年版,第97—98页。
② 《中共中央关于在农村建立人民公社问题的决议》,《人民日报》1958年9月10日。
③ 人民日报社论:"人民公社要制定土地利用规划",《人民日报》1960年3月17日。
④ 参见邹玉川主编:《当代中国土地管理》,当代中国出版社1998年版,第97—98页。

地的程序为：(1)用地单位提出征用土地计划书；(2)按业务系统报上级领导机关批准；(3)转请有权限的相应级别人民政府核准、公布、征用。征地的批准权限。全国性建设事业用地，经国家计委核定后，由政务院批准。地方性建设事业，用地5 000亩以上，或迁移居民300户以上者，由大区行政委员会批准(1954年大区撤销后，改由省、直辖市人民政府批准)；用地在1 000—5 000亩或迁移居民50—300户者，由省市人民政府批准；用地不足1 000亩或迁移居民不足50户者，由县人民政府批准。国防建设工程，区别大小经中央军委(1955年改为国防部)、大军区或省军区核定，移送政务院或地方人民政府(1955年改为省、市人民政府)批准。征地的补偿。征用农村土地，由当地人民政府会同用地单位、农民协会及土地原所有人(或使用人)评议商定，一般土地以其最近3—5年产量之总值为标准，特殊土地酌情变通处理；或用公地调剂，发给迁移补助费。对于市区或公有土地，视土地所有者或使用者的情况，给予相应的补助，若是地主等在市区内出租的农地，则无偿征用。使用城郊国有土地的农民，给予适当生活补助，地上附着物、农民劳动权给予适当补偿，土地使用权则无补偿。凡征用的土地，所有权归国家，用地单位只有使用权，不需要时交还国家，不得转让。社会主义改造完成后，中国的土地所有权和其他财产权发生了新的变化，1958年1月，国务院公布了经修订的《国家建设征用土地办法》，该《征地办法》明确了取得农民集体土地所有权为"征用"，取得国有土地使用权为"拨用"。审批权限方面，改为由有权批准建设工程初步设计的机关负责批准用地的数量，由项目用地所在地的省级人民政府核拨用地，300亩以下和迁移居民30人以下的由县级人民政府核拨用地。土地补偿费方面，该《征地办法》将1953年《征地办法》中"3—5年产量总值"的补偿标准降为"2—4年定产量总值"，并规定："如果征用农业生产合作社土地，如果社员大会或社员代表大会认为对社员生活没有影响，不需要补偿，并经当地县级人民委员会同意，可以不发给补偿费。"对被征地农民的安置，该《征地办法》也强调尽量就地在农业上予以安置,而不是解决其继续生产所需要的土地或协助其转业。此外,1958年《征地办法》对节约用地等问题也做出了规定。

土地流动和土地税收管理。在土地的社会主义改造完成之前,按照《中华人民共和国土地改革法》的规定,土地是可以自由经营、买卖和出租的。政府对土地产权的流动管理主要体现在登记、发证和征收契税。在社会主义改造完成以后,国有和集体土地不可擅自买卖、出租,只有少数私有住宅和宅基地经过房管部门登记和审批可以出租和买卖。1962年9月27日通过的《农村人民公社工作条例修正草案》则明确规定:"生产队范围内的土地,都归生产队所有。生产队所有的土地,包括社员的自留地、自留山、宅基地等等,一律不准出租和买卖。"虽然国家规定不可买卖土地,但用地单位私下买卖、租赁、交换房地产的情形还是时有发生。"文革"中,各造反派组织、单位和个人抢占公房、没收和挤占私房的现象较多,造成房屋土地使用权的混乱。土地税收方面,主要有农业税(农业土地)①、契税、印花税(1958年税制改革时并入工商税)、房地产税。② 在社会主义改造完成以后,企业使用国家划拨的土地一般按评定的地价定额缴纳。1973年把对国营企业和集体企业征收的房地产税也并入工商税,不再向前者征收房地产税,房地产课税范围只限于房管部门的直营公房及有房产的个人和外侨。③

总之,1949—1977年的中国土地管理制度是与社会主义公有制和计划经济体制相适应的,其突出特征是:(1)将土地这一生产要素不再作为商品;(2)土地的配置不是通过市场,而是通过政府;(3)在公有制

---

① 参见《中华人民共和国农业税条例》,1958年6月3日全国人民代表大会常务委员会第九十六次会议通过,1958年6月3日中华人民共和国主席令公布,自公布之日起施行。

② 参见刘佐:"我国房地产税制建设的简要回顾与展望",《税务研究》2006年第3期。

③ 参见《城市房地产税暂行条例》(政财字第133号),1951年8月8日中央人民政府政务院公布。《国务院批转财政部关于扩大改革工商税制试点的报告》(国发〔1972〕24号),1972年3月30日。

的前提下,各类机关企事业单位使用的土地基本上是无偿的,而不是有偿的;(4)就管理体制而言,全国的土地主要是由用地单位及其所在的系统自行管理,是分散化的,而不是统一的土地管理体制;(5)由于用地没有成本,用地单位没有动机节约用地,多占多用,浪费土地的情形并不少见。① 1949—1977年形成的土地所有制和土地管理制度,是1978年以来土地管理制度变迁的历史前提和制度基础。

二、1978年以来中国土地管理制度变迁

1978年,中国开始了经济体制改革,集中体现在三个方面。一是所有制结构。所有制结构的改革改变了社会主义公有制一统江山的局面,在经济结构内出现了非公有制的经济主体。二是经济运行方式。传统的计划经济逐步解体,市场在社会资源配置中起着越来越重要的作用。三是生产要素和劳动产品日益商品化。这三个方面的变革对土地管理制度的变迁具有重要而直接的影响。其一,它打破了土地无偿使用的制度基础。在公有制经济体制和预算软约束情况下,在土地使用上,政府和国有企业可以视为同一个主体,企业(包括用地)是政府投资的,企业的收益最后也归于政府,土地有偿使用实际上意味着土地使用费独立于政府其他投资在政府与企业之间空转,除了增加会计等手续成本之外,没有太大的实际意义。但在非公有经济存在的条件下,情况就不同了,土地的有偿使用可以增加国家的收入。因此,所有制结构的变化首先就意味着土地的有偿使用。其二,它使土地配置从行政逐步走向市场。在计划经济时期,土地作为生产资料,是由政府行政划拨的,但随着市场主体的多样化,市场在配置土地资源中起着越来越重要的作用。其三,作为一种有使用价值的财产,土地在市场化的经济中自

---

① 由于土地难以通过出租、转让获利,占用土地渔利的机会不多,因此这种多占土地并不一定具有强烈的利益驱动,往往是出于留有发展余地的需要。

然成为一种重要的商品。

　　土地管理制度的变迁并不只是上述经济制度变革的结果,其他外部因素的变化也是正式土地管理制度变迁的重要原因。

　　耕地保护。中国是一个人多地少的国家。1949年,中华人民共和国成立时,全国总人口为54 167万人,①耕地面积为14.68亿亩,人均耕地为2.71亩。1978年,中国耕地面积为99 389.5千公顷(14.91亿亩),总人口为9.62亿人,人均耕地面积约为1.55亩。② 中国的耕地面积仅占世界的7%左右,人口则占世界人口的20%以上。人口的急剧增长和人均耕地面积的锐减,对中国的粮食安全乃至国家安全构成了严峻挑战。解决中国十几亿人的吃饭问题,只能靠自己。因此,保护耕地成为解决吃饭问题的重要前提。1979年,中国改革开放的总设计师邓小平就指出,中国现代化建设必须看到"人口多、耕地少的特点"③。1981年,第五届全国人大第四次会议上的《政府工作报告》提出:"我国人口多,耕地少,随着人口增长,这个矛盾将会越来越尖锐。十分珍惜每寸土地,合理利用每寸土地,应该是我国的国策。"1982年2月,国务院颁布的《村镇建房用地管理条例》第3条规定:"我国人多地少,珍惜和合理利用每寸土地是我们的国策。"④1982年5月全国人大常委会通过的《国家建设征用土地条例》第3条规定,"节约土地是我国的国策"⑤。1986年3月,中共中央、国务院《关于加强土地管理制止乱占耕地的通知》进一步强调:"十分珍惜和合理利用每寸土地,切实保护耕地,是我国必须长期坚持的一项基本国策。"1991年七届全国人大四次会议将计划生育、环境保护与保护耕地共同列为中国的三项基本国

---

① 参见国家统计局人口和社会科技统计司编:《中国人口统计年鉴(2003)》,中国统计出版社2003年版。
② 参见国家统计局:《中国统计年鉴(1996)》,中国统计出版社1996年版。
③ 参见"坚持四项基本原则",《邓小平文选》第二卷,人民出版社1994年版。
④ 《村镇建房用地管理条例》,国务院1982年2月13日颁布。
⑤ 《国家建设征用土地条例》,国务院1982年5月14日颁布。

策。1998年8月通过的新修订的《中华人民共和国土地管理法》第3条明确规定:"十分珍惜、合理利用土地和切实保护耕地是我国的基本国策。"这不仅是对保护耕地法律地位的确认,也为中国土地管理工作提供了根本指针。可以说,保护耕地是催生《中华人民共和国土地管理法》和全国统一的土地管理机构——国家土地管理局最直接的原因之一。耕地的逐年减少特别是1985年耕地的锐减及粮食大减产,促使中共中央、国务院将土地立法和建立专门的土地管理机构提上议事日程。1986年3月发布的《关于加强土地管理制止乱占耕地的通知》中明确提出,"要建立和完善土地管理法规","抓紧制定《中华人民共和国土地管理法》",并决定成立国家土地管理局,作为国务院的直属机构。20世纪90年代以来至今,中国的多项土地管理法规、政策和组织变迁都是围绕耕地保护进行的。

保护国有资产,协调国家、集体和个人利益。这也是中国土地制度变迁的又一重要动因。不同土地产权(所有权和使用权)的流转及管理方式,对国家、集体和个人的利益是不同的。如国有土地使用权的划拨、协议出让及招标、拍卖、挂牌出让,对国家和土地使用者的利益是不一样的,前者基本上是无偿的,后者则是有偿的,把本来应该通过市场方式出让的土地以划拨方式提供,则意味着国有资产的流失。再如集体土地所有权转变为国有土地(土地征收),如果采取低补偿的方式,则可能侵害农民集体和个人的利益,造成农民的抵制。还有土地的转让和出租管理,国家需要通过程序和税收手段的调节,防止恶意炒作等。基于保护国有资产,协调国家、集体和个人利益,土地产权的流转及其管理制度得以逐步健全和完善。

弥补房地产市场失灵。住房是人类生活的基本需求,是民生的重要方面。住房的需求不是完全能够由市场解决的。在经历了住房的市场化改革之后,中国居民的住房状况出现了严重的分化。一方面,在地产商和投资商的操纵下,房价高企,房屋大量囤积在一些有钱人的手中;另一方面,低收入者在高企的房价面前更加买不起房,住房状况恶化。住房问题成为中国政府面临的重大问题。为了弥补房地产市场的失灵,近年来,中国政府在土地供应和房地产市场监管方面出台了若干政策,构成了中国土地管理制度演进的一个重要方面。

中国土地管理制度变迁是一系列事件和一系列变迁累积的结果。标志性的事件包括几次耕地锐减高潮、几次房地产过热等;标志性的变迁包括《中华人民共和国宪法》关于土地制度内容的修改,《中华人民共和国土地管理法》的发布与几次修订,《中华人民共和国房地产管理法》的发布(1994年),1986年国家土地管理局和1998年中华人民共和国国土资源部的成立以及系列房地产调控措施的出台等。这些事件和变迁,集中反映了中国正式土地管理组织和制度的演进。

本书将从若干直接关系到中国土地管理主要目标实现的正式制度安排的角度,讨论中国正式土地管理组织和制度的变迁过程。[1] 这些方面包括:土地利用计划管理、建设用地审批、土地征用、土地划拨和出让、耕地保护、房地产调控和土地管理组织和体制等。

三、土地利用计划管理制度变迁: 建立集中统一的计划管理体制

1978年以来,中国经济领域实行了分权化和市场化导向的改革,作为生产要素的土地也许是仅有的在计划经济时期没有实行计划管理、市场经济时期反而实行计划管理的领域。1978年以前,由于土地利用是包含在各部门建设项目和投资计划之中的,并没有独立统一的土地利用计划,城市规划一般也只有城市功能分区和机关、厂矿企业的布局,并没有土地利用数量和规模的计划。1981年第五届人大四次会议《政府工作报告》提出,要制订全国以及省、县、社队的土地利用总体

---

[1] 土地管理还包括土地调查、土地统计、地籍管理和耕地开发等一些重要工作,本书不拟全面讨论,只是集中讨论与建设用地关系更紧密的一些工作领域。

规划,1982年农牧渔业部的内设机构土地管理局成立后,开始试点工作。1986年通过的《土地管理法》规定:"各级人民政府编制土地利用总体规划,地方人民政府的土地利用总体规划经上级人民政府批准执行。""城市规划和土地利用总体规划应当协调。在城市规划区内,土地利用应当符合城市规划。"国家土地管理局成立后,土地利用规划和计划管理即成为其工作重点之一,但当时的国家《土地管理法》对土地计划管理的规定只是原则性的。1987年3月,国家土地管理局、国家计委在大连联合召开全国非农业建设占用耕地计划会议,会议决定对非农业建设用地实行指令性计划指标管理,并于当月联合发出《关于下达1987年非农业建设占用耕地计划的通知》。1987年10月,国家土地管理局、国家计委发布了《关于建设用地计划管理暂行办法》,该《办法》对国家《土地管理法》关于土地利用规划的规定进行了细化,明确"建设用地计划是国民经济和社会发展计划的组成部分,是加强土地资源宏观管理的重要措施,是审批建设用地的依据之一"。"用地计划的编制时间和计划期与国民经济和社会发展计划(系指年度计划和五年计划,下同)相同。"用地计划分为国家、省(自治区、直辖市、计划单列省辖市,下同)、省辖市(地区、自治州,下同)、县(县级市、区,下同)四级。省及省以下用地计划由各级土地管理部门组织编制,经同级计划部门综合平衡后,联合报送上级计划部门和土地管理部门。国务院各部门及军队的建设项目的用地计划,亦须报国家计划委员会和国家土地管理局,并抄报项目所在地的省级计划部门和土地管理部门。由该省土地管理部门核实并经同级计划部门综合平衡后,纳入该省用地计划总指标。用地计划确定的占用耕地数,属于指令性指标,实行定额管理,只能节约,不得突破。[1] 由此,通过土地利用总体计划,确定了全国及各地若干年内各项建设所能占用耕地的总额度。

---

[1] 国家计划委员会、国家土地管理局:《关于印发〈建设用地计划管理暂行办法〉的通知》,1987年10月15日发布。

1987年12月,国务院办公厅转发了国家土地管理局《关于开展土地利用总体规划工作的报告》,决定在全国开展土地利用总体规划的编制工作。从1988年开始,土地利用总体规划逐步在全国、省、地(市)、县、乡五级全面展开,内容也在非农建设占用耕地的基础上,扩充为包括建设用地和土地开发在内的土地利用年度计划和五年计划,形成了土地利用的计划管理体系。1993年2月15日,国务院批准国家土地管理局编制的《全国土地利用总体规划纲要(草案)》,并要求各地认真遵照实施。1993年3月1日,国家土地管理局颁布《土地利用总体规划编制审批暂行办法》,对土地利用总体规划编制审批的内容、程序等做了统一规定,使之更加规范。1996年9月18日,国家计划委员会、国家土地管理局对《关于建设用地计划管理暂行办法》进行了修订,联合发布了《建设用地计划管理办法》。

1997年,中共中央、国务院发布《关于进一步加强土地管理切实保护耕地的通知》(中发〔1997〕11号),对加强耕地保护做出进一步部署,国家土地管理局着手对《全国土地利用总体规划纲要》进行修编。1998年,根据《关于进一步加强土地管理切实保护耕地的通知》精神,全国人大修订了《国家土地管理法》,以国家法律的形式,对土地利用总体规划编制的原则、内容、审批和修编的程序等做出了明确规定,并明确了土地用途管制制度,将土地分为农用地、建设用地和未利用地,严格限制农用地转为建设用地,规定地方各级人民政府编制的土地利用总体规划中的建设用地总量不得超过上一级土地利用总体规划确定的控制指标,耕地保有量不得低于上一级土地利用总体规划确定的控制指标。

1998年12月,国务院发布的与《土地管理法》相配套的《中华人民共和国土地管理法实施条例》对土地利用总体规划和计划管理办法做出了进一步规定。明确规划由各级政府土地管理部门会同其他有关部门编制,报上级部门(省级以上报国务院)批准;土地利用总体规划的规划期限一般为15年;土地利用总体规划应当依照《土地管理法》规定,将土地划分为农用地、建设用地和未利用地;县级和乡(镇)土地利用总体规划应当根据需要,划定基本农田保护区、土地开垦区、建设用地区和禁止开垦区等,其中,乡(镇)土地利用总体规划还应当根据土地使用条件,确定每一块土地的用途。《土地管理法实施条例》还规定各级人民政府要加强土地利用年度计划管理,实行建设用地总量控制。土地利用年度计划一经批准下达,必须严格执行。土地利用年度计划包括农用地转用计划指标、耕地保有量计划指标及土地开发整理计划指标。1999 年,国务院批准了国土资源部按照新的法律规定制定的《全国土地利用总体规划纲要(1997—2010)》,制定了 1997—2010 年土地利用与保护的总体目标。其中,耕地保护的目标是,到 2000 年,耕地总面积保持在 12 933 万公顷(19.40 亿亩)以上;2010 年,耕地总面积保持在 12 801 万公顷(19.20 亿亩)以上,其中基本农田面积 10 856 万公顷(16.28 亿亩)以上。规划制定的建设用地控制指标是,1997—2000 年,新增建设用地不超过 136.00 万公顷(2 040 万亩);2001—2010 年,新增建设用地不超过 204.80 万公顷(3 072 万亩),合计不超过 340.80 万公顷(5 112 万亩),其中占用耕地面积不超过 196.67 万公顷(2 950 万亩)。①

年度土地利用控制是实施土地利用总体规划的基础,为了更好地实施土地利用总体规划,1999 年,国土资源部又制定了《土地利用年度计划管理办法》,要求各级政府按照国土资源部的统一部署和控制指标,根据本行政区域土地利用总体规划、国民经济和社会发展计划及土地利用的实际情况,提出本地下一年度的土地利用年度计划建议,经同级人民政府审查后,在规定时间内报上一级人民政府土地行政主管部门。最后由国土资源部会同国务院有关部门,综合平衡各地和国务院有关部门提出的土地利用年度计划建议,编制全国土地利用年度计划,报国务院批准。经国务院批准的全国土地利用年度计划,再经各级政

---

① 参见《全国土地利用总体规划纲要(1997—2010)》,国务院 1999 年 4 月批准。

府逐级下达。土地利用年度计划一经批准下达，必须严格执行。没有农用地转用计划指标或者超过农用地转用计划指标的，不得批准新增建设用地。2004年和2006年，为了加强土地年度计划管理，国土资源部对《土地利用年度计划管理办法》进行了两次修订，核心内容是对农用地转用计划指标、土地开发整理计划指标及耕地保有量计划指标编制做了进一步明确；对须中央一级批准的重点建设项目土地利用计划及不可预见的确需追加农用地转用指标的重点建设项目报批程序做出了规定；将土地利用年度计划纳入国民经济和社会发展计划草案，提升土地利用年度计划的法律地位；要求地方政府建立土地利用计划管理信息系统，对土地利用年度计划执行情况实行台账管理和报告制度，并对年度计划执行情况的检查考核做出规定等。通过修改，明确了年度计划管理中存在的一些模糊地带和有争议的问题，使国家集中对土地利用进行计划管理的制度在技术上更加完善。[1]

四、建设用地审批制度变迁： 严格控制占用耕地

在分散管理时期，建设用地的审批是随着建设项目投资计划审批而附带完成的。1982年，随着土地管理局在农牧渔业部内设立和《国家建设征用土地条例》及《村镇建房用地管理条例》等法规的通过，建设用地集中审批制度逐步建立。《国家建设征用土地条例》规定，用地单位使用土地，须持经批准的建设项目设计计划任务书或上级主管机关的有关证明文件，向拟征地所在地的县、市土地管理机关申请，经县、市人民政府审查同意后，进行选址，在城市规划区范围内选址，还应当取得城市规划管理部门同意，并规定了各级政府征用土地面积的审批权

---

[1] 参见中华人民共和国国土资源部：《土地利用年度计划管理办法》，1999年3月2日发布，2004年12月1日第一次修订，2006年12月19日第二次修订。

限。村镇建房（农村村庄和集镇，不包括县城和设镇建制的镇）用地的审批，须以村镇规划和用地标准为基本依据，向所在生产队申请，经社员大会讨论通过，生产大队审核同意，报公社管理委员会批准；确实需要占用耕地、园地的，必须报经县级人民政府批准。批准后，由批准机关发给宅基地使用证明。① 1986 年通过、1988 年修订的《中华人民共和国土地管理法》及 1992 年国务院发布的与之相配套的《实施条例》，对国家建设用地和村镇建设用地审批的规定沿用了上述 1982 年发布的两个《条例》的规定，虽然缩小了地方的审批权限，但总体上还是比较宽松的。1988 年 11 月，国家土地管理局印发了《关于国家建设用地审批工作的暂行规定》，对当时建设用地审批流程和需提供的文件进行了规定。1992 年，邓小平南方谈话后，各地纷纷建立开发区。针对越权批地、违法占地的情况日益严重，国家土地管理局发出了《关于严格依法审批土地的紧急通知》。《通知》要求各地严格依照国家有关土地管理法律、法规和文件规定办理各项建设用地审批手续；出让或划拨土地使用权必须实行高度垄断，由土地管理部门统一报批，政府集体研究，"一支笔审批"。未经法定程序擅自下放批准权限的，应立即予以纠正；未经审批或越权批地的，都应及时补办申报审批手续。② 1995 年 10 月，为了提高土地管理的预见性，国家土地管理局印发《建设项目用地预报和审批备案制度（试行）》，要求建立建设项目用地预报和审批备案制度。1997 年 5 月，国家土地管理局、国家计划委员会发布《冻结非农业建设项目占用耕地规定》，冻结建设占用耕地审批一年，1998 年，继续冻结审批。

  1998 年修订的《中华人民共和国土地管理法》对建设用地审批做了更为严格的规定：一是建设占用土地，涉及农用地转为建设用地的，应当办理农用地转用审批手续。二是进一步缩小了地方政府的审批权

---

  ① 《村镇建房用地管理条例》，国务院 1982 年 2 月 13 日颁布。
  ② 国家土地管理局：《关于严格依法审批土地的紧急通知》，1992 年 7 月 31 日发布。

限。省级人民政府批准的大型基础设施和国务院批准的建设项目涉及农用地转用的,由国务院批准;在土地利用总体规划以内的建设用地,由该土地利用总体规划的批准机关按照土地利用年度计划分批次审批;在土地利用总体规划以外的建设用地,由省级人民政府批准;但征用基本农田、基本农田以外的耕地超过 35 公顷、其他土地超过 70 公顷的必须由国务院批准。三是规定建设用地的申请、取得和土地用途变更,建设单位和有批准权的人民政府及其主管部门都须严格按照法律、法规规定的条件和程序办理。四是加强乡、村建设用地的审批管理。乡、村各类建设用地也必须符合乡(镇)土地利用总体规划和年度计划,并按照规定的审批权限审批,涉及占用农用地的,必须履行《土地管理法》第 44 条关于农用地转用审批的规定程序。[①] 同年,由国务院发布的《土地管理法实施条例》又对建设用地审批进行了具体规定。1999 年 3 月,国土资源部根据新颁布的《土地管理法》及其《实施条例》,发布了新的《建设用地审查报批管理办法》,对各类建设用地的申请、审查、报批和实施的程序,需提供的材料和具备的条件等,做出了更为详尽的规定。为了规范由国务院批准的建设用地的报批程序,国土资源部先后制定了《报国务院批准的建设用地审查办法》(1999 年 10 月 22 日由国务院批准施行)和《关于报国务院批准的建设用地审查报批工作有关问题的通知》(2000 年 7 月 17 日发布),对报国务院批准的建设用地的报批工作进行了进一步规范。为了保证土地利用总体规划的实施,从源头上控制建设用地总量,国土资源部制定了《建设项目用地预审管理办法》(2001 年 7 月发布,2004 年 11 月修订)。该《预审办法》将土地管理部门的建设用地预审作为建设项目在发展改革等部门核准或审核立项的前置程序,没有土地管理部门的用地预审,发改部门不能批准项目立项。2001 年 4 月,《国务院关于加强国有土地资产管理的通知》要求

[①] 参见《中华人民共和国土地管理法》,1998 年 8 月 29 日第九届全国人民代表大会常务委员会第四次会议修订。

土地行政主管部门实行政企分开,政事分开,不得兴办房地产开发公司等企业。建设用地审批管理、土地资产处置等要严格执行办文制度,所有的报件和批文均按规定程序办理并将办事制度、标准、程序、期限和责任向社会公开。农用地转用、土地征用、用地审批、土地资产处置、供地价格确定等事项,一律要经过内部会审,集体决策。① 2002年8月,国土资源部印发《关于进一步规范建设用地审查报批工作有关问题的通知》,就征地补偿安置、占补平衡、集约合理用地、提高用地审批质量效率等问题,制定了16条解决措施。2004年6月8日,国土资源部、国家发展和改革委员会联合下发《关于在深入开展土地市场治理整顿期间严格建设用地审批管理的实施意见》,明确了暂停农用地转用审批和须报国务院审批建设项目用地的范围、重点急需建设项目的确认程序、用地审查报批程序、遗留建设用地项目清理四个方面的有关规定。2004年11月,国土资源部印发《关于加强农村宅基地管理的意见》、《关于完善农用地转用和土地征收审查报批工作的意见》。2005年8月,国土资源部发出《关于制止"以租代征"用地行为的紧急通知》,要求从严从紧控制建设用地总量,坚决制止以租代征、回避建设用地审批程序的用地行为。

五、土地征用制度变迁:完善程序,提高成本

土地征收和征用是新增建设用地的重要途径。随着土地使用方式的变化和对土地产权的日益重视,土地征用制度也经历了多次改革,主要体现在土地征用的赔偿标准、征地审批权限和征地程序方面。

1982年,全国人民代表大会常务委员会第23次会议批准的《国家建设征用土地条例》,规定的征用土地的程序包括:(1)申请选址;(2)协

---

① 国务院:《关于加强国有土地资产管理的通知》(国发〔2001〕15号),2001年4月20日。

商征地数量和补偿、安置方案;(3)核定用地面积;(4)划拨土地四个程序。征用土地的审批权限,征用耕地、园地 1 000 亩以上,其他土地 10 000 亩以上,由国务院批准;征用直辖市郊区的土地,由直辖市人民政府批准;征用 50 万人口以上城市郊区的土地,由所在市人民政府审查,报省、自治区人民政府批准;征用其他地区耕地、园地 3 亩以上,林地、草地 10 亩以上,其他土地 20 亩以上,由所在县、市人民政府审查,报省、自治区人民政府批准;在上述限额以下的,由县、市人民政府批准。

省、自治区、直辖市人民政府可以根据本地区实际情况,适当放宽或缩小县、市人民政府审批征地数额的权限。一个建设项目所需土地,应当根据总体设计一次报批,不得化整为零。分期建设的工程应当分期征地,不得早征迟用。铁路、公路干线所需土地,可以分段报批和办理征地手续。征地的赔偿,1982 年颁布实施的《国家建设征用土地条例》规定,由用地单位支付的补偿费包括三个部分:(1)土地补偿费。其中耕地的补偿标准为该耕地年产值的 3—6 倍,征用其他土地如园地、鱼塘等的赔偿标准由省、自治区、直辖市人民政府制定,征收无收益的土地,不予补偿。(2)青苗补偿费和地上附着物补偿,标准由省、自治区、直辖市人民政府制定。但是在开始协商征地方案后抢种的作物、树木和抢建的设施,一律不予补偿。(3)安置补偿费。征用耕地(含菜地)的,每一个农业人口的安置补助费标准,为该耕地每亩年产值的 2—3 倍,需要安置的农业人口数按被征地单位征地前农业人口和耕地面积的比例及征地数量计算。年产值按被征用前三年的平均年产量和国家规定的价格计算。但是,每亩耕地的安置补助费,最高不得超过其年产值的 10 倍。其他土地如园地、鱼塘等的安置补助费标准由省、自治区、直辖市人民政府参照一般耕地的安置补助费标准制定。征用宅基地的,不付给安置补助费。另外,对土地征用较多,难以再维持原有农业就业规模的地方,还做出了非农化就业安置(即户口实行农转非,并安排国有或集体性质的非农化就业等)的规定。1982 年《征地条例》的赔偿标准已经较此前的征地赔偿标准有了较大提高。1986年《土地管理法》对征地制度的规定又有了新的调整,一是缩小了地方政府的审批权限,将省级人民政府的审批权限限制在耕地 1 000 亩以下,其他土地 2 000 亩以下,县级人民政府的审批权限限制在耕地 3 亩以下,其他土地 10 亩以下;二是规定如补偿的土地补偿费和安置补助费,尚不能使需要安置的农民保持原有生活水平的,经省、自治区、直辖市人民政府批准,可以增加安置补助费。但是,土地补偿费和安置补助费的总和不得超过土地被征用前三年平均年产值的 20 倍,并增加了对因征地造成的多余劳动力提供就业方面帮助的规定。[①]

  为了保护耕地和维护被征地农民的利益,1998年《土地管理法》进一步收紧了征地审批权限,规定征用基本农田、35 公顷及以上的耕地和超过 70 公顷的其他土地须由国务院批准。征用土地的补偿,原则上按照被征用土地的原用途给予补偿。其中征用耕地的土地补偿费,为该耕地被征用前三年平均年产值的 6—10 倍。每一个需要安置的农业人口的安置补助费标准,为该耕地被征用前三年平均年产值的 4—6 倍。但是,每公顷被征用耕地的安置补助费,最高不得超过被征用前三年平均年产值的 15 倍。如果支付的土地补偿费和安置补助费,尚不能使需要安置的农民保持原有生活水平的,经省、自治区、直辖市人民政府批准,可以增加安置补助费。但是,土地补偿费和安置补助费的总和不得超过土地被征用前三年平均年产值的 30 倍。征地程序方面,1998年《土地管理法》规定了将征地和征地补偿安置方案进行公告,并就征地补偿方案征求被征地组织和农民意见,以及加强征地补偿费用收支管理的内容。

  随着中国经济发展及城市化的推进,土地的价值日益提高,被征地农民对征地赔偿和征地程序的意见也越来越大。为了规范土地征用程

---

① 参见《中华人民共和国土地管理法》,1986 年 6 月 25 日第六届全国人民代表大会常务委员会第十六次会议通过。

序,更妥善地补偿安置被征地农民,2001年10月,国土资源部发布《征用土地公告办法》,规定征地部门必须在规定的时间内将征用土地方案和征地补偿、安置方案在被征用土地所在地的村、组内以书面形式公告。征用土地公告应当包括征地批准机关、批准文号、批准时间和批准用途;被征用土地的所有权人、位置、地类和面积;征地补偿标准和农业人员安置途径,办理征地补偿登记的期限、地点等内容。征地补偿安置方案公告应当包括下列内容:本集体经济组织被征用土地的位置、地类、面积,地上附着物和青苗的种类、数量,需要安置的农业人口的数量;土地补偿费、安置补助费的标准、数额、支付对象和支付方式;地上附着物和青苗的补偿标准和支付方式;农业人员的具体安置途径;其他有关征地补偿、安置的具体措施等。该《办法》规定,未依法进行有关公告的,被征地农村集体经济组织、农村村民或者其他权利人有权拒绝办理相关手续。[1] 2001年11月和2002年7月,国土资源部又分别下发了《关于切实做好征地补偿安置工作的通知》和《关于切实维护征地农民合法权益的通知》,指出一些地方还不同程度地存在征地不依法补偿、征地费用管理混乱、安置不落实等问题,侵犯了被征地农村集体经济组织和农民的合法权益,导致群体信访大幅度增加,必须引起高度重视,并强调做好征地审查、实施和检查工作,凡补偿标准不符合法律规定,安置措施不能真正落实的,不得报批用地;征地已依法批准,而没有妥善安置被征地农民生产和生活的,将停止受理该地区的建设用地申请。[2] 由于旧的征地赔偿标准基本是行政定价,赔偿标准偏低,没有体现土地的市场价值,很多农民失地后难以维持原有生活,为此,2004年10月,国务院发布《关于深化改革严格土地管理的决定》;11月,国土资

---

[1] 参见国土资源部:《征用土地公告办法》(中华人民共和国国土资源部令2001第10号),2001年10月22日发布,自2002年1月1日起施行。

[2] 参见国土资源部:《关于切实做好征地补偿安置工作的通知》(国土资发〔2001〕358号),2001年11月16日发布;《关于切实维护被征地农民合法权益的通知》(国土资发〔2002〕225号),2002年7月12日发布。

源部出台《关于完善征地补偿安置制度的指导意见》。两份文件最突出的特点是强调了"被征地农民原有生活水平不因征地而降低的原则",提出如果原有的最高赔偿标准(约为耕地平均年产值的30倍)仍然不能保证被征地农民原有生活水平,可以从国有土地有偿使用收益中划出一定比例给予补贴,也可按被征地片区的综合地价进行补偿。两份文件同时对农民就业安置、征地工作程序、征地实施过程监管及征地补偿费分配等做出了具体规定。①

征地制度中还有一个鲜为人知但在背后影响征地行为的制度,那就是征地管理费制度。1984年9月,国务院颁发了《关于改革建筑业和基本建设管理体制若干问题的暂行规定》,确立了征地由地方政府统一负责,征地费用实行包干使用的制度。1984年12月,当时的农牧渔业部、国家计划委员会、建设部发布了《关于征用土地费实行包干使用暂行办法》,1992年,国家计划委员会、国家土地管理局又发布了《征地管理费暂行办法》。这些文件规定,用地单位须依据征地包干的方式(全包、半包或单包),以征地费总额的一定比例(1.5%—4%),向征地实施单位缴纳征地管理费,专项用于征地实施。征地包干制度实施后,一些地方土地管理部门专门成立了征地事务所,另一些地方则由土地管理部门委托或协同被征用土地所在地相关部门或组织(土地管理部门、乡镇政府、村集体组织等)实施。县、市土地管理部门收取的征地管理费,须按一定比例上交上级土地管理部门,上交的具体比例由省、自治区、直辖市土地管理部门确定。报国务院审批的建设项目用地,其征地管理费的1.5%上交国家土地管理局,由省级土地管理部门代收、代交,主要用于审批建设项目过程中的必要开支。征地管理费按预算外资金管理,实行财政专户储存,专款专用。征地管理费的开支范围包

---

① 参见国务院:《关于深化改革严格土地管理的决定》(国发〔2004〕28号),2004年10月21日发布;国土资源部:《关于完善征地补偿安置制度的指导意见》(国土资发〔2004〕238号),2004年11月3日发布。

括:土地管理部门在征地、安置、拆迁过程中的办公、业务培训、宣传教育、经验交流、仪器、设备的购置、维修、使用费和其他非经费人员的必要开支。① 在现有制度下,土地管理费作为征地实施的必要开支,保证了征地工作的开展,但作为物质激励,也在很大程度上影响了具体征地行为。在重奖之下,基层参与征地的工作人员为了完成征地工作,往往会想方设法、不遗余力,甚至雇用包括社会闲杂人员参与征地工作。

六、土地供应制度变迁：从行政配置到市场配置

在单一的社会主义公有制时期,国有企业用地都是无偿划拨的,这符合当时单一的公有制经济的要求。随着经济成分的多元化和企业独立经济实体地位的实现,政府的土地供应方式也随之改变。在土地的一级市场上,变迁的主要趋势体现在两个方面:一是从划拨为主到出让为主,从协议出让为主,到更多地运用市场化的出让方式,如土地的招标、拍卖、挂牌;二是从土地的无偿使用到有偿使用,从行政定价到市场定价。在土地的二级市场上(即取得土地使用权的单位和个人再对土地使用权进行转让的市场),政府主要是加强监管,防止私下交易、过度炒卖,同时平衡土地收益。

1979年7月第五届全国人民代表大会第二次会议通过的《中华人民共和国中外合资经营企业法》规定:"中国合营者的投资可包括为合营企业经营期间提供的场地使用权。如果场地使用权未作为中国合营者投资的一部分,合营企业应向中国政府缴纳使用费。"这是中国20世

---

① 参见国务院:《关于改革建筑业和基本建设管理体制若干问题的暂行规定》,1984年9月18日发布,2001年10月6日废止;农牧渔业部、国家计委、建设部:《印发〈关于征用土地费实行包干使用暂行办法〉的通知》(农[土]字1984第30号),1984年12月25日发布;国家计划委员会、国家土地管理局:《关于发布土地管理系统部分收费项目与标准的通知》,1992年11月24日发布。

纪50年代取消土地有偿使用以来,首次恢复土地的有偿使用。1980年7月和1983年9月,国务院分别发布的《关于中外合营企业建设用地的暂行规定》和《中华人民共和国中外合资经营企业法实施条例》对中外合营企业的建设用地申请、场地使用费的标准和征收办法等均做出了专门规定。随着20世纪80年代国有企业的利改税,国有企业也成为独立的利益主体,土地有偿使用也逐步在国有企业推开。从1981年广东省人大常委会颁布《深圳经济特区土地管理暂行规定》提出征收土地使用费开始到1987年,全国已有150多个城市征收土地使用费。① 这一时期土地使用虽然不再是无偿的,但是土地的使用费是由政府而不是市场决定的,并且价格通常是很低的;另一方面,土地的配置也完全是政府决定的(即划拨给建设单位使用)。1987年,为了缓解财政困难,深圳市学习借鉴香港的做法,首次试行以协议和拍卖的方式出让土地使用权,揭开了中国土地使用权有偿出让的序幕,催生了1988年《中华人民共和国宪法》和《中华人民共和国土地管理法》关于土地使用权规定的修改。② 因为1982年《宪法》和1986年《土地管理法》规定,任何组织和个人不可以买卖、出租或以其他形式转让土地。1988年修改的《宪法》和《土地管理法》规定,土地使用权可以依法转让。此后,中国政府为了实现土地的市场价值,防止土地滥用,从允许土地使用权转让逐步转移到限制划拨土地,进而限制协议出让土地,要求经营性土地一律按照招标、拍卖、挂牌的市场化方式出让。

  1990年5月19日,国务院发布了《中华人民共和国城镇国有土地使用权出让和转让暂行条例》,对土地使用权出让、转让、出租、抵押、终止和划拨用地管理等做出了具体规定,明确了《宪法》和《土地管理法》有关土地使用权转让规定的具体办法。由于以前的土地大都是划拨方式供应的,为了规范这些土地使用权的流转,1992年2月24日国家土

---

  ① 参见邹玉川主编:《当代中国土地管理》,当代中国出版社1998年版,第135—137页。

  ② 参见冯仑:"深圳市土地管理二十年",《深圳特区报》2006年6月22日。

地管理局发布了《划拨土地使用权管理暂行办法》，对划拨土地使用权的转让、出租、抵押活动做出具体规定。1994年7月，全国人大常委会通过的《中华人民共和国城市房地产管理法》规定，土地使用权出让，可以采取拍卖、招标或者双方协议的方式。商业、旅游、娱乐和豪华住宅用地，有条件的，必须采取拍卖、招标方式；没有条件，不能采取拍卖、招标方式的，可以采取双方协议的方式。采取双方协议方式出让土地使用权的出让金不得低于按国家规定所确定的最低价。国家机关用地和军事用地，城市基础设施用地和公益事业用地，国家重点扶持的能源、交通、水利等项目用地，法律、行政法规规定的其他用地，确属必需的，可以由县级以上人民政府依法批准划拨。限制以划拨、协议方式出让土地成为经营性土地供应的重要政策。1995年6月，国家土地管理局发布《协议出让国有土地使用权最低价确定办法》，该《办法》旨在防止以低于规定的最低价格协议出让土地。1995年10月，国家土地管理局发布《煤炭行业划拨用地项目目录（试行）》、《教育、体育和卫生行业划拨用地项目目录（试行）》，明确了上述行业划拨用地的范围。2001年10月，国土资源部按照国务院《关于加强国有土地资产管理的通知》要求，颁布施行新的《划拨用地目录》，删除了煤炭等用地项目，增补了国家机关和人民团体办公、军事、国防工业、城市基础设施、事业等划拨用地范围，规定未列入目录的项目不得以划拨方式供地。

协议用地方面，2001年4月国务院发布的《关于加强国有土地资产管理的通知》，要求严格限制协议用地范围。确实不能采用招标、拍卖方式的，方可采用协议方式。商业性房地产开发用地和其他土地供应计划公布后，同一地块有两个以上意向用地者的，都必须由市、县人民政府土地主管部门依法以公开的招标、拍卖方式提供。2002年5月，国土资源部发布《招标拍卖挂牌出让国有土地使用权规定》，明确商业、旅游、娱乐和商品住宅等各类经营性用地，必须以招标、拍卖或者挂牌方式出让；其他用途的同一宗土地，有两个以上意向用地者的，也应当采用招标、拍卖或者挂牌方式出让，并规定了具体的操作办法。2003

年 6 月,国土资源部颁布《协议出让国有土地使用权规定》,对协议出让土地的范围、地价及程序等做出具体规定。2006 年 8 月,国务院下发的《关于加强土地调控有关问题的通知》规定,工业用地必须采用招标拍卖挂牌方式出让,这使得协议出让土地最大的一个领域也进入市场化配置阶段。2007 年 10 月,国土资源部又发布《招标拍卖挂牌出让国有土地使用权规定》,要求受让人依照出让合同约定,付清全部出让金后,才能领取国有建设用地使用权证书。

七、耕地保护制度变迁:控制与开发相结合

从广义上说,上述土地利用计划管理、建设用地审批的目的都是为了控制建设用地、保护耕地。本节所讨论的"耕地保护",是从更直接的意义而言的。

耕地保护制度实际上主要包括两个方面:一是控制建设占用耕地,二是开发补充耕地。1982 年颁布的《国家建设征用土地条例》规定,节约土地是中国的国策。一切建设工程都必须遵循经济合理的原则,提高土地利用率。凡有荒地可以利用的,不得占用耕地;凡有劣地可以利用的,不得占用良田,尤其不得占用菜地、园地、精养鱼塘等经济效益高的土地(1982 年国务院发布的《村镇建房用地管理条例》也做出类似规定)。并规定"已征用二年还不使用的土地,除经原批准征地的机关同意延期使用的土地外,当地县、市人民政府有权收回,并报原批准机关备案。收回的土地,可有偿拨给其他符合征地条件的单位使用,或借给生产队耕种"。1986 年 3 月,中共中央、国务院针对 1985 年前后的占用耕地高潮,出台了《关于加强土地管理、制止乱占耕地的通知》,强调加强耕地保护。1986 年通过的《中华人民共和国土地管理法》规定,国家建设和乡(镇)村建设必须节约使用土地,可以利用荒地的,不得占用耕地;可以利用劣地的,不得占用好地。1991 年,中共中央《关于进一步加强农业和农村工作的决定》提出建设基本农田保护区。1992 年 2

月,国务院批转国家土地管理局、农业部《关于在全国开展基本农田保护工作请示》,开始建立基本农田保护制度,要求各地将保证粮食安全的高产稳产农田划定为基本农田,并规定基本农田保护区的耕地,原则上不得用于非农业建设。

1994年,由国务院发布的《基本农田保护条例》,不仅明确规定了基本农田划分、保护的办法,而且规定了"占多少、垦多少"的原则。用地的单位或个人须负责开垦与所占耕地的数量和质量相当的耕地,或者缴纳或补足占用基本农田保护区耕地造地费。1997年,中共中央、国务院《关于进一步加强土地管理切实保护耕地的通知》,要求严格执行有关耕地保护的政策,并冻结一般非农业建设项目占用耕地一年,确实需要的,须报国务院审批。1998年,全国人大常委会修订的《中华人民共和国土地管理法》,对此前实践的土地用途管制制度、占用耕地补偿制度、基本农田制度、土地开发制度等通过国家法律的形式确定下来。同年12月,国务院发布了新的《土地管理法实施条例》和《基本农田保护条例》,总结了多年基本农田保护工作的经验,对基本农田保护做出了更严格细致的规定,前者还按照"占多少,垦多少"的原则将补充耕地方案作为征地报批的必要文件之一。1999年4月,国土资源部发布《闲置土地处置办法》,专门对依法取得土地使用权但超过规定期限未动工开发建设的建设用地,做出了包括恢复耕种等在内的处置规定。虽然《土地管理法实施条例》将补充耕地方案作为征地审批的条件之一,但是具体补充耕地和土地开发工作的实施却要在审批完成之后,同时国家土地开发项目的管理和监督也是一个问题。为了加强和规范补充耕地和土地开发工作,实现耕地占补平衡,国土管理及相关部门陆续做出了一系列的规定。如2001年8月和11月,国土资源部先后印发《关于进一步明确国家投资土地开发整理项目管理有关问题的通知》、《关于进一步加强和改进耕地占补平衡工作的通知》;同年12月,为加强和规范国家投资土地开发整理项目及资金的管理,有效防止资金使用过程中违法违纪现象的发生,中纪委驻国土资源部纪检组制定并印发了《土地开发整理项目及资金管理工作廉政建设规定》,对国家投资土地开发整理项目从申报、受理、实施,以及有关项目资金的管理和使用等,做出了严格的规定。2002年3月7日,国土资源部印发《关于认真做好土地整理开发规划工作的通知》;4月,又印发《土地开发整理规划若干意见》,要求各地认真制订、完善土地开发整理规划;8月,国土资源部办公厅印发《关于进一步规范国家投资土地开发整理项目申报有关问题的通知》。2004年10月,国务院发布的《关于深化改革严格土地管理的决定》及国土资源部、农业部联合印发的《关于基本农田保护中有关问题的整改意见》,对落实规划确定的基本农田,妥善处理基本农田用途变化中的有关问题,稳定基本农田面积和质量,明确目标责任,建立健全有关保护制度等做出了规定。为保证补充耕地的数量和质量,2005年7月,国土资源部印发《关于开展补充耕地数量质量实行按等级折算基础工作的通知》和《关于开展补充耕地数量质量按等级折算基础工作的技术指导意见》,规定按补充耕地的质量折算数量,改变过去土地开发和补充耕地工作中存在的重量轻质、以次充好的现象。

八、土地市场管理和房地产调控制度变迁: 弥补市场失灵

土地是不可再生的稀缺资源,住房是人类生活的必需品,房地产不能完全由市场调节;否则,既对耕地保护提出挑战,也使房地产价格和中低收入人口的住房消费难以维持在合理的水平。土地利用强烈的外部性和房地产市场的失灵,为政府调控提供了前提。房地产市场管理主要包括土地供应、财政税收、信贷、保障性住房和规范交易行为等多个方面。

调节土地供应是政府调控房地产的重要手段,决定着房地产市场的规模。当占用耕地严重、房地产过热时,控制土地供应就成为政府重

要的政策选择。土地利用计划管理、严控建设用地审批甚至暂停建设用地审批都是压缩土地供应的具体举措。调节土地供应除了数量之外,还有结构,如控制高尔夫球场建设、控制高档别墅建设,在居民普通住房困难时扩大小户型保障性住房用地的供应等,都是调节土地利用结构的例子。财政税收和信贷政策则是调节房地产资金的规模和流向。中国关于土地的财政税收制度主要包括:土地使用税;耕地占用税;土地出让金;新增建设用地有偿使用费;房地产交易的土地增值税;营业税等的征收、管理、分配及税率调节等。土地使用税的纳税人是在城市、县城、建制镇、工矿区范围内使用土地的单位和个人,按照《中华人民共和国城镇土地使用税暂行条例》于1988年开始征收。耕地占用税的课税对象是占用耕地建房或者从事其他非农业建设的单位和个人,按照1987年制定的《中华人民共和国耕地占用税暂行条例》征收。土地出让金是用地单位或个人为取得国有土地使用权而向政府支付的土地价款。新增建设用地有偿使用费是根据1998年《土地管理法》的规定征收的、旨在调控建设用地使用的费用。土地增值税和营业税是根据土地交易的总金额和增值部分课征的税种,于1994年起征。除新增建设用地有偿使用费的30%需上交中央政府外,其余均为地方税费。为了规范上述土地税费的征管和使用,有关法规均做出了详细而具体的规定。信贷政策主要是根据房地产发展的情况,对开发商和房地产买主银行借贷所采取的支持或抑制的行为。如提高房地产开发和购房贷款门槛、提高银行准备金率等。保障性住房政策影响市场作用的范围和规模。1998年7月,国务院发布《关于进一步深化城镇住房制度改革加快住房建设的通知》,要求从1998年下半年开始停止住房实物分配,逐步实行住房分配货币化。从此,住房的市场化配置逐渐成为住房配置的主流,但住房市场自身难以解决中低收入者的住房需求,2006年以来,政府的保障性住房逐渐成为房地产调控的一个重要政策。规范交易行为的制度则是为了防止房地产违规炒卖,如对房地产交易的条件和程序做出规定等。

土地的市场管理制度是一个非常繁复而且多变的领域,随着房地产市场形势经常做出调整,自实行土地有偿使用和建立房地产市场以来,中国出现了几次大的房地产热,出台的各类政策不胜枚举。本书拟主要以本世纪以来出现的这次房地产热及房地产调控来说明房地产管理及调控制度的变迁。

土地供应调控。2002年前后,全国各地出现新一轮"开发区"热,占用了大量土地。2003年7月18日、7月30日,国务院办公厅先后发出《关于暂停审批各类开发区的紧急通知》、《关于清理整顿各类开发区加强建设用地管理的通知》,对全国31个省(自治区、直辖市)的土地市场进行督察。11月,国务院又发出《关于加大工作力度,进一步治理整顿土地市场秩序的紧急通知》,目的是清查乱占滥用耕地和非法转让土地的行为,督促落实经营性用地招标拍卖挂牌出让制度。2004年3月,国土资源部、监察部联合下发了《关于继续开展经营性土地使用权招标拍卖挂牌出让情况执法监察工作的通知》(即71号令),要求各地在2004年8月31日前将协议出让土地的历史遗留问题处理完毕;否则,国家土地管理部门有权收回土地,纳入国家土地储备体系。因此,8月31日被称为经营性土地协议出让的"831大限"。2004年4月,按国务院要求,国土资源部、发展改革委员会等组成九个检查验收组,对土地市场秩序治理整顿进行阶段性检查验收。同月29日,国务院办公厅印发《关于深入开展土地市场治理整顿严格土地管理的紧急通知》。10月,国务院印发《国务院关于深化改革严格土地管理的决定》,就进一步加强土地管理,严格执行有关土地管理法规做出了若干规定。2005年开始,面对日益高涨的房价,国家房地产调控政策从严控土地向稳定房价转变。2005年3月,国务院办公厅印发了《关于切实稳定住房价格的通知》(共有八条内容,简称"国八条"),通知要求大力调整住房及用地供应结构,增加普通商品房和经济住房土地供应并督促建设。4月,国务院常务会议继续强调从住房和土地供应结构上对房价进行调控。由于执行不力,2006年5月17日,国务院常务会议又研究制定了六条稳定房价的措施(简称"国六条")。5月29日,国务院办公厅转发了建设部、国土资源部等九部委《关于调整住房供应结构稳定住房价格的意见》(即九部委"十五条"),对"国六条"进行了细化。这两个文件继续强调调整住房供应结构,重点发展中低价位、中小套型普通商品住房、经济适用住房和廉租住房,以稳定住房价格。而且在套型面积、小户型所占比例、新房首付款等方面做出了量化规定,提出"双70%"的标准(90平方米以下住房须占项目总面积七成以上、居住用地供应量七成用于中低价位中小套型)。《国务院办公厅转发建设部等部门关于调整住房供应结构稳定住房价格意见的通知》要求各地区,特别是城市人民政府将调整住房供应结构、控制住房价格过快上涨纳入经济社会发展工作的目标责任制,并要求各级城市"住房建设规划要在2006年9月底前向社会公布"。2006年5月31日,国土资源部发布《关于当前进一步从严土地管理的紧急通知》,提出遏制一些地方违法违规占用土地,确保房地产调控中的土地政策落到实处。

根据《关于调整住房供应结构稳定住房价格意见》及相关规定,相关部门开始展开土地调控。2006年6月14日,国土资源部发布《关于严明法纪坚决制止土地违法的紧急通知》,提出即日起清理闲置和别墅用地,针对土地违法现象将具体实施要求、政策落到实处。2006年6月,国土资源部发布《关于尽快向社会公布城镇房地产开发土地供应及开发利用情况的通知》,要求一个月内,各地市、县需公布土地纯收益、土地闲置状况;两个月内,各省将各市、县土地纯收益、土地闲置状况书面上报汇总于国土资源部。2006年9月,国务院办公厅发布《关于加强土地调控有关问题的通知》,通知明确各级人民政府主要负责人对土地管理和耕地保护负总责,并对加强土地管理做了系列规定,土地"闸门"进一步收紧。2006年12月,新版《限制用地项目目录》和《禁止用地项目目录》公布,别墅类房地产开发、高尔夫球场、赛马场项目等六类项目被列为禁止供地目录。

2007年9月,为落实国务院《关于解决城市低收入家庭住房困难的若干意见》(国发〔2007〕24号),国土资源部下发了《关于进一步加强土地供应调控的通知》,依法报国务院和省级人民政府批准的城市建设用地中涉及的住宅用地,必须单独列出,其中廉租住房、经济适用住房以及中低价位、中小套型普通商品住房用地不得低于申报住宅用地总量的70%,不符合要求的不予批准。对符合要求的城市建设用地,要加快办理审查报批手续,保证住宅用地及时供应。2007年10月,国土资源部发布《招标拍卖挂牌出让国有土地使用权规定》,规定受让人依照出让合同约定,付清全部出让金后,才能领取国有建设用地使用权证书。

金融调控。调控重点主要体现在如下几个方面:一是直接限制投资性和奢侈型住房需求。2003年4月,中国人民银行下发《关于进一步加强房地产信贷业务管理的通知》,规定对购买高档商品房、别墅或第二套以上(含第二套)商品房的借款人适当提高首付款比例,不再执行优惠。2005年3月,中国人民银行决定调整商业银行自营性个人住房贷款政策,宣布取消住房贷款优惠利率,对房地产价格上涨过快的城市或地区,个人住房贷款最低首付款比例可由现行的20%提高到30%。2007年9月,中国人民银行、银监会联合颁布《关于加强商业性房地产信贷管理的通知》(359号文),规定贷款购买第二套房,首付不低于四成,利率为基准利率的1.1倍。12月11日,中国人民银行、银监会联合发布《关于加强商业性房地产信贷管理的补充通知》,明确了以借款人家庭为单位认定房贷次数,并且规定"对于已利用银行贷款购买首套自住房的家庭,如其人均住房面积低于当地平均水平,再次向商业银行申请住房贷款的,可比照首套自住住房贷款政策执行";同时,已利用住房公积金贷款购房的家庭,再次向商业银行申请住房贷款时,也按照前述规定执行。

二是直接限制房地产开发贷款。2003年中国人民银行发出的《关于进一步加强房地产信贷业务管理的通知》,2004年9月,中国银监会发布的《商业银行房地产贷款风险指引》,2006年5月,国务院常务会议研究制定的六条稳定房价的措施,以及2007年中国人民银行、银监会联合颁布的《关于加强商业性房地产信贷管理的通知》,都对房地产开发贷款做出了规定。

三是上调金融机构存贷款基准利率(加息),从2004年10月29日第一次加息到2007年9月,央行先后10次加息,加息可使贷款利率提高,从而抑制炒房。

四是多次上调存款准备金率,回收流动性资金,为紧缩房贷创造条件。

财税政策。财税政策既有调节土地和住房供应的政策,也有调节房地产买卖方面的政策。

(1)提高房地产用地的取得、使用和保有成本,限制用地冲动。一是加强土地使用税费的征收及使用管理。2004年11月,财政部、国土资源部、中国人民银行联合印发《关于进一步加强新增建设用地土地有偿使用费征收使用管理的通知》,2006年8月和12月,国务院分别发布的《关于加强土地调控有关问题的通知》、《关于规范国有土地使用权出让收支管理的通知》等,都对土地使用税费的征收、使用等做出了具体规定,地方必须足额支付征地赔偿,不得随意减免或使用有关税费。二是提高建设用地使用税费的标准。同年11月,财政部、国土部、中国人民银行共同印发《关于调整新增建设用地土地有偿使用费政策等问题的通知》,决定从2007年1月1日起,新增建设用地土地有偿使用费征收标准将提高一倍。同年12月,国土资源部发布《全国工业用地出让最低价标准》,规定工业用地使用权出让价格必须执行最低控制标准并采用招标拍卖挂牌方式出让。同年12月,国务院发布经过修订的《城镇土地使用税暂行条例》,将实行了20年的城镇土地使用税税额标准提高了两倍,并将征收范围扩大到外商投资企业和外国企业,从2007年起实行。这些提高土地使用成本的制度虽然可以限制用地,但提高了开发商的成本,因而也可能抑制供应和抬高房价。

(2)提高房地产交易成本,限制房地产炒卖。2006年5月17日出台的"国六条",5月31日国家税务总局下发的《关于加强住房营业税征收管理有关问题的通知》(国税发〔2006〕74号),7月26日国家税务总局发布的《关于住房转让所得征收个人所得税有关问题的通知》(国税发〔2006〕108号),9月14日国家税务总局颁发《关于加强房地产交易个人无偿赠与不动产税收管理有关问题的通知》(国税发〔2006〕144号),对符合课税条件的住房买卖、赠与行为及所得税、营业税的征收做出了规定。2007年2月,国家税务总局发布《关于房地产开发企业土地增值税清算管理有关问题的通知》,着手对房地产开发企业土地增值税实行清算和追缴。

保障性住房。1998年中国实行住房分配的市场化后,各级政府在相当长的时间内将住房问题推向市场。2004年5月,建设部、国家发展和改革委员会、国土资源部、中国人民银行联合颁布《经济适用住房管理办法》。该《办法》规定,经济适用住房的面积将严格控制以中小套型为主,中套面积在80平方米左右,小套面积在60平方米左右。住房价格以保本微利为原则,真正让广大中低收入群众受益。2005年3月国务院办公厅印发的《关于切实稳定住房价格的通知》(旧"国八条"),4月国务院常务会议制定的《进一步加强房地产市场宏观调控的八条意见》(新"国八条"),2006年5月17日国务院常务会议围绕调整住房供应结构的六条措施("国六条")等,都要求加大面向中低收入阶层住房的供应力度。2007年8月13日,国务院《关于解决城市低收入家庭住房困难的若干意见》(国发〔2007〕24号),明确提出将解决城市低收入家庭住房困难作为政府公共服务的一项重要职责,并对各地建立健全城市廉租住房制度提出具体时间表,要求各地加大财政的支持力度,切实做好城市低收入家庭的住房保障工作,标志着保障性住房建设进入一个新阶段。

房地产交易行为监管。1994年全国人大常委会通过的《中华人民共和国城市房地产管理法》,1998年7月国务院发布的《城市房地产开发经营管理条例》,2001年4月和8月建设部分别发布的《商品房销售管理办法》及《城市商品房预售管理办法》,对商品房销售均做出了规定。2006年7月,建设部、国家发展和改革委员会、国家工商总局出台了《进一步整顿规范房地产交易秩序的通知》,针对商品房交易存在的问题,对商品房预售、商品房销售、房地产广告发布、房地产展销活动、商品房预(销)售合同管理、房地产经纪管理等做了进一步规定,以防止发布虚假信息、炒卖房号、捂盘惜售、囤积房源等恶意炒作、哄抬房价的行为。

九、土地管理组织变迁: 从多头分散管理到集中统一管理

1978年以来,随着国家的工作重心转移到经济建设上来,土地问题也日益得到重视。1979年9月,中共十一届四中全会通过的《中共中央关于加快农业发展若干问题的决定》,即提出要保护耕地,制定和颁布《土地法》。1981年第五届全国人大第四次会议审议并通过的《政府工作报告》明确提出将"十分珍惜每寸土地,合理利用每寸土地"作为中国的国策。1982年1月1日,中共中央批转《全国农村工作会议纪要》时也强调将控制人口、保护耕地作为中国的基本国策。对耕地问题的重视,使得土地管理的组织得以建立和加强。1982年,国务院机构改革决定在农牧渔业部内设立统一管理全国土地的职能机构——土地管理局。其基本职能是贯彻执行国家的土地政策、法令、拟定必要的实施条例、办法和规定,主管土地管理各项工作。农牧渔业部土地管理局成立后,立即致力于在各级地方政府或农业部门内建立土地管理机构。到1985年,全国各省级政府基本上设立了土地管理机构,部分省级行政区在县乡也设置了土地管理机构。但分散管理的局面并没有完全改变,如有的地方土地管理机构只管理城市规划区外的土地,城市规划区内的土地仍然由城市建设部门等管理,多头管理造成责任不清,管

理失控，土地资源浪费严重。1985年，中国耕地净减少1 500万亩(100万公顷)。[1] 1986年3月，中共中央、国务院《关于加强土地管理制止乱占耕地的通知》，明确提出"为了加强对全国土地的统一管理，决定成立国家土地管理局，作为国务院的直属机构。国家土地管理局负责全国土地、城乡地政的统一管理工作"。6月，《中华人民共和国土地管理法》通过，明确了国务院及地方各级政府土地管理部门负责全国或地方的土地统一管理工作。1986年8月，国家土地管理局正式成立。之后，各地各级政府(省、市、县、乡)都建立了专门的土地管理机构，但土地管理部门与相关部门(如规划建设部门、农业部门、测绘部门等)在职能上仍然存在一定的交叉。为了理顺关系，统一城乡地政管理，土地管理机构的职能又经历了多次调整。按照1994年国务院批准的《国家土地管理局职能配置、内设机构和人员编制方案》，国家土地管理局的主要职责有：制定和贯彻执行国家有关土地的方针、政策和法规；统一管理土地资源和城乡地籍、地政工作，统一查处土地权属纠纷；实施土地利用计划管理；主管全国土地的征用、划拨工作；主管国有土地使用权出让的行政管理工作；会同有关部门进行土地估价，制定土地市场管理的政策法规，管理和规范土地市场；对土地政策法规执行情况和违法行为实施监督检查；研究制订全国土地管理事业发展战略，会同有关部门解决土地纠纷，查处违法占地案件等。[2]

土地行政管理系统内部，在职能上实行集中统一的计划管理体制，全国的土地都由国家土地管理机关统一管理，层层审批；在组织上则主要实行属地管理体制，少数省以下地方政府实行垂直管理体制，在区、县政府设立土地管理分局，分局主要对上级土地管理部门负责。

国家土地管理局虽然是国务院直属机构，但不是国务院的组成部

---

[1] 参见邹玉川主编：《当代中国土地管理》，当代中国出版社1998年版，第122—123,154—156页。

[2] 参见《国家土地管理局职能配置、内设机构和人员编制方案》，1994年1月20日发布。

门,同时,国土管理部门与城市规划建设、地质矿产、水利等部门在职权上还存在交叉。土地管理部门的行政地位和职权划分的现状还不适应耕地和国土资源保护利用管理的需要。1998年3月,第九届全国人大第一次会议通过国务院机构改革方案,决定由原地质矿产部、原国家土地管理局、原国家海洋局和原国家测绘局共同组建国土资源部,作为国务院组成部门之一。4月,国土资源部正式成立。国土资源部内设办公厅、政策法规司、规划司、财务司、耕地保护司、地籍管理司、土地利用管理司、矿产开发管理司、矿产资源储量司、地质环境司、地质勘查司、执法监察司、国际合作与科技司、人事教育司14个职能司(厅)。按照《国土资源部职能配置、内设机构和人员编制规定》(国办发〔1998〕47号),国土资源部的主要职责包括拟定有关国土资源管理法律法规、发布国土资源管理的规章、编制和实施国土规划、承办国务院交办的事项等12项职能,并规定国土资源部对省级人民政府国土资源管理部门实行业务领导,省级人民政府国土资源主管部门主要领导干部的任免,需征得国土资源部的同意。[①] 2004年4月,国务院印发《关于做好省级以下国土资源管理体制改革有关问题的通知》,要求进一步理顺省级以下国土资源行政管理体制。市(州、盟)、县(市、旗)国土资源主管部门是同级人民政府的工作部门,其机构编制仍由同级人民政府管理;地区国土资源主管部门的机构编制仍由行署管理。市辖区国土资源主管部门的机构编制上收到市人民政府管理,改为国土资源管理分局,为市国土资源主管部门的派出机构。乡(镇)国土资源管理所的机构编制上收到县(市、旗)人民政府管理,县以下按乡(镇)或区域设置的国土资源管理所,为县(市、旗)国土资源主管部门的派出机构。[②] 同月,配合国务院的有关决定,中共中央组织部发出《关于调整省以下国土资源主管部门

[①] 参见国土资源部:《中国国土资源年鉴(1999年)》,中国国土资源年鉴编辑部2000年版。

[②] 参见国务院:《关于做好省级以下国土资源管理体制改革有关问题的通知》(国发〔2004〕12号),2004年4月21日发布。

干部管理体制的通知》,对国土资源管理体制做了进一步调整,以加强上级国土资源管理部门权威。明确地方各级国土资源主管部门领导干部实行双重管理体制,以地方党委领导为主,上一级国土资源主管部门党组(党委)协助管理。地方党委任免国土资源主管部门党组(党委)书记、行政正职时,要事先征得上一级国土资源主管部门党组(党委)同意,任免国土资源主管部门党组(党委)副书记、行政副职时,要事先征求上一级国土资源主管部门党组(党委)意见。① 由此,设区的市及县以下的土地行政管理部门建立了垂直性的管理体制。

由于省及地区一级土地管理部门主要仍然对地方政府负责,为了加强对地方土地利用的监管,解决委托代理中的中央与地方信息不对称问题,2006年7月,国务院办公厅发布了《关于建立国家土地督察制度有关问题的通知》,正式建立国家土地督察制度。② 由国土资源部部长担任总督察,在国土资源部设立国家土地总督察办公室(正局级),同时向地方派驻九个国家土地督察局,代表国家土地总督察履行监督检查职责,对全国土地利用状况进行监督检查,对土地违法行为提出整改意见。

十、土地监察制度变迁:加强与规范

监督土地利用,查处土地违法行为一直是土地行政管理部门的重要职责。1986年,国家土地管理局成立时即设有监督检察司。1998年,国土资源部成立,专门设立了执法监察局,其职责是组织对执行和遵守国土资源法律、法规情况进行监督检查,拟定土地执法检查和土地违法案件查处的规定,组织开展对土地规划、农地转用、土地征用、土地

---

① 参见中共中央组织部:《关于调整省以下国土资源主管部门干部管理体制的通知》(组通字〔2004〕22号),2004年4月29日发布。

② 参见国务院办公厅:《关于建立国家土地督察制度有关问题的通知》(国办发〔2006〕50号),2006年7月13日发布。

资产处置、土地使用权交易行为的监督检查,依法组织查处重大土地违法案件。[①] 全国各地都设立了行政执法监察机构。2006年,又成立了土地督察机构,提高了土地监察的层次。

土地利用监督监察包括日常的土地监察,也包括土地执法大检查之类的集中行动。如1993年2月,为了遏制滥用耕地,根据国务院的部署,农业部、国家土地管理局、监察部、国务院法制局等单位组成的检查组,分赴全国12个省、区、市进行土地管理执法大检查。2003年2月,全国开始大规模治理整顿土地市场秩序。2004年下半年,国土资源部、农业部等部委组织开展全国基本农田大检查。2007年9月国土资源部开展以查处"以租代征"为重点的全国土地执法百日行动,利用100天左右时间,集中解决土地执法方面存在的突出问题。[②]

为了加强土地执法,规范行政行为,推进依法行政,土地行政部门推出了一系列规章制度。1995年6月,国家土地管理局发布并施行《土地监察暂行条例》,12月18日,发布《土地违法案件查处办法》。1996年1月,国家土地管理局颁布了《土地违法案件行政处罚决定书》、《土地侵权行政处理决定书》、《土地违法案件查封决定书》等14个查处土地违法案件的文书格式,要求各级土地管理部门在查处土地违法案件工作中遵照执行。2000年以来,国土资源部先后印发了《关于加强管理依法行政从源头上防治腐败的决定》(2000年12月)、《国土资源部查处国土资源违法案件立案范围》(2001年3月)、《关于严肃执行从严处理国土资源违法违纪案件的通知》(2001年5月)、《国土资源行政复议规定》(2001年8月)、《国土资源违法案件会审制度》、《国土资源执法监察报告备案制度》、《国土资源执法监察督办制度》(2001年11月)、《国土资源信访规定》(2002年5月)、《关于加强国土资源执法

[①] 参见国土资源部:《中国国土资源年鉴(1999年)》,中国国土资源年鉴编辑部2000年版,第128页。

[②] 参见国土资源部:《全国土地执法百日行动方案》,2007年9月12日发布。

监察队伍建设的通知》(2002年5月),《关于实行建设用地电子备案的通知》(2002年11月),《土地登记公开查询办法》(2002年12月),《国土资源管理系统行政为民措施》(2004年1月),《国土资源管理系统工作人员禁令》(2004年2月),《国土资源听证规定》(2004年5月),《关于利用遥感检测成果查处土地违法问题的通知》(2005年8月),《关于进一步加强国土资源执法监察工作的通知》(2005年10月)。为了提高依法行政水平,国土资源管理部门还加强依法行政学习教育,2004年11月,国土资源部印发《关于彻底贯彻落实全面推进依法行政实施纲要的实施意见》,2005年11月,印发《国土资源管理系统全面推进依法行政规划(2006—2010)》等,推进国土资源管理系统的依法行政工作。

十一、土地管理组织和制度变迁的逻辑

1978年以来,中国土地管理的制度背景发生了重大变化,改变了国家、土地使用者和土地所有者的利益结构,同时,关系粮食安全的耕地保护及市场在解决中低收入阶层住房方面的失灵这些外生变化,也影响着土地管理制度的变迁。为了实现土地管理目标,建立适应中国市场经济发展和经济社会变化的土地管理体制,中国的正式土地管理组织和制度都经历了多次变迁,变得更加完备。(1)在土地利用计划管理方面,建立和完善了集中统一的计划管理体制;(2)在建设用地审批制度方面,对建设占用耕地的控制日益严格;(3)在土地征用制度方面,审批和实施的程序更加严格,更注重维护被征地拆迁人的权益;(4)在土地供应制度方面,从过去以行政配置为主过渡到目前以市场配置为主,并完善了有关土地流转的制度;(5)在耕地保护方面,在严格控制建设占用耕地的同时,建立了补充和开发耕地,实现耕地占补平衡的制度;(6)在土地市场管理和房地产调控制度方面,弥补市场失灵的制度逐步建立;(7)在土地管理体制方面,各级土地管理组织日益健全,管理

体制从多头分散走向集中统一;(8)在土地监察制度方面,土地违法案件的查处力度加大,执法队伍更加健全、行为更加规范。

土地管理的正式组织和制度变迁是在新的历史条件下,为适应经济体制的变革和其他外生性因素的变化而实行的强制性制度安排,这些组织和制度变迁的一个重要目的是通过行政权加强自上而下的控制。无论是土地利用计划管理体制,还是层层审批制度,土地监察制度等都是如此。在这一管理体系中,上级政府在土地管理中充当了委托人的角色,下级政府则充当了代理人的角色。但是,上述组织和制度变迁是在历史制度、当时的经济社会条件和认识水平下逐步实现的,并没有涉及土地产权、土地供应和土地管理制度背景方面的变革,也没有反映改革开放以来国家、集体、个人在土地利益上的深刻变化,没有建立各相关方利益的制度化调节和实现机制。由于地方政府同时是土地利用的主体和土地一级市场的垄断者,它与土地管理的委托人在利益上并不完全一致;同时,由于土地产权,尤其是农村集体土地产权的不完整,导致各级土地管理者、土地所有人的利益没有得到明确的界定,形成了他们之间复杂的利益结构和博弈格局。迄今土地管理诸多正式组织和制度的变迁,可以视为委托人为解决信息不对称所进行的种种制度安排,但是,由于各级土地管理者和土地权益人的利益不同,在现有的制度框架下,土地管理制度的变迁难以从根本上解决中央政府与地方政府、上级政府与下级政府委托代理关系中的信息不对称问题,各级政府在监管者、被监管者、土地利用者的复杂角色中,将采取符合自身利益的行动逻辑,由此形成了各相关方在目前制度结构下的各种变应性行为规则。

第三章　地方土地行政中的非正式制度

　　土地管理的正式组织和制度变迁旨在建立集中统一的管理体制，自上而下加强对土地利用的控制。但是，地方政府作为土地利用的监管者和被监管者，为了自身利益，在使用土地和进行土地利用监管中常常采取各种非正式规则，突破上级的土地利用控制，规避检查和处罚；或利用非正式规则推进土地行政工作，如征地和基层的建筑管制等。这些在地方政府中高度同形化的(isomorphic)非正式规则/制度，不是"非正式政治模型"里自发的、基于"关系"为小圈子谋利且多为正式组织禁止的行为规则；不是韦伯意义上的行政组织的非理性因素；不是新制度主义所谓的主要来源于社会的规则；也不同于组织理论里非正式组织的"亚文化"；其主体不是"宗派"或"非正式团体"，它们是由正式组织（政府）发出的，虽然不为上级监管者所支持，但却在本级正式行政组织中以组织的形式存在的行为规则，这些行为规则几乎分布在土地行政的各个领域和环节。本章将具体归纳和讨论隐藏在地方政府土地行政行为背后的各种非正式规则。

　　需要说明的是，本书的分析主体是地方政府，并不确指哪一级地方政府，而是指土地管理的六个层级（中央—省—市/地区—县/区—乡镇/街道办—行政村/社区）中，中央以下尤其是省以下承担土地利用和管理责任的各级行政主体。[1] 在土地管理组织体系中，作为上一级，他们是土地管理者；作为下一级，他们是土地利用者和被监管者。因此，

---

　　[1]　由于行政村和一些前身为行政村的城市社区的党政组织拥有土地利用和管理的权限，本书也将其作为一个土地管理层次。

这些行政主体在土地利用管理体系中所处的制度环境和所采取的行为逻辑具有类似的特征,在面对同样的制度约束和"选择结构"时,不同层次的地方政府会做出大致相同的选择,即尽可能规避控制和尽可能多地支配土地。因此,本书的分析主体,包括承担土地利用和管理任务的省以下各级组织。

本书的内容主要是在长期参与式观察和对地处沿海经济发达地区的 P 市及中部城市 H 市的田野调查的基础上形成的。同时,本书将在对田野调查地区土地行政运作进行描述的基础上,结合文献研究,对各地土地行政中存在的各种非正式规则进行概括和总结。下面,将分领域对地方土地行政中的非正式规则进行阐述。①

一、土地利用计划管理中的非正式规则

如上一章所述,土地管理的正式组织和制度变迁旨在建立集中统一的管理体制,自上而下加强对土地利用的控制。但是,地方政府除了作为地方土地利用监管代理人之外,同时还是土地利用的主体,他们的利益与上级监管人并不完全一致。土地利用计划管理制度将全国及各地规划期内(15 年)及本年度内能够使用的土地纳入计划管理,其中农用地转用计划指标属于指令性指标,不得突破。这些指标往往不能满足地方政府用地需求,想方设法提高土地利用计划额度,突破计划的限制,就成为地方政府面对土地利用计划管理私下采取的普遍行为规则。概括起来,主要有不严格执行土地利用计划、修编规划、多争取用地指标、指标分配保大放小和以租代征等。

1. 不严格执行土地利用计划,或不经批准使用土地

在 P 市《1997—2010 年土地利用总体规划》核定的规划期内,平均

---

① 田野调查的详细内容,见《地方土地行政田野调查记录》(2006—2008),限于篇幅,本书暂未收入,特此说明。

每年新增建设用地指标为475公顷,其中每年占用耕地指标不到50公顷(总指标为611.56公顷),但是,该市从1997—2006年平均每年实际新增正式建设用地达1 072.54公顷,十年间新增正式建设用地达10 725.4公顷。建设占用耕地约1 700公顷,平均每年约170公顷,大大超过每年不到50公顷的计划控制指标。这些用地基本上没有按照《土地管理法》规定的程序履行审批手续。① 如果建设用地得不到批准,对于有审批权的较高层次的地方政府,则可能擅自批准使用土地。如河南省有关部门在未获得国务院批准的情况下,擅自审批了1万多亩土地,用于建设河南郑州大学城。② 对于没有审批权的基层政府以及村委会之类集体土地的所有者和监管者而言,他们则可能直接使用手中的土地,既不需要征用,也不需要租用。在没有用地指标的情况下,直接将农业用地用作各种非农业开发,是目前非农经济发展较快地区集体土地使用上带有普遍性的问题。区别于征地过程中转变土地所有权性质,未批先用并不转移或改变土地所有权。1997—2006年,P市新增建设用地规模约为395平方公里,其中由国土部门计划内新增的建设用地面积约为107平方公里,其余约290平方公里的土地即多为区、镇政府、村集体和个人等未经批准使用。③ 1998年以来,济南部分市县和企业擅自建立"科技园"、"大学城"和"农业示范园"等各类园区12个,圈占土地2 799公顷,城乡接合部的131.34公顷集体土地未办理农用地转用手续。④ 北京房山区青龙头村村民委员会、经济联合社与北京金地雅房地产开发有限公司合作,在未办理任何立项、规划、

---

① 田野访谈(XPZ;FHW,字母为访谈对象代码,下同),《地方土地行政田野调查记录》(2006—2008)。
② 参见张晓松:"郑州违法占地案又有数高官受处",《现代快报》2006年9月30日。
③ 数据根据P市1997—2006年计划内新增建设用地与实际新增建设用地的数据计算,《地方土地行政田野调查记录》(2006—2008)。
④ 参见田毅、蒋明倬:"缘起于一份审计报告,五部委突查土地违规内幕",《21世纪经济报道》2003年9月6日。

用地、建设审批手续的情况下,于 2006 年 3 月至 9 月中旬期间,开工建设 144 栋各类建筑物,包括对外销售的双拼别墅 128 栋、农民回迁多拼别墅 10 栋、农民自主经营用房 4 栋、社区综合楼 1 栋、污水处理用房 1 栋以及配套道路等,实际占用土地 326.12 亩,其中耕地 127.39 亩。①

2. 规划修编

土地,是财富之母。没有什么比在土地上做文章更有利可图,也更让人看得见、摸得着的了。因此,每任政府上台,往往都要在城市建设和土地利用上整出点动静,干些所谓"政绩工程"。规划修改就成了顺理成章的事情。

1999 年 4 月,由国务院批准实施的《全国土地利用总体规划纲要(1997—2010)》是中国确立土地用途管制制度后第一轮土地利用总体规划。这一轮土地规划是在中国历史上第一次详细的土地资源调查的基础上制定的。这次土地资源调查从 20 世纪 80 年代中期开始,全国 50 万专业人员参加,历时 10 年,耗资 10 亿元才得以完成。随后,全国各地又花费巨大人力物力制定了地方的土地利用总体规划(1997—2010),但这些规划大多没有得到执行。到 2004 年,离规划期限还有七八年,山东已经使用了规划用地的 80%,浙江使用了规划用地的 99% 以上,一些地区五年就用完了十年的指标,土地利用规划成了"纸上画画,墙上挂挂"的摆设。② 由于建设用地增长太快,使得土地利用总体规划很快失去对土地利用的指导功能。P 市于 2004 年开始按照上级国土部门的要求进行土地利用总体规划修编。按照一位官员的说法:"土地利用总体规划修编意味着对过去超指标用地的承认,也是获得新增建设用地指标的重要途径。"通过土地利用总体规划修编,地方可以将未来

---

① 参见刘春蕾:"房山 144 栋别墅非法占地,三相关负责人已被羁押",《北京晨报》2007 年 4 月 4 日。

② 参见立新:"土地规划:跟着谁在走",《中国改革·农村版》2004 年第 10 期。

建设用地的需求纳入到新的土地利用总体规划和城市规划中来。① 巧立名目,设立各种经济开发区、专业市场和新的城市功能区(包括大学城)是修改规划圈地的重要途径。据统计,全国曾设有各级各类开发区6 015 个,60%以上是省级以下开发区。各类开发区规划面积达3.54万平方公里,超过现有城镇建设用地总面积。② 而各种各样的城市新区建设更是比比皆是,遍地开花。

3. 多争取建设用地指标

无论是土地利用总体计划、规划编修还是年度利用计划,都是有限的,在每一次计划制订中,为自己争取更多的用地指标,对于各土地利用单位而言显得十分重要。"跑指标"就成了他们的重要任务。除了争取增加土地利用规划内的指标,争取单独选址的项目落户也是取得额外土地的重要渠道。为了解决土地利用中存在的问题,P 市有关领导就多次拜访上级国土管理部门,要求上级主管部门给予支持。一位国土部门的官员说:"国家的宏观调控政策的土地指标用完后,还可以通过'跑部'、'跑省'等多种方式取得,从某种意义上,地方政府仍旧可以突破每年使用土地总量的警戒线。"③利用各地驻省城、驻京办事处与有关部门保持联系,随时了解情况,联络感情,在计划制订和项目立项的关键时期、重要节假日再由地方政府相关领导拜访有关部门,是争取用地指标的有效手段。有的地方甚至将争指标作为政府部门和领导的重要工作任务。如河北 C 县在三级干部大会上就明确提出,要加大"一跑三争"工作力度,在跑部进厅上求实效,在争资金、争项目、争建设用地指标上求突破。④ 而河北邯郸市 F 区在春节前召开的全区经济工

---

① 田野访谈(XPZ),《地方土地行政田野调查记录》(2006—2008)。

② 参见郄建荣:"各地存在严重的土地透支现象 规划红线变成了'弹簧线'",《法制日报》2005 年 7 月 15 日。

③ 田野访谈(SG),《地方土地行政田野调查记录》(2006—2008)。

④ "在河北 C 县三级干部大会上的讲话"(2006 年 10 月 27 日),http://www.chinacizhou.cn/viewfile/newsview/57/2006102291.shtml。

作会议上,也对争建设用地指标提出明确要求:"开好局,起好步,至关重要。当前有几项紧要工作,务必高度重视,抓牢抓实。一是确保第一季度开门红……二是大力开展'一跑三争'工作,即充分利用年初和春节的有利时机,到市赴省进京,争项目,争资金,争建设用地指标,汇报工作,联络感情,为全年工作奠定基础。……"[1]而在江苏 J 市 2007 年表彰大会上,该市国土局通过规划修编为沿江地区增加了 390.15 公顷预留建设用地,争取到土地指标近 3 800 亩,获得了市委市政府的大力表彰。[2] 除了地方政府争取建设用地指标,建设、交通、铁道、科技、教育等部门都需要掌握本系统建设项目的用地指标,地方政府和职能部门围绕土地指标的竞争,使得 2006 年《全国土地利用总体规划纲要》在超过要求的最后期限后,仍然迟迟不能上报国务院。[3]

4.建设用地指标分配保大放小

由于年度用地指标供不应求,地方政府在分配指标时,往往对那些大的重要的项目实行用地倾斜,对那些小的用地项目则采取能放则放的办法,以免直接占用年度建设用地指标。结果那些急需建设用地的小公司要么放弃在本地发展,要么违规使用土地。还有一个方面是农村集体建设用地(含工商用地和村民宅基地),政府为了保证重点企业用地,这些地方的农村集体建设用地一般不获批准,结果农村集体和村民往往自行使用土地。如 P 市 Y 区自 1993 年撤县建区以来,土地管理部门基本停止给农村集体和符合一户一栋条件的村民审批建设用地,导致村集体和相当多的村民自行建造厂房或私宅,市国土管理部门也明确将保障重要产业、重点项目的用地作为自己主要的工作目标。[4]

---

[1] "在全区经济工作会议上的讲话",《河北邯郸市 F 区人民政府公报》2005 年第 1 期。

[2] 参见"在 J 市综合表彰大会上的讲话"(2007 年 2 月 26 日),http://www.jjwxys.com/news/07bzdh_51.html。

[3] 参见郄建荣:"土地利用规划纲要为何难产,部门利益博弈是主因",《法制日报》2006 年 7 月 7 日。

[4] 田野访谈(BTJ),《地方土地行政田野调查记录》(2006—2008)。

5. 以租代征

如果没有土地利用指标或者申请不到土地利用指标,租用农业土地进行非农业开发对于基层政府和用地企业而言是一种简便易行的办法。"以租代征",即是一些地方政府和用地单位绕过法定的农用地转用的土地征收和审批手续,通过租用农民集体土地,而直接进行非农业建设。在很难获得土地征收审批的情况下,基层政府便与企业签订出租协议,将土地批租给企业。P市基层政府(镇政府)即长期支持农村集体经济组织未经法定程序批准建造厂房出租给企业使用,以租代征的土地约占全部农村集体建设用地的50%。[1] 而据国土资源部执法监察局局长张新宝介绍,在调查的70个城市中,"以租代征"所占土地约占新增建设用地面积的9.6%。从个案上看,有的城市非常严重,如检查的一个大城市,其乡镇企业用地是110万亩,属于"以租代征"的为73万亩,占67.4%。[2] 据国家审计署《国有土地使用权出让金审计调查结果公告》披露,在调查的11个城市中,"以租代征"农村集体土地建高尔夫球场和别墅的即达1 541.05公顷。有的违反国家暂停高尔夫球场建设的规定,有的用地单位则以建设生态农业名义租用农民集体土地修建别墅向社会销售。[3]

"以租代征"主要有六种表现形式:一是用地单位或个人直接与村委会签订协议租赁土地;二是基层政府直接租赁农村集体土地;三是基层政府转租农村集体土地;四是基层政府作为土地租赁中介人促成租地行为;五是村自行出租自己的承包地;六是村委会租用农户的承包地搞非农建设。而根据国家土地督察北京局问卷调查发现,73%的农民

---

[1] 田野访谈(JSJ),《地方土地行政田野调查记录》(2006—2008)。

[2] 参见宋蕾:"违规增多 国土部百日严查农用地以租代征",《第一财经日报》2007年9月18日。

[3] 参见中华人民共和国审计署:《国有土地使用权出让金审计调查结果公告》(2008年第4号),2008年6月4日发布。

愿意或比较愿意以"以租代征"的形式出租土地。① "以租代征"绕过了农用地转用审批，绕过了土地的计划调控，也不用缴纳相应的税费，比超指标征用土地的危害更大。在土地供应阀门收窄后，以租代征成为地方政府土地违法的最主要形式之一。

二、建设用地报批中的非正式规则

从第二章建设用地审批正式制度变迁中可以看到，建设用地审批控制越来越严，主要体现在逐级收缩地方政府的审批权限，申报程序和条件更加严格。面对日益压缩的土地审批权限，地方政府克服建设用地审批限制的办法主要有化整为零、张冠李戴、越权审批、搭车征地以及幕后交易、弄虚作假等。

1. 化整为零

根据现行的《土地管理法》，征收基本农田，基本农田以外的耕地超过35公顷，其他土地超过70公顷，都需由国务院批准。省级以下政府的建设用地审批权限也大大缩小。为了获得土地审批，化整为零成为各地政府和用地单位普遍采用的行为规则。在 HY 大学城征地案例中，一共需征地 2 880 亩，为了不超过省政府的审批权限，当地政府采取了分项目、分批次的办法。两个校区作为单独项目分别申报，每个项目又分两期申报，从而避开了审批权限限制。② 国土资源部执法监察局局长张新宝指出，从形式上看，通过修改土地利用总体规划和钻政策空子，采用拆分手段、化整为零批地，打擦边球的现象普遍。有的省把土地利用总体规划修编的审批权下放给地市，调整基本农田成了一件

---

① 参见王立彬："'以租代征'有深层原因"，《中国青年报》2007 年 10 月 12 日；王立彬："城市新增建设用地一半以上违法占用农地"，《中国青年报》2007 年 10 月 12 日。

② 《地方土地行政田野调查记录》(2006—2008)。

十分随意的事情,使占用基本农田必须报国务院审批成了一句空话。①

【案例】江苏常州铁本钢铁公司征地。2002年、2003年前后,铁本公司在政府部门的支持和直接帮助下,完成了通过项目拆分获取土地的化整为零的土地审批操作,使用地规模从原计划的2 000亩提高到了6 000多亩。步骤有二:第一步,在项目报批过程中将公司整体拆分为若干"公司"(注册成立七家"中外合资公司"),并将每家公司注册资本控制在省级审批权限的3 000万美元以下,由此获得江苏省发改委立项。第二步,在土地报批过程中以"公司项目"为单位分期进行拆分。总共拆分了14个子项目,形成14个土地报批申请。然后,在常州有关部门的协调下通过了报建项目。铁本公司违法占用的6 541亩土地中,包括耕地4 585亩,其中基本农田1 200亩。均不在省及省以下政府的审批权限范围内。项目造成2 000多户农民完全失去土地。②

2. 张冠李戴

国家土地管理法规定的征地审批权限除了涉及面积外,还有征地类型的限制。为了突破这些限制,地方政府往往"以好充次",将基本农田作为一般耕地或荒地,将一般耕地则作为"其他土地"报批,以"保质保量"达到征收这些土地的目的。如HY大学城征用的土地均为菜地、稻田和鱼塘,堪称"鱼米之乡",每亩菜地的年收入在5 000元以上。③ 为了符合省级土地审批权限,当地政府即将菜地和良田作为荒地进行申报,使征地在手续上能自圆其说。

---

① 参见张和平:"违法用地又现高潮,土地篱笆为何总是扎不紧?",《瞭望·新闻周刊》2006年6月20日。
② 参见何禹欣、陈芳:"铁本之乱",《财经》2004年第10期。
③ 田野访谈(DXC),《地方土地行政田野调查记录》(2006—2008)。

【案例】安徽长丰县"香港元一高尔夫球场"项目。该球场占地2 088亩。为了规避国务院的审批,当地政府一方面采取分批次的办法(每次几百亩),另一方面采取将耕地作为荒地的办法通过安徽省获得审批。安徽省国土资源厅上报给国土资源部的《关于安徽元一高尔夫俱乐部项目申请用地许可的请示》中也明确表示:"元一高尔夫球场使用的是闲置国有土地,未占用耕地和其他农用地。"但是,被征地村民出具的农业税《完税证》清楚地表明,被征用土地并非荒地,而是耕地(因为荒地不用缴纳农业税)。农民不满征地赔偿,不断上访,引起了温家宝总理的重视,最后国土资源部根据温家宝总理的批示前来调查。①

将本来非公共利益的用地以公共利益的名义报批,将禁止用地的项目以非禁止的项目名义报批,也是土地报批的常见办法。

【案例】安徽蚌埠市政府行政办公中心综合楼项目。1998年6月,安徽蚌埠市政府就建设该市行政办公中心综合楼立项和用地问题曾分别请示省计委和省土地管理局,在未获批准的情况下,以所谓"土地置换"方式,非法占用15.8亩耕地建设市行政办公中心综合楼。蚌埠市政府及市建委将包括综合楼在内的整个市行政办公中心用地,以经济适用房项目的名义,向省政府申请建设用地,并获批准,实际占用耕地206.7亩。②

很多地方政府还以大学城的名义申请建设用地,然后进行房地产开发。从1999年河北省廊坊东方大学城开始,在短短几年内,全国共

---

① 参见范利祥:"'元一国际'高尔夫球场:谁蒙骗了国土部?",《21世纪经济报道》2004年8月4日。

② 参见夏珺:"国土资源部通报十一起土地违法案件",《人民日报》2001年7月11日。

冒出了50多个大学城,而且面积越做越大。大学城大规模圈占土地,实际上并非完全用于大学校园建设,大量的土地是当地政府用来进行工商业和房地产开发的,是被撤销的各种经济开发区的另一种翻版。如东方大学城首期规划的6.67平方公里中,高尔夫球场竟然占据了2/3。此外,在东方大学城随处可见会议中心、别墅、度假村、美食街的招商广告。① 而入住"江南大学城"的重庆交通学院在2001年以大学园区需要扩张以及修建教师宿舍为由,向有关部门申请用地。同年年底,该校成立全资子公司江南大学城置业有限公司,注册资金5 000万元,负责相关土地的开发工作。2003年7月,有关部门为该院办理了各项用地手续,该院以每亩近2万元左右的价格征得1 270亩土地,然后联合另一家公司重庆天景置业有限公司进行商品房开发。②

3. 越权审批

即无视土地管理有关规定,在没有得到上级批准的情况下,擅自越权征用土地,造成"生米煮成熟饭"的既成事实,有的事后再通过各种手段取得上级审批部门的确认,补办手续。如P市区、镇政府为发展区属、镇属经济擅自从村集体征用了大量土地,并建设大量物业出租。某街道办事处下属经济发展公司建设的物业面积达700万平方米,每年的出租收益即达数千万元。③ 上述河南郑州大学城,占地11 339亩,其中一般耕地2 999亩,基本农田4 222亩,也都是地方政府越权审批的产物。1999年,重庆梁平县聚奎镇获准新增村镇建设用地60亩。但是,该镇实际征用耕地面积却是160亩,其中100亩完全未经审批。镇政府将每亩2万元从农民手中征来的土地,以20万元每亩的价格出

---

① 参见陈芳:"圈地,以大学城的名义",《环球》2004年第9期。
② 参见陈陈:"重庆大学城计划:宏大叙事里的阴影",《21世纪经济报道》2003年9月3日。
③ 《地方土地行政田野调查记录》(2006—2008)。

售,获利数百万元。① 2002年9月,浙江省瑞安市莘塍镇镇政府与该镇10个村子签订了一份《统一用地协议书》,规划将约2 180亩土地用于建工业区。事实上,瑞安市并没有审批同意过此协议,市政府也没有批准出让这块土地作为工业企业建设用地。② 还有一种是越权直接批地。如青岛崂山区委书记王雁在任区委书记区长期间,公然违反国家土地管理的有关规定,违反权限,采取批条子、打招呼、开协调会的方式,直接插手干预土地批租和出让事务,让土地管理部门越过程序为开发商办理用地手续。③

4. 搭车征地

即利用大型公共工程建设征地费用低、理由充分、容易审批的特点,多报征地数额,从而达到增加建设用地的目的。如HY市大学城项目,两所高校的用地面积为2 880亩,但当地政府实际征地面积为3 429亩,比大学城实际用地面积增加了600多亩。④ 国家审计署在对34个高等级公路项目进行审计时发现,一些地方政府及项目建设单位存在违规征地,截留、挪用和长期拖欠农民征地补偿费的问题,严重损害了农民利益。审计表明,34个项目中有15个项目未经审批占用土地或违规多征土地10.29万亩,改变土地使用性质或未按规定复垦1 370多亩。如2001年8月开工、2002年10月通车的北京六环路胡各庄至西沙屯段,建设时征地6 817亩,但北京市政府迟至2003年才向国土资源部申请征地审批。贵州省遵义至崇溪河高速公路批准用地1.04万亩,实际征地1.77万亩,多征了7 300亩。四川省广安至南充高速公路项目至审计时尚有263亩土地未复垦,其中50多亩已被用于

---

① 参见陈杰等:"转卖土地获数百万?梁平聚奎镇政府非法征地出售",《重庆商报》2004年9月15日。

② 参见王庠:"农民口粮田,哪堪随意占——浙江瑞安市莘塍镇部分镇村干部违法征用农民土地问题调查",《人民日报》2004年1月13日。

③ 参见张晓晶:"揭开土地腐败迷雾",http://news.xinhuanet.com/house/2005-03/21/content_2723849.htm。

④ 《地方土地行政田野调查记录》(2006—2008)。

办养殖场,其余土地荒芜废弃。广安市政府违规多征的268亩土地未用于公路建设,其中11亩土地挂牌拍卖,获利600万元。①

5. 幕后交易,补办手续

即地方政府对用地者避开项目立项,征地审批的一系列手续,不使用国有土地,而是直接与村干部进行幕后土地交易的行为,不是采取制止,而是采取默认的态度,为其补办有关国有土地的出让手续,造成事实征地的行为。由于集体土地变为国有只能通过征地程序,因此,这种事实上的土地国有化行为也是一种违法的征地行为。

【案例】集体土地未被公开征收变国有。在浙江省生禾村,由于前几年土地管理比较宽松,用地者与村直接交易,准确地说与村书记和主任密谈,村干部向组长要地,或越过组长供地,再通过国土资源局办理国有土地出让手续。伸手要地的都是有权有势、财大气粗的人,他们与村干部达成幕后交易,各自利用职权为对方提供方便。如村里有13亩茶园,1994年被一家电缆厂占有,2002年查出没有付款,实际上款项不知下落,曾到国土局查,但对方没有配合;另外一块面积为4亩的土地,也不知去向。国土局、建设局、纪委、派出所、税务所、镇政府、村两委都有人在村里占地,以其亲友的名义在生禾村建设小洋房。这些集体土地未被征用却变国有。②

6. 弄虚作假,内部攻关

主要是指在建设用地报批中,使用虚假的不合格的材料和虚假信息,骗取土地审批的行为。

【案例】倒签日期骗批地。2002年年初,广东省化州市鉴江经济

---

① 中华人民共和国审计署:"34个高等级公路项目建设管理及投资效益情况的审计结果"(2007年第2号)。

② 参见王国林:《失地农民调查》,新华出版社2006年版,第149—155页。

开发试验区东方红村委会以建"服务公司综合楼"和"化州市城西五金修造厂"为名申报征用土地。鉴江经济开发试验区土地管理部门在协助村委会办理征用土地过程中,亲自把两份征地申请报告的申请日期写成 1994 年至 1995 年间。化州市国土资源局在办理用地批复时,配合用地部门将日期提前到 1995 年 5 月。再送时任化州市政协某副主席(该副主席 1995 年任化州市副市长,分管国土工作),该副主席批示"同意发";签发日期写成 1995 年 5 月 26 日,然后由化州市国土局制发批文。由于用地单位未及时缴交有关税费,直到 2004 年 1 月 17 日两份用地批复才发出。上述有关人员的行为,分别构成了骗取批准和非法批准用地行为。①

【案例】偷梁换柱骗取土地审批。浙江省的慈溪市、崇寿镇两级政府,于 2004 年 3 月开始,以建立"宁波绿色农产品加工园区"的名义,计划向健民、傅家路、傅福三个村征用土地 3 000 亩。为了能大面积征收农民集体土地,又在报批材料上保证基本农田的数量。其实,早在 2002 年镇村规划调整时,该镇即把 2 500 余亩基本农田变更为建设用地,把各村村落中的河道、非耕地甚至农民上百年的宅基地变更为基本农田。②

在土地报批过程中,不合条件(如未按规定缴交有关税费)、手续不齐、弄虚作假的情形均较为普遍。

三、征地实施过程中的非正式规则

按照《中华人民共和国土地管理法》的规定:"任何单位和个人不得侵占、买卖或者以其他形式非法转让土地,土地使用权可以依法转让。"

---

① 参见魏黎明:"广东公布八起土地违法案",《信息时报》2004 年 12 月 30 日。
② 参见黄光权:"一位村主任报告的土地权益案例",乡镇论坛杂志社编:《农民土地权益与农村基层民主建设研究》,中国社会出版社 2007 年版。

"国家为公共利益的需要,可以依法对土地实行征收或者征用并给予补偿。"这里明确了征用土地必须满足如下条件:(1)征地主体必须是国家;(2)必须为了公共利益的需要;(3)必须依照法律进行;(4)必须予以补偿。同时,土地管理法等法律法规对不同类型、面积、区位(是否处于土地利用总体规划区内)的土地的征用程序都做了不同的规定。土地征收或征用的正式制度变迁的趋势主要是完善程序、提高补偿标准。但是,在现实生活中,这些条件和规定没有得到严格执行。是否为了公共目的,是否经过了合法的审批程序,用地项目的规模及重要性等均对征地实施过程具有影响。一般而言,完全出于公共利益、经过合法审批的征地项目,操作相对公开规范,但会较多的运用政治、道德和法律手段;反之,则会较多的运用欺骗及威胁利诱等手段实现,虽然这种区分在具体的征地实施主体间是相对的。由于项目在预算和期限等方面的限制,为了达成征地目标,征地实施过程中的非正式规则主要有如下几种:

1. 控制成本

目前,政府征用土地的费用主要包括:土地补偿费、青苗补偿费、农村集体和个人地上和地下附着物补偿费、安置补助费、土地复垦费(新菜地开发建设基金)、征地管理费、不可预见费,以及国家和地方规定应缴纳的其他费用。

虽然有关征地的正式制度总体上要求提高被征土地的补偿标准,但地方政府由于经费所限和希望办更多的事,作为征地过程中的行动者,它总是希望将征地成本控制在适当的范围内(如果不是最小的范围内)。在目前的制度背景下,它不可能像市场上的商品买卖者那样按照市场的价值去衡量被征收土地的价值。即使所制定的征地拆迁补偿标准确实偏低,地方政府一般也不会轻易改变这一标准。这是征地拆迁工作中所执行的一条重要规则,也构成了征地实施过程中的重要约束前提。如P市虽然经济较为发达,但征地补偿标准一直不高,2002年出台的征用土地的补偿标准(土地补偿费与安置补助费之和)也仅为每亩0.8万元(山林地)至2.4万元(水田或菜地)不等。而根据同期出让土地的面积和收入计算,政府出让每亩土地的价格平均约为50万元。2004年城市化统收土地的适当补偿标准也与2002年征地补偿标准相当。与内地很多地区不同的是,P市在统收土地过程中,较好地解决了农民的社会保障问题。①

P市市政重点工程SH路建设项目,除需征用集体土地约2 000亩外,还需拆除建筑物数万平方米。该项目总投资150 603.72万元,其中工程投资需102 456万元,其余为征地拆迁等费用。承担征地的基层政府部门只能按照项目投资预算核定拆迁补偿标准。P市地铁3号线与HS路改造也是总体上按照项目预算核定赔偿标准。这些标准核定以后,并没有因为被征地拆迁人的赔偿要求而轻易改变。② HY大学城的案例也是这样,HY师范学院校区面积为1 685亩,包括校舍建设和征地拆迁在内的政府拨款仅为6亿元,经费十分紧张。学校预算的征地补偿标准平均约为25 000元/亩。由于经费紧张,省里的拨款也是限定的,即使被征地户认为补偿偏低,也不可能提高补偿标准。同时,在经费有限的情况下,村民们提出不要征地费,要求加入城市居民医疗保险和社会保险,申请最低社会保障,解决就业问题,但当地政府也没有明确回复。③

对于完全失去土地的农民,既不将其转为城镇居民,也不为其办理社会保险,在一些地方比较普遍。正如一份调查报告指出,这类问题在一些国家基础设施的重点建设项目征地中,特别是铁路、公路建设项目中尤为突出。这类项目往往由于总投资概算中用于征地补偿的比例"先天不足",难以达到法定补偿标准。建设单位最简单的办法就是将征地补偿费以包干的方式交给地方政府。而作为急需建设项目的地方政府是没有余地讨价还价的,只有通过行政命令要求下级政府及主管

---

① 《地方土地行政田野调查记录》(2006—2008)。
② 同上。
③ 同上。

部门限期完成任务。向建设单位如期交地的代价就是农民的合法权益受到侵害。①

【案例】杭州幽洪村高速公路征地。2004年,省湖高速公路建设项目征用浙江杭州建德市洋溪街道幽洪村100亩土地,每亩补偿1.8万元。农民认为这一补偿标准太低。但村里和镇里的干部反复到农户家里去做解释工作,说1.8万元是国家的规定,不是镇里也不是村里的决策,所以农民必须服从国家的规定。在国家投资预算既定的情况下,不可能因为某些村民的反对而提高补偿的价格。最后,农民无条件地服从有关决定。②

2. 通过党和政府渠道施加政治压力

征地工作都有期限限制,这一方面是建设工程本身的需要,另一方面也是降低成本的需要。同时,征地一般都涉及多级政府乃至乡镇(街道)和村(社区),是一个层层落实的过程,最后由村或社区直接组织实施。在中国,上级组织对下级组织不但有经济控制权,还有人事控制权,这构成了上级对下级的控制基础。③ 在上级和下级之间,一般都通过动员大会、工作方案等形式规定目标责任,甚至签订责任书,规定下级需要完成的工作任务和期限,各级政府必须按照规定的任务和期限完成,形成了一个一级压一级的"压力型体制"。④ 如果不能按时完成任

---

① 参见王维香、周朗:"关于地方土地违法案件的调查与思考",《人民日报》2004年4月23日。

② 参见翁校龙:"一位下派干部亲历的征地过程",乡镇论坛杂志社编:《农民土地权益与农村基层民主建设研究》,中国社会出版社2007年版。

③ Huang, Yasheng, "Central-Local Relations in China during the Reform Era: The Economic and Institutional Dimensions", *World Development*, Vol. 24, No. 4, 1996, pp. 655 – 672.

④ 参见荣敬本等:《从压力型体制向民主合作体制的转变——县乡两级政治体制改革》,中央编译出版社1998年版。

务,下级组织的负责人可能因为工作不力而受到处罚。如 P 市地铁 3 号线、HS 路改扩建、SH 路等工程的征地拆迁,均采取了逐级成立征地拆迁工作小组,并签订责任状的办法。市政府(工程指挥部)与区政府签订责任状,各区政府又与沿途各街道办事处签订责任状,各街道办则包片到人,具体落实征地拆迁任务。完不成征地拆迁任务的责任人将受到处罚。① 这种工作方式,几乎存在于所有的重大工程建设项目中。

【案例】广东省韶关市韶赣高速公路韶关段征地拆迁。为了按时完成任务,2006 年 12 月 19 日下午,市委、市政府召开了征地拆迁动员大会,各相关部门,韶赣高速公路韶境段沿线乡镇、村委会负责人等共 120 多人参加会议。市委书记、市长在会上对征地工作进行动员,提出具体工作要求。市国土局负责人代表沿线各县(市、区)国土部门承诺:一定坚持依法办事、依法行政,及时为韶赣高速公路建设提供用地保障。浈江、曲江、仁化、南雄、始兴等县(市、区)领导及珠玑镇镇长、马坝镇乐村坪村委会主任纷纷发言,表示保证一定按时完成各自辖区的征地拆迁任务。主管副市长与沿线各县(市、区)人民政府负责人签订了征地拆迁责任书。②

【案例】宁波建民村"慈北粮食储备加工中心"项目征地。为了建造"慈北粮食储备加工中心",经宁波市建委、土地管理局、省有关部门批准,需在建民村征用土地,虽然实际用地是 100 亩,但所在市、镇政府以种种理由提出要征 500 亩。2005 年 7 月开始,征地部门多次找村委会主任谈话,说"这是党和政府交给你们的任务,能否完成,是考验你们村两个主要干部有没有工作能力、胜不胜任现有职务的重要标准",等等。村主任不赞同征地方案,市国土局和镇领

---

① 《地方土地行政田野调查记录》(2006—2008)。
② 参见韶关市人民政府公众信息网:"沿线政府签订责任书依法按时完成韶赣高速韶境段征地拆迁"(2006 年 12 月 20 日),http://www.shaoguan.gov.cn/website/out/content/out/gov/12719_0.html。

导就多次找他谈话,"有时向我许愿,有时要我辞职……"最后,在没有得到村民代表大会同意且村委会主任也不知情的情况下,于2005年8月,村党总支书记与统一征地事务所签订了协议。①

在经济较为发达的地区,村干部的职位可能意味着巨大的实际利益(集体资产处置、信息和人际网络等无形资产),并且,上级政府在相当程度上左右着村干部的职位,因此对大多数村干部而言,上级政府部门的组织控制对其具有很大的威慑力。

3. 经济刺激

对于征地实施者而言,除了政治上施加压力外,经济方面的奖励也是提高征地实施者工作积极性的重要方面。按照1992年11月国家物价局、财政部发布的《征地管理费暂行办法》的规定,政府征地部门受用地单位委托,采用包干方式统一负责、组织、办理各类建设项目征用土地的有关事宜,由用地单位在征地费总额②的基础上按一定比例支付管理费用。征地管理费的比例根据征地包干方式③、征地面积大小和

---

① 参见黄光权:"一位村主任报告的土地权益案例",乡镇论坛杂志社编:《农民土地权益与农村基层民主建设研究》,中国社会出版社2007年版。

② 征地费总额包括土地补偿费、安置补助费、青苗补偿费、地上与地下附着物及拆迁补偿费。

③ 征地包干包括全包、半包和单包三种形式。全包是由政府土地管理部门或所属的征地服务机构,采取包工作、包费用、包时间的三包方式,负责征地全过程的全部工作,征地所发生的全部费用经科学测算后,由用地单位一次交付土地管理部门,土地管理部门或征地服务机构按规定期限将土地交付用地单位。半包是由政府土地管理部门或所属的征地服务机构,采取包工作、包时间、不包费用的方式,负责征地的全部工作,在规定的期限内将土地交付用地单位,征地费用按实际发生计算,由用地单位直接支付给被征地单位。单包,即政府土地管理部门或所属的征地服务机构,采取只包工作不包费用和期限的方式,代表用地单位负责对拟征用的土地进行勘察、登记,做好征地的组织与协调工作,协助用地单位与被征地单位制定征地安置、补偿方案,办理用地手续等事宜。征地管理费的分配视征地项目的级别而定,如果是省级项目,具体落实征地区县所占的比例大约为60%。现实操作中,征地管理费的分配比例会因为工作需要而有所调整。

难易程度而有所区别,一般在1%—4%之间。征地管理费专款专用,主要用于征地、安置、拆迁过程中的办公、业务培训、宣传教育、经验交流,仪器、设备的购置、维修、使用费和其他非经费人员的必要开支。具体实施征地工作的政府部门都善于利用这笔费用,通过经济手段激励下级和相关工作人员积极开展工作,使得用于征地拆迁过程中各类机构和人员的补助、奖励(如一定数额的现金、各种饭局招待、组织外出旅游等)的开支成为征地管理费开支的主要方面。如承担HY大学城征地拆迁项目的L乡政府,前几年财政困难,有时候几个月发不出工资。用地单位给他们的征地工作费为500元/亩(约等于征地费总额的2%),大学城共征地3 429亩,征地工作费总计达140余万元。[①] 对财政困难的乡政府而言,仅征地费用即是一个很大的激励。征地承包方利用这些钱为工作人员发奖金,包括村干部,只要按时完成征地拆迁任务,就有一笔可观的奖金,征地承包方还给村组干部办理了养老和医疗保险。村里人说:"乡政府以前几个月发不出工资,现在打牌都打大的,一局200元。"[②]

有的征地拆迁对象较复杂的征地项目,还包括了占总征地费用15%左右的不可预见费用,这笔数额巨大的费用,也成为征地工作人员可以上下其手的对象。在清点评估赔偿项目和金额时,征地拆迁工作人员与征地拆迁对象串通,虚报赔偿金额,一方面可以换取被征地拆迁方支持,加快工作进度,一方面征地拆迁工作人员可以从中得到好处。[③] 为了加快征地拆迁进度,P市地铁3号线和HS路改造以及SH路征地拆迁均制定了奖励措施,对按时完成任务的工作人员和配合征地拆迁工作的被征地拆迁人进行奖励。[④] 杭州经济技术开发区管理委

[①] 田野访谈(QBY),《地方土地行政田野调查记录》(2006—2008)。
[②] 田野访谈(MFZ;MZ),《地方土地行政田野调查记录》(2006—2008)。
[③] 参见凌翔:"收了'喝茶费'就多给征地补偿款",《检察日报》2007年8月14日。
[④] 《地方土地行政田野调查记录》(2006—2008)。

员会《关于加强征地拆迁保障工作的通知》(杭经开管发〔2006〕193号)规定,根据工作业绩,拆迁任务完成率达到100%的,按拆迁面积以每平方米10元的标准,设立专项奖励经费;完成率没有达到100%的,按拆迁面积以每平方米8元标准,设立专项奖励经费。在奖励经费总额内,对征地拆迁中有突出成绩的责任单位和个人予以奖励。

征地后的建设工程、商业项目和就业岗位,也为征地实施者提供了诱因,他们可以近水楼台先得月,获得一些工程建设项目、商业合作和亲属工作安排的机会。①

而在某些项目中,对巨额征地补偿费的提留和支配权(如挪用或长期拖欠征地补偿费)也是一些参与征地的组织和个人支持征地工作的重要诱因。如HY大学城征地拆迁,村组即有一定比例的提留供村组使用。一个组长被怀疑贪污征地拆迁补偿费,被人告状,于是请法官吃了一顿饭,花了几千元。然后跟村里人说:"你告不倒我,昨天我请法官吃饭,花了几千元,搞掂了。"②临安平坡村2000年以来两次征地共约1 000亩,第一次为高校扩建征地,第二次为经济适用房建设征地,征地价格从每亩35 000元到48 000元不等。村委会开始提出提留土地款20%,老百姓不同意,后降至8%。征地后村积累丰富,村干部的收入大增,主任和书记的年薪接近2万元,手机费4 000元,村委委员年薪1.5万元,手机费500元。组长的年薪也有大幅增长,从80、120元提高到2003年的2 500元。同时,村干部还有权审批2 000元以下的开支事项。③

除了正常的经济激励,挤占、拖欠、侵吞征地款的现象也相当严重,如广东省2004年进行的一次征地款专项清欠工作中,发现全省仍有12亿元未发到农民手中,并发现和处理了贪污、挪用补偿款的违法违规案件28宗,共有40人被追究责任,其中党纪、政纪处分24人,刑事

---

① 参见王国林:《失地农民调查》,新华出版社2006年版,第37页。
② 田野访谈(MZ),《地方土地行政田野调查记录》(2006—2008)。
③ 参见王国林:《失地农民调查》,新华出版社2006年版,第118—123页。

处罚 16 人,另有 13 人被移送司法机关立案查处。①

4.思想政治工作

对于那些带有公共利益的项目,通过说服教育和思想政治工作,劝谕被征地拆迁者"舍小家为大家",以大局为重支持国家建设,是征地工作常常倚重的方法。这种不是以权利和法律为基础,而是以"社会主义意识形态"的面目出现,同时带有浓厚儒家伦理色彩的思想政治工作,在征地工作中仍然具有一定的作用。在 P 市城市化统收土地、地铁 3 号线和 SH 路征地拆迁过程中,征地拆迁方均通过召开各种会议,发放各种资料宣传有关政策。负责征地拆迁的工作人员还逐家逐户上门做工作,争取被征地拆迁户的支持。② 在 HY 大学城征地过程中,"村党支部和村委会(干部)没有埋怨村民对征地拆迁的不理解,甚至过激的举动,还是细心的做村民的思想工作,用政策和法律法规说话,直至工作做通为止。最终该村仅用了 4 个半月,就完成了征地拆迁任务。"③

江西省南昌市高新区麻丘镇公路建设征地,负责征地的镇干部在介绍经验时说:

> 2003 年 6 月,为配合昌万公路建设,推进麻丘镇的城镇化进程,按照镇党委、政府的安排,我负责麻丘、刘城两个村 1 200 亩的征地工作,并必须在七天的时限内完成。当时因为种种问题交织在一起,一部分群众的抵触情绪比较大,任务十分艰巨。为此,我又一次住进了村里。为了做好思想工作,我不分白天黑夜,与群众促膝谈心,跟他们只宣传国家政策是没有用的,他们根本听不进大道理,我从细微处入手,跟他们分析当前的发展形势,倾听他们对发展的看法,一起畅想发展的前景与其将带来的好处。然后再引

---

① 参见赵燕华,"12 亿征地款未到农民手",《羊城晚报》2004 年 6 月 24 日。
② 《地方土地行政田野调查记录》(2006—2008)。
③ 田野访谈(QBY),《地方土地行政田野调查记录》(2006—2008)。

导群众要顾全大局,自觉配合国家重点工程建设。结果大部分人的思想都做通了,但还有一位被征地户说,家里一直都是靠这一点点地来维持生活,地不能征用。对此,在第六天晚上11点,在忙完其他工作后,我再一次登门拜访这位(村民),并请他坐到街上来和我把酒闲聊,认真分析形势给他听,最后这位拆迁户的思想终于做通了。在七天的时限里,我顺利完成了1 200亩的征地任务。现在昌万公路已全线开通,过往车辆很多,很多麻丘、刘城村村民都在沿街租用小店面做起了服务业,日子过得比以前更红火了。这时他们才说还是共产党好啊。①

陕西西安临潼区一位副区长,在介绍西安至临潼城市快速干道城区段拆迁安置工作的经验时这样写道:

> 陕西西安临潼区"西临城市快速干道"临潼段城区段拆迁总面积达12万平方米。由于拆迁量大,加之省、市对建设工期要求比较紧,完成拆迁安置工作任务艰巨。同时,这次拆迁位于旅游景区核心地带,物业价值高,客观上为拆迁增加了难度。在实现重点工程建设项目中,如何做好群众思想政治工作,使群众认识到落实重点项目舍小家顾大家的重要性;怎样正确处理好政府利益和被拆迁群众利益的关系,努力实现双赢,是各级党委和政府面临的重大而现实的课题。为了做好政策宣传工作,我们一是召开动员大会,二是发放宣传手册,三是设立咨询大厅。并在区电视台开办专题节目,公开向群众答疑解惑。在具体拆迁实施过程中,我们坚持走群众路线,充分发挥政治思想工作优势,深入细致地做好群众思想的发动工作,引导群众树立大局意识,积极配合政府,自觉搞好拆

---

① 参见刘廷俊:"誓为党旗添光彩",江西南昌市高新区2005年"我身边的共产党员先进事迹报告会"演讲稿。

迁工作。为了使拆迁安置一下子打开局面，我们针对这次拆迁安置工作的实际，适时提出了企事业单位带头、村组干部带头、党员领导带头的口号，收到了良好的效果。我们还及时发现一批带头拆迁的先进典型及普通群众中的思想闪光点，通过区电视台广泛宣传学习，营造良好的社会舆论氛围，确保了拆迁安置工作始终沿着正确的方向前进。……通过各方面深入细致的工作，于2006年6月至12月顺利完成了西临城市快速干道城区段拆迁安置工作任务，树立了临潼城市拆迁安置史上零投诉的成功范例。[①]

由于征地不是按照市场价值和市场规则自愿交易的结果，决定了思想政治工作在征地工作中的地位和作用。

5.发挥干部、党员的模范带头作用

干部、党员在征地拆迁中往往是实施者，但如果征地拆迁涉及自己时，他们要起模范带头作用，并且要发动自己的亲友配合征地拆迁，在群众中起到带头作用。这是中国征地拆迁工作的一个重要的行之有效的操作方法，也是由根源于集体主义、社会主义思想的价值标准和行动准则所决定的。如在HY大学城征地拆迁过程中，区、镇政府要求"村里所有被征地拆迁的党员干部，从自己着手，党员干部带头先拆"[②]。在P市地铁3号线和SH路征地拆迁过程中，征地拆迁工作小组也都要求社区和社区居民小组干部，率先在征地拆迁补偿合同上签了字并发动亲友配合征地拆迁工作。[③] 浙江建德市××村省农产品加工园区项目征地，也要求村干部各自负责做好自己亲朋好友的工作，并起好带头作用，村主任带头将自己价值近3万元的桂花树移栽。在村主任的

---

① 参见张炜："以人为本促和谐——对西临城市快速干道城区段拆迁安置工作的思考"，《西安日报》2007年7月5—6日。
② 田野访谈(QBY)，《地方土地行政田野调查记录》(2006—2008)。
③ 《地方土地行政田野调查记录》(2006—2008)。

带动下,村民也不得不做出一些让步。在村民将被征用的田里,有的种有樟树,有的种有橘子树,也有的种了草莓,看到村主任带头移了,他们也只能接受政府给予的条件,不再讨价还价了。①

6.软磨硬泡,讨价还价

利用人情、责任到人,反复上门与征地拆迁户沟通,也是实现征地拆迁目标的重要方法。被征地拆迁户各有各的情况和打算,因此对征地拆迁的态度和诉求也不一样。有的同意征地拆迁,有的不同意征地拆迁;在不同意征地拆迁的人中,有的是因为补偿不合理,有的是希望趁机捞一笔,坐地起价。

【案例】P市地铁3号线和SH路征地拆迁。在P市地铁3号线和SH路征地拆迁中,征地工作组织的办法是:分片包干,责任到人。(1)将征地工作人员分到各个片区,每个小组负责一定的户数;(2)注意将工作组人员与各自的亲戚朋友和关系好的户主挂钩,充分利用工作人员的私人人情;(3)级别较高、较有威信的领导重点走访"麻烦户";(4)上级领导驻村工作;(5)请吃饭、谈心等。通过上述各种手段,有的可以在现有的补偿框架下达成谅解,互相支持;对于一些确实因为征地拆迁受到较大影响的,在讨价还价的基础上,特事特办,满足对方一些要求;而对于最后个别故意狮子开大口的户主,在能够支付的范围内,征地方只能额外满足,尽量避免造成对抗。② 征地工作组通过挨家挨户反复做工作,与他们讨价还价,很多工作人员都成了"谈判高手"。③

【案例】四川江安县阳春天原化工新区第一期征地拆迁。该项目共需征地997亩,涉及276个农户。在包括春节在内的三个月时

---

① 参见翁校龙:"一位下派干部亲历的征地过程",乡镇论坛杂志社编:《农民土地权益与农村基层民主建设研究》,中国社会出版社2007年版。

② 《地方土地行政田野调查记录》(2006—2008)。

③ 田野访谈(DJ;HMC),《地方土地行政田野调查记录》(2006—2008)。

间里,工作组的所有人员,运用了一切可以动员的亲情、同学情、战友情、同事情、师生情、朋友情去做拆迁户的工作,与他们同吃、同住、拉家常。在开展思想动员工作中,做到了前所未有的冷静、前所未有的耐心和克制,面对群众的不理解、不支持,甚至刁难,始终能做到打不还手、骂不还口,上门做工作一次不通去二次、三次、十次、二十次,直到做通工作为止。据不完全统计,工作人员与被征地拆迁户沟通达 5 000 人次以上。最后顺利完成征地拆迁任务。①

【案例】中部地区××镇政府开发区项目征地。为了扩大开发区,镇政府负责在 A 村征地,征地补偿标准为 8 500 元每亩。村民认为补偿太低,不同意镇里通知的赔偿标准。于是开始重新谈判。并多次到省、市、县上访,在上访过程中,发现这次征地补偿标准为 12 000 元/每亩,遂要求提高补偿标准,解决社会保险等问题。为此多次与县国土局和镇国土所的工作人员对话。最后,镇政府做了一些让步。经过多次谈判,村民意识到再提出更多要求已不现实,就基本同意了土地征用。②

依靠面子和人情进行征地拆迁,虽然可以求得眼前的配合,但人情是要还的,对农村后续的土地及其他管理工作可能带来不利的影响,这一点将在下一章再做详细讨论。

7. 以强制力为后盾

按照《中华人民共和国土地管理法》的规定,国家为了公共利益的需要,可以依法对土地实行征收或者征用并给予补偿。这种征收/征用

---

① 参见蔡伟:"江安顺利完成天原征地拆迁工作"(2006 年 3 月 6 日),http://jax.yb.gov.cn/view.asp? id=993。

② 参见李靖:"土地征用中的农民维权与基层政府冲突控制的策略",乡镇论坛杂志社编:《农民土地权益与农村基层民主建设研究》,中国社会出版社 2007 年版。

是带有强制性质的。因此,对于以公共利益为目的的征收/征用,国家在必要的时候是可以以国家的暴力机器为后盾的。但是,在征地拆迁中,在谈判难以奏效的情况下,以强制力为威胁,或者将强制力付诸行动,往往成为征地部门加速和推动这项工作的手段。因此,野蛮的、暴力的征地拆迁屡见不鲜。强制力包括两个方面:一种是利用黑恶势力。如在 HY 大学城征地拆迁过程中,发生了 100 多不明身份的人武力威胁征地拆迁对象,并打伤一村民的事件即是如此。① 2005 年 6 月,在河北定州市绳油村发生的因征地纠纷引起的约 300 多名不明身份的人夜袭村民的重大事件也是如此。②

另一种是由政府动用的强制力。在 P 市地铁 3 号线的拆迁过程中,即强行拆除了黄氏父子七栋私房。③ 2004 年 5 月,发生在湖南嘉禾县的珠泉商贸城项目强制拆迁案件,则是政府滥用强制权的典型例子。

【案例】湖南嘉禾县珠泉商贸城项目强制拆迁案。珠泉商贸城项目占地 189 亩,涉及拆迁居民 1 100 多户,动迁人员达 7 000 余人,拆迁机关、企事业单位及团体 20 余家。2003 年 7 月正式启动。为了完成拆迁,嘉禾县委、县政府办联合下发文件"嘉办字〔2003〕136 号文",要求全县党政机关和企事业单位工作人员,做好珠泉商贸城拆迁对象中自己亲属的"四包"工作。所谓"四包"是指,包在规定期限内完成拆迁补偿评估工作、签订好补偿协议、腾房并交付各种证件,包协助做好妥善安置工作,不无理取闹、寻衅滋事,不参与集体上访和联名告状。文件还规定,不能认真落实"四包"责任者,将实行"两停"处理——暂停原单位工作、停发工资,并"继续做好所包被拆迁户的所有工作,确保拆迁工作顺利进行","对纵容、默许亲属拒不拆迁、寻衅滋事、阻挠工作的,将开除或下放到边

---

① 《地方土地行政田野调查记录》(2006—2008)。
② 参见韩福东:"河北定州绳油村遭袭真相",《凤凰周刊》2005 年第 19 期。
③ 《地方土地行政田野调查记录》(2006—2008)。

远地区工作"。在拆迁现场,"谁影响嘉禾发展一阵子,我影响他一辈子"的标语赫然在目。"四包"、"两停"政策出台后,100多名公职人员受到牵连,有的家庭为避免拆迁被迫离婚,多名职工被调到边远地区工作。在上级部门出面干预的情况下,2004年4月,嘉禾县政府对一位业主的房屋实施强制拆迁,县人民法院出动200多人参与强拆行动。当天,三名业主因抵制拆迁,被警方带走。数天后,三人均被处以拘留,罪名分别为"暴力抗法"和"妨碍公务"。业主的儿子因未完成"四包"任务被免职。①

"嘉禾"案例将所谓为了集体利益可以牺牲少数人利益的极端功利主义演绎到极致。

8.巧取豪夺

对于那些未经批准,或非公共利益的征地,征地的理由更不充分,常常还需借助更多的非正式的"操作规则"来实现。主要的手法有:

(1)暗箱操作,不讲程序

按照《中华人民共和国土地管理法》及其相关规定,在征地报批前,应书面告知当事人是否要求举行听证会;在向土地所有人具体实施征地时需要履行"两公告一登记"手续;由于土地是农村的重大事项,按照《村民委员会组织法》的规定,需要取得多数村民的同意。但是,相当多的地方征地项目,尤其是非公共性建设项目,由于本身手续不全,基本上是暗箱操作或者按照非法程序操作的。

一是避开村民,直接与村组织和村干部交易。如P市区镇政府向村集体征收的土地,都是通过村委会和村民小组完成的,基本没有征求村民意见。② 河北省容城县王家营村,501亩土地在村民不知情的情

---

① 参见罗昌平:"湖南嘉禾县政府:谁影响发展,我影响他一辈子",《新京报》2004年5月8日。
② 《地方土地行政田野调查记录》(2006—2008)。

况下由乡政府和村支书做主卖给了开发商。① 著名的广州番禺太石村征地事件,就是由于村里土地在村民不知情的情况下被征用引发的。② 而前述梁平县聚奎镇政府征地,也是在村民不知情的情况下由村干部签订的协议。一位被征地人说,2001年年底,一些拿标杆的人走进她家的稻田,撒下石灰画线。此后,施工队走进田地,打地基准备修建房屋。后来才知道,政府已经与村里签订协议,将附近的10多亩土地征用了。被征地人分两次从村里领回了5 100元征地补偿款。③ 而前述浙江省崇寿镇"宁波绿色农产品加工园"区征地,则是由村党支部书记一手包办,村主任都不知道。

二是不贴公告,不让被征地拆迁户知情,甚至封锁消息。由于没有走正常的审批程序,这类征地一般也没有履行"两公告一登记"程序。P市基层政府一些征地都是利用其与村委会和村民小组的特殊合作关系进行的,一般也只由村组事中和事后向村民解释。④ 浙江省临安市龙令镇征用银秀村土地时,事先没有公告征地方案,村民不满土地被征,到工业园区要求查看征地批文。园区副主任敲桌子骂人,说百姓无权看批文,要看批文法庭上见,他愿意倾家荡产奉陪到底。2004年7月,国务院先后下达了《关于暂停审批各类开发区的通知》和《关于清理整顿各类开发区,加强建设用地管理的通知》,征地部门未按通知对开发区进行整改,反而扩建,顶风违法。但村民对这些文件都一无所知,更不要说用其来维护自己的权益了。⑤

---

① 参见龙平川:"王家营村土地之争",《方圆》2004年第10期;任彦芳:"河北省容城县王家营村民的维权之路",乡镇论坛杂志社编:《农民土地权益与农村基层民主建设研究》,中国社会出版社2007年版。

② 参见何达志:"番禺太石村事件:村民依法'罢'村官",《南方都市报》2005年9月12日。

③ 参见陈杰等:"转卖土地获数百万?梁平聚奎镇政府非法征地出售",《重庆商报》2004年9月15日。

④ 《地方土地行政田野调查记录》(2006—2008)。

⑤ 参见王国林:《失地农民调查》,新华出版社2006年版,第14—19页。

三是不准曝光。隶属同级政府的媒体都不报道征地过程中的问题,上级或不隶属的媒体的采访则会受到阻挠。如河北定县绳油村事件和广东番禺太石村事件,记者的调查受到了严重阻挠,甚至其人身安全都受到严重威胁。一名记者在河北省曲阳县夏赵邱村征地现场调查时正要拍照,一名光着上身的青年男子走过来,恶狠狠地质问记者是干什么的,一边阻止拍照一边抓记者的胳膊。① 研究人员的调查和田野工作也很难得到征地实施人员的支持与配合,只能调查被征地者。②对于太石村征地事件,记者的采访和报道也是这样。

(2)欺骗

由于在征地审批、征地面积、征地目的和补偿标准等方面存在虚假成分,欺骗是非法征地的一大特点。一是在宣传上欺骗被征地拆迁人。包括"拉大旗做虎皮",即使是商业用地,也要打出公共利益的旗号,给自己披上合法的外衣;在征地程序上欺骗农民得到上级批准;在征地赔偿的具体标准上欺骗农民等。二是假公告掩人耳目。如将没有征地批准文号,审批内容的公告贴出,上写"××土地已被××人民政府批准征用",欺骗不懂政策的农民。③ 三是骗取被征地拆迁对象同意,如诱使村干部和村民代表在会议签到表上签名,然后用这一签名充当土地征用协议的签名,④诱骗村干部在空白纸上盖章等。四是避重就轻,转移视线,麻痹群众。如青湖镇在召集征地代表座谈会时,提出征地补偿费分10年付清,村民不知内情,都表示反对,数百人到征地现场阻止施

---

① 参见焦新波、张君:"曲阳县土地违规使用乱象",《民主与法制时报》2007年7月16日。
② 参见王国林:《失地农民调查》,新华出版社2006年版。
③ 参见郭静:"河南确山一镇政府违规征地,出动铲车毁千亩小麦"(2007年6月12日),http://www.cnr.cn/hnfw/xwzx/yw/200706/t20070612_504488980.html。
④ 参见王俊秀:"浙江省义乌上千亩良田被非法征用已荒芜三年多",《中国青年报》2007年4月19日;黄光权:"一位村主任报告的土地权益案例",乡镇论坛杂志社编:《农民土地权益与农村基层民主建设研究》,中国社会出版社2007年版。

工。征地部门于是答应一次性付清,使施工得以继续,成功地将话题和注意力从土地能否征用上转移出来。① 五是出尔反尔。如浙江省临安市高土村汽车城征地,征地部门给出的价格是 3.2 万元/亩,一个月后开会,提高到 4 万元/亩,第三次开会,提高到 5 万元/亩,6 年付清,另加利息 3 万元。其中两组签字同意,仍有一组不同意。镇长警告,再不同意以绿化带处理,作为公共用地强征。该组没有办法,只好同意,但提出为每位村民交 3 万元的养老金,镇长同意。几个月后,三个小组的补偿款汇到,每亩仅 3 万元,村民哗然,打电话给镇长,请他给个说法,他不予理睬。②

(3)拉拢、分化、收买

土地征收中村民自治组织的角色定位和镇政府的关系,是同一条战线上的战友。③ 在公共利益为目的的征地中,镇政府可以利用政治手段辅之以经济手段来达到征地的目的,而在非公共利益的征地中,征地方往往更多地与村干部形成利益联盟,许以村干部足够的利益,如相当数额的现金,利益较大的工程项目或商业项目,土地和其他房产等,以此换取村干部支持。这类交易与正常征地中的好处相比更隐蔽,也更巨大。如上述生禾村有数十亩土地补偿款不知去向,村支书在拆迁时获得 2 亩宅基地,价值百万元。④ 除了拉拢村干部,分化和收买村民甚至地痞也是重要手段。如浙江省临安市青圣村征地中,负责征地的相关部门为了对付村民的反对,就将据说金额为 30 万元的填土工程发包给村内六位平时游手好闲的村民。利益和人员的分化造成内斗,极大地打击了村民反对征地的信心。⑤ 而在龙令镇兆家村征地案例中,

---

① 参见王国林:《失地农民调查》,新华出版社 2006 年版,第 237 页。
② 参见同上书,第 53 页。
③ 参见黄光权:"一位村主任报告的土地权益案例",乡镇论坛杂志社编:《农民土地权益与农村基层民主建设研究》,中国社会出版社 2007 年版。
④ 参见王国林:《失地农民调查》,新华出版社 2006 年版,第 149—150 页。
⑤ 参见同上书,第 202 页。

国土部门和镇政府将被征土地的填土工程由村支书承包,村支书将反对征地的骨干分子拉入工程项目,使这些骨干分子由反对征地变成促成征地,使反对行动不了了之。①

(4)强行施工

只要是被圈进征地范围的土地,即使未经被征地拆迁人同意,是否有未收割的庄稼,征地方的丈量及填土工程等照样进行。

【案例】河北省曲阳县夏赵邱村征地项目。为了给一家企业征地,尽管有29户村民不同意被征占,但国土局一名女副局长表态,"让征也得征,不让征也得征"。之后,150余名统一戴白色手套、握新铁锹的"小青年",13辆推土机和两辆挖掘机开进夏赵邱村的土地,将100多亩齐腰高的玉米苗强行铲平。夏赵邱村是一个仅有90多户、500口人的小村,人均耕地只有0.2亩,村民们不愿意仅剩的土地以3万来元的价格征收。现场施工方有人扬言,谁阻拦占地就打谁。因此村民中无一人敢上前阻拦,只能眼睁睁地看着玉米苗被铲、庄稼地被毁。②

【案例】浙江省东阳市吴山村征地项目。浙江省东阳市莲花山开发领导小组办公室为了征用该市白云街道办事处吴山村的土地,强行毁田五次。第一次发生在2003年6月,村里来了十多辆翻斗车,往水稻田里倒沙石。村民们一个个跳到水田里,用身体阻挡翻斗车的前进,还和那些穿制服的人扭打起来。九点以后,村里又来了许多穿制服的人,还来了六辆警车。可警察并不是来阻止殴打,而是加入毁田的队伍。穿着制服毁田的大概得有100多人。村民吓傻了,怔怔地看着自家的水田被泥石逐渐淹没。最近的一次是2004年3月30号。村民已经不敢再阻拦,因为来毁田的人都不

---

① 参见王国林:《失地农民调查》,新华出版社2006年版,第37页。
② 参见焦新波、张君:"曲阳县土地违规使用乱象",《民主与法制时报》2007年7月16日。

好惹。吴山村共有土地(水田、旱地、山地)800亩左右,现在已经全部被东阳市经济技术开发区征用,建起了高档别墅和高尔夫球练习场。①

【案例】浙江省台州市×镇政府毁庄稼征地。在农民不同意征地,并在土地补偿金、安置费、再就业培训、青苗补助费都没有到位的情况下,在500多位镇政府工作人员以及外镇调入的联防队员和保安人员武力压制下,征地方对还有15天左右就可以收割的水稻田强行填土,将一车车的黄泥直接倾倒在将近300亩的水稻田上。为了掩盖真相,此前一天,征地方动用收割机收割了大概半亩水稻,拍了录像,然后就将收割机直接开走了。②

(5)打击"顽固分子"和上访人

除了动用执法力量外,一些征地动机不纯的行政主体更是采取各种手段压制不同意征地的"顽固分子"和上访人。一是利用黑社会和不明身份的人强行冲击殴打阻止施工的抗议群众。二是故意挑逗,制造和利用口实,杀一儆百。如上述中部地区A村征地,当地公安部门将其中一名参与上访的村民抓了起来。理由是该村民有犯罪前科(曾偷自行车),需要调查15天,将其拘留在宾馆,此举对上访群众造成恐慌。几日后,又将其转至拘留所,并让上访群众写保证书保证不再阻挠征地,就会放他回去。③ 在护地的过程中,农民最好依法抗争,否则,很容易成为被打击对象。如临安市城关镇苍龙村,征地部门指使民工对现场护地的村民进行殴打,村民只是被动防御,没有一人出手还击,因为

---

① 参见王亦君:"房地产项目征地1000亩 是重点工程还是违法圈地",《中国青年报》2004年4月26日。

② 参见被征地人上访资料:"反对非法征地"(2006年6月24日),http://www.q777.net/bbs/topicdisp.asp? bd=28&id=358。

③ 参见李靖:"土地征用中的农民维权与基层政府冲突控制的策略",乡镇论坛杂志社编:《农民土地权益与农村基层民主建设研究》,中国社会出版社2007年版。

一旦出手,就有理由被当作"凶手"捕捉。"村民知道这种套路,不去上当,只阻止,不动武,结果挨打受伤"①。三是利用被征地方的"闲人"甚至地痞流氓,挑起内斗,利用这些地痞压制征地反对者。上述青圣村征地,就是将填土工程发包给村内游手好闲的村民,这些"烂仔"在施工时,没人敢上前阻止。

9. 相互维护

征地一般是政府行为,由于政治和利益的关联,征地过程中的不合法行为,往往能够得到同级和所属党政及司法部门的保护。导致被征地人的权益难以得到保障。这与其他领域上访人利用国家机构碎片化、分割化寻求其他部门的支持有较大不同。② 如 HY 大学城征地过程中,被征地拆迁人的合理诉求很难得到同级党政部门和司法部门的支持,甚至也得不到省级政府部门的支持。以致村民说,告到省里也没有用,省里是支持市里的,可能要告到中央才有用。③ 在"河北省容城县王家营征地案"中,村民为了维护自己的权益,先到县里上访,县政府和城建局不给答复,县国土资源局竟将原本由该局做出处罚的非法征用的土地在河北省政府补办了征地手续。村民只能用法律保护自己的利益,向人民法院递交了行政诉讼,状告县政府及城建局、国土资源局不作为,但法院先是不立案,一个月后通知王家营村去领裁定,其结果为:不予受理。村民不服,又向保定中级人民法院上诉,结果仍然裁定为:不予受理。④ 而在崇寿镇征地的案例中,用地单位状告阻止其进场施工的七位农民,要求七位农民赔偿相关经济损失。由于农民尚未同意征收土地,有权阻止在自己土地上施工。但法院受理了此案,七位农

---

① 王国林:《失地农民调查》,新华出版社 2006 年版,第 37 页。

② O'Brien, Kevin J. and Lianjiang Li, *Rightful Resistance in Rural China*, Cambridge: Cambridge University Press, 2006.

③ 田野访谈(DXC),《地方土地行政田野调查记录》(2006—2008)。

④ 参见任彦芳:"河北省容城县王家营村民的维权之路",乡镇论坛杂志社编:《农民土地权益与农村基层民主建设研究》,中国社会出版社 2007 年版。

民在接到法院的通知到开庭审理的几十天中,无论出多少价格,都请不到一位律师做代理人。所见面的律师虽然很同情他们,但却告诉他们"不能代理你们打土地官司"。①

总之,征地实施过程中的非正式规则可谓花样翻新、层出不穷、不一而足。在这场为利益而展开的争夺中,双方可谓是斗智斗勇,软硬兼施,使出了浑身解数,当然,最后往往以征地者的胜利而告终。征地者在长期的征地工作中,形成了许多行之有效的不成文的、默认的规则。正如长期对征地进行调研的王国林感慨道:"一些征地部门在长期的实践中,已经摸透了百姓的心理,采用针对性的措施,行之有效,反复使用,形成一种套路。"②

四、土地供应中的非正式规则

经征收来的建设用地或国家已有(储备)的建设用地,需要通过有偿使用的方式或划拨的方式才能提供给机关、企事业单位或房地产开发商使用。土地供应市场化改革可以提高用地成本,促进土地的节约集约利用。但是,地方政府(官员)为了招商引资、扶持某些产业(企业)发展或者其他原因,常常不按照国家有关土地供应的规定行事,而是采取各种非正式规则,使得相关的正式制度难以落实。

1.将应该采取出让方式供应的土地以划拨的方式提供,将应该或者可以采取招标、拍卖、挂牌出让的土地,采取协议的方式提供

划拨方式是计划经济时期政府主要的供地方式,随着经济的市场化,划拨方式主要集中在公益事业和公共设施等少数领域,是政府不收取出让金的土地提供方式,为了限制划拨供地范围,国土资源部专门制定了划拨供地项目目录。协议出让土地的方式也逐渐被压缩而代之以

---

① 参见黄光权:"一位村主任报告的土地权益案例",乡镇论坛杂志社编:《农民土地权益与农村基层民主建设研究》,中国社会出版社 2007 年版。
② 王国林:《失地农民调查》,新华出版社 2006 年版,第 214 页。

招标、拍卖、挂牌方式。但将经营性土地以协议甚至划拨方式提供，对应该以招标、拍卖、挂牌出让的土地采取协议出让的现象仍然比比皆是。如 P 市是内地较早实行土地供应市场化改革的城市，但是招标、拍卖、挂牌出让方式长期主要限于房地产项目，从 1987—2006 年，通过招标、拍卖、挂牌方式出让的土地只占总出让土地面积的 7.14%，在国家出台有条件实行招标、拍卖、挂牌方式出让的土地应当按招标、拍卖、挂牌方式出让的政策后，招标、拍卖、挂牌方式出让的土地很长时间没有得到明显提高。① 国家审计署对鞍山、济南、深圳三市 2000、2001 年度土地使用的审批、流转和国土专项资金等情况的调查结果表明，截至 2001 年年底，三城市土地资源市场配置率仍很低，对地价确定的约束不够。三城市 2000 年、2001 年协议出让国有土地的宗数、面积分别占总宗数和面积数的 98.97% 和 96.2%。招标拍卖挂牌出让的不足 5%。② 另有报道显示，截至 2000 年年底，全国以出让方式供应的土地总量为 30 万公顷，仅占城镇用地总量的 5%，在全国范围内有 2/3 左右的新增土地仍采用行政划拨方式配置。自 2002 年起，市场配置土地的比例有所上升，当年全国"招拍挂"出让土地使用权的面积占同期出让总面积的 15%，2003 年上半年为 33.8%，而 20 世纪 90 年代则在 2%—5% 之间。不过，各地土地使用权出让市场化程度大不相同。土地联合督察组检查的情况表明，2003 年经营性土地"招拍挂"出让还没有做到全覆盖，有的省份仍有一半的市、县未建立"招拍挂"制度。③ 根据国家审计署 2007 年对全国 11 个城市的检查，在 2004 年 8 月 31 日完全禁止协议出让经营性土地之后，11 个城市仍然违规协议出让 130 宗共 689.88 公顷经营性用地。有的城市将不属于"历史遗留问题"的

---

① 《地方土地行政田野调查记录》(2006—2008)。

② 参见中华人民共和国审计署：《关于国土专项资金试点审计情况的报告》(2002 年)。

③ 参见田毅、蒋明倬："缘起于一份审计报告，五部委突查土地违规内幕"，《21 世纪经济报道》2003 年 9 月 6 日。

经营性用地作为"历史遗留问题"的经营性土地在"831"之前予以协议出让;有的城市在"831"之后仍以"历史遗留问题"、招商引资和旧城改造等为由或将出让合同日期倒签为"831"之前以协议方式出让经营性用地。①

地方政府(官员)倾向于采取可以控制的协议乃至划拨方式而不是完全市场化的方式提供土地,主要基于以下原因:

招商引资。地方政府为了发展当地经济,不惜以各种优惠条件来吸引投资,其中之一便是竞相优惠地价。由于在招商引资过程中,往往事先就与投资方协商好了用地位置、面积、用途及价格,因此该宗土地的使用者是指定的,土地出让的形式也只能是双方协议出让,而不是开放给多方竞买。一般而言,经济发展水平越低,投资越饥渴的地区,协议出让甚至划拨土地的范围和比例越高,对投资方实行地价优惠的范围和幅度也越大。在国家关于"招拍挂"出让国有土地使用权规定出台后,在经济较为发达的地区,协议出让土地的范围逐步压缩在工业用地;而在经济较为落后的地区,协议出让经营性土地(商业、旅游、娱乐和商品房用地)的情形仍不少见。

产业导向。对于政府鼓励发展的产业,或者特别希望引进的名牌企业,给予特别优惠的条件。即使在经济较为发达的地区,对于一些特殊的项目或企业,如发展前景好的高科技企业、世界500强等大型知名企业等,也是网开一面,采取协议出让的方式,将土地指定给这些用地对象使用,而不是由多家企业竞争一块土地。如郑州市新港区台商投资区的招商引资政策除了税收、地价、规费优惠外,对世界500强、中国500强和国内外知名企业以及固定资产投资额在1亿元人民币以上的企业,还给予一事一议、特事特办的特殊优惠政策。②

---

① 参见中华人民共和国审计署:《国有土地使用权出让金审计调查结果公告》(2008年第4号),2008年6月4日发布。
② 参见郑州新郑港区台商投资区:"招商引资优惠政策"(2007年9月20日),http://www.gangqu.net/tzzn_03.htm#top2。

简化操作。对于一些旧城改造项目,由于谈判困难,不可预见的因素较多,如果采取市场化方式出让,可能增加政府操作的难度,于是采取协议甚至划拨的方式。据对广州、深圳、石家庄等市"城中村"改造项目的调查,如果一律采取市场化的方式,可能大大增加"城中村"改造的难度。① 这种情形,客观上使一些政府在这类项目中采取协议甚至划拨的方式提供土地。如2003年3月,张家界市政府将该市人民广场17亩多经营性用地,通过市长办公会议确定,协议出让给市天正置业有限公司用作商业步行街开发,未收取土地出让金。②

谋取私利。上述几种原因是为了发展地区经济,但也有为数不少的违规供地是一些地方官员为了中饱私囊,这成为近年来官员腐败的一大根源。如2007年1月至8月,全国检察机关共立案侦查商业贿赂犯罪案件8 040件,涉及土地出让的达418件。③ 例如,著名的"沈阳市慕绥新、马向东腐败案"。身为市长和常务副市长的慕、马二人,竞相低价出让土地。位于沈阳黄金地带中街的一块2.4万平方米的土地,按照沈阳市地价评估事务所的评估,其资产价值为3.5亿元人民币。在慕、马二人的操纵下,沈阳市政府以行政划拨的方式无偿地把它划拨给沈阳黑社会头目刘涌的"百佳"集团房地产开发有限公司。"百佳"集团一下子就获得了商业开发权,并享受着市政府免缴"四费一税"和国有土地出让金等数千万元的税金待遇。为此,慕、马二人先后收受刘涌贿赂几十万美元。④ 据估算,在慕、马当政的几年中,沈阳市批租土地3 300万平方米,其中1 800万平方米是无偿划拨,1 500万平方米是有

---

① 参见谢志岿:《村落向城市社区的转型》,中国社会科学出版社2005年版,第327—328页。

② 参见易博文、贺正:"10起国土违法违纪案件曝光",《湖南日报》2004年1月20日。

③ 参见王新友:"1103名处以上干部涉商业贿赂被查处",《检察日报》2007年9月30日。

④ 参见钟强、东来:"沈阳幕绥新、马向东与黑社会枭雄勾结实录",《检察风云》2001年第11期。

偿转让，收到的转让金总共才 7 000 万元；而大连转让的土地比沈阳少得多，得到的转让金却是 17 亿元。① 原广东省副省长于飞②、原山东省委副书记杜世成③、原青岛市崂山区委书记王雁④等，都是非法出让土地、谋取私利的典型。

政府企业。即地方政府仍然通过划拨用地的办法，将土地提供给其下属的企业尤其是房地产开发类企业进行开发。这类政府（部门）下属的房地产公司在各地曾经非常普遍。如南京市各区政府下属的房地产开发公司即达数十家，⑤P 市各区也都有房地产开发企业。这些国有开发公司长期依赖政府给政策、给项目，无偿划拨土地，经营机制僵化、企业缺乏活力。随着市场化的深入和土地出让方式的改变，目前这类公司大都已经改制，数量大大减少。⑥

2. 降低、减免或不按规定使用和管理土地出让有关费用

降低和减免土地使用税费，以比市场价格低的价格出让土地，是协定出让土地的普遍特征，如 P 市为了扶持高科技产业、外资企业、物流产业、总部经济等产业发展，先后出台了多项土地使用税费减免的政策。⑦ 重庆市北碚区政府规定，凡在该区新办生产性企业和具有带动性的旅游企业，投资在 1 000 万元以上的项目，征地可按成本价计算，能减免的相关费用尽量减免；投资在 5 000 万元以上的高科技、高附加值企业及对财政税收有重大贡献的重点项目，除征地可按成本价计算

---

① 参见仲伟志："谁是最大输家？沈阳追踪慕绥新、马向东案经济根源"，《经济观察报》2001 年 8 月 8 日。

② 参见孔繁平、卢金增、刘长清："土地批租，'油水'几何？"，《检察日报》2005 年 7 月 12 日。

③ 参见石破："青岛？青岛！"，《南风窗》2007 年第 2 期。

④ 参见宋振远、张晓晶："我被开发商腐败攻关击倒"，《北京青年报》2006 年 12 月 15 日。

⑤ 参见李昕洪："南京首次出售国有开发企业"，《南京日报》2002 年 10 月 9 日。

⑥ 《地方土地行政田野调查记录》(2006—2008)。

⑦ 同上。

外,还可对其开始营运五年内应缴流转税区留成的50%用于项目支持。① 山东省惠民县工业园区按投资者的投资数额实行优惠供地。凡固定资产投资超过500万元的,按100万元一亩土地的比例无偿提供土地,超过部分按每亩成本价6万元交款;凡无偿提供的土地,暂按每亩3万元交纳征地款,待该项目建成投产,职能部门核定投资额后,予以全部返还。投资过亿元,技术含量高的项目,可采取一事一议的办法,给予更加优惠的土地政策。② 贵州省铜仁地区行署关于招商引资优惠政策规定,对符合国家产业政策的工业项目用地,以协议出让方式获得土地使用权的,在基准地价的基础上优惠30%;在无基准地价的地域,协议出让价以新增建设用地的土地有偿使用费、征地(拆迁)补偿费以及国家规定应当缴纳的有关税费之和为基价,增价幅度不高于基价的30%;对固定资产一次性投资在3 000万元以上的工业企业或一次性投资1 500万元以上的农产品加工企业,在其一次性支付土地出让金后,从企业投产纳税的当年起,由同级财政从地方税收的实得部分中,按30%的比例逐年奖励,直至达到企业实际支付土地出让金的100%为止。③ 而在经济发达地区的苏州,每亩土地开发成本大约在20万元左右,出让的价格却在每亩15万元以下。江苏吴江以及浙江宁波和杭州,则将地价直接压到了每亩5万元,无锡甚至降到2万至3万元,就是上海一些郊区也拿出了每亩5万至6万元的低价。新华社记者在一篇题为《警惕新一轮招商引资热的负效应》的报道中直指2000年以来各地兴起的招商引资热,"门槛一降再降,成本一减再减,空间一让再让",许多地方一味追求GDP为主的经济指标增长,致使区域间

---

① 参见重庆市北碚区政府:"重庆市北碚区招商引资优惠政策"(北碚府发〔2003〕31号),http://www.lyz.gov.cn/gb/news/news_detail.asp? id=107。

② 参见惠民县人民政府:"惠民县工业园区招商引资优惠政策"(惠政发〔2003〕26号),http://www.huimin.ccoo.cn/zhaos/govshow.asp? id=7055。

③ 参见中共铜仁地委、铜仁地区行署:"关于招商引资优惠政策的若干规定(试行)"(2005年7月12日),http://www.dalong.gov.cn/Article/ShowArticle.asp? ArticleID=35。

招商引资竞争变成了低水平的"让利竞赛",拼地价、比税收减免,等等,"不仅造成巨大的资源浪费,经济社会发展也深受影响。闯红灯破法规招商竞赛愈演愈烈"。① 这些低价出让的土地,有的是以地方政策的形式出现的(常常是括注"试行"二字,并注明政策由招商部门负责解释,且经常随国家政策改变而调整),有的则是以潜规则的形式出现的,由领导拍板决定。据统计,协议出让的价格远低于招拍挂出让的价格,以2003年和2004年为例,招拍挂出让的面积占出让总面积不到30%,但招拍挂出让的价款占出让总价款的比例却超过了50%,协议出让的价格不到招拍挂出让价格的1/3。②

根据2007年国家审计署对北京、天津、上海等11个城市国有土地使用权出让金审计调查结果,有9个城市违规减免、变相减免出让金47.88亿元,其中以先征后返、为用地单位缴纳出让金以及降低地价出让等方式变相减免出让金25.34亿元,占52.92%。个别城市还为招商引资向企业"零地价"出让工业用地。有10个城市的用地单位拖欠出让金173.27亿元,其中有的城市的国土部门还在用地单位欠缴出让金的情况下违规向其发放国有土地使用证。11个城市有108.68亿元的出让金未按规定纳入财政管理,其中,开发区管委会等非财政部门收取出让金86.34亿元,而且均未按规定将其上缴财政纳入专户管理;政府"以土地换项目"(主要是以前年度完工的市政工程、政府办公楼等),用出让金直接抵顶项目工程款22.34亿元。11个城市土地出让净收益1 864.11亿元未按规定纳入基金预算管理,占土地出让净收益总额的71.18%。11个城市违规使用出让金83.73亿元,其中,挪用于建楼

---

① 参见车晓蕙、陈钢:"警惕新一轮招商引资热的负效应",《北京现代商报》2003年11月11日。

② 参见雨之:"国有土地使用权招拍挂出让实证分析",《中国房地产金融》2005年第5期。

堂馆所和弥补经费等 52.33 亿元,出借和对外投资等 31.40 亿元。①

3.在实施土地招标、拍卖、挂牌出让过程中,照顾意向企业

面对各地竞相违规低价出让土地,2001 年《国务院关于加强国有土地资产管理的通知》(国发〔2001〕15 号)要求商业性房地产开发用地和其他土地供应计划公布后,同一地块有两个以上意向用地者的,都必须由市、县人民政府土地行政主管部门依法以招标、拍卖方式提供。2002 年国土资源部 11 号令进一步明确规定了商业、旅游、娱乐和商品住宅等各类经营性用地,必须以招标、拍卖或者挂牌方式出让;但对于工业等其他用地则没有硬性规定,仍然允许协议出让。由于控制土地利用的形势严峻,2006 年 8 月,《国务院关于加强土地调控有关问题的通知》(国发〔2006〕31 号)明确要求工业用地也必须采用招标拍卖挂牌方式出让,其出让价格不得低于公布的最低价标准。至此,除公益性和公共设施等用地外,经营性用地和工业用地全部需要采取招标、拍卖、挂牌的方式出让。如果严格按照招标、拍卖、挂牌的方式出让土地,地方政府选择供地对象的权力将受到严重限制。为了规避这些限制,地方政府也采取了种种办法。

(1)突击协议出让土地或拖延执行招标、拍卖、挂牌出让时间

2002 年 7 月 1 日《招标拍卖挂牌出让国有土地使用权规定》发布后,各地执行情况不一。2004 年,国土资源部、监察部又联合下发了《关于继续开展经营性土地使用权招标拍卖挂牌出让情况执法监察工作的通知》(国土资发〔2004〕71 号),要求从 2004 年 8 月 31 日起,所有经营性土地一律都要公开竞价出让,并要求在 8 月 31 日前将历史遗留问题处理完毕。此次行动被舆论认为是中国地产界的"土地革命",也被称作"831 土地大限"。当年,北京市政府下发了《关于对不符合继续协议出让条件的经营性项目用地进行招标拍卖挂牌出让等有关问题的

---

① 参见中华人民共和国审计署:"国有土地使用权出让金审计调查结果公告"(2008 年第 4 号),2008 年 6 月 4 日发布。

通知》,即458号文件,允许"831"未过关项目继续一级开发后公开交易,力图借此推动这些土地入市。2002—2006年,北京市已出让未上市的项目一共有463个,规划建筑总面积达3 373万平方米,因此在大限推迟了三年之后,2007年9月北京市国土局发布了《关于停止执行458号文件加快遗留项目处理有关问题的通知》,宣布从12月1日起为北京土地清理的新限期。但是北京一些开发商对市政府叫停458号文件之举并不是很在意,由于遗留项目问题复杂,政府想一刀切掉很难。[1] 为了赶在大限之前拿地,地方政府和投资商都在与时间赛跑,以免错过协议出让的"最后晚餐"。[2]

2006年8月,《国务院关于加强土地调控有关问题的通知》规定,2007年6月30日是协议出让工业用地的最后期限,于是各地又掀起了赶搭末班车的风潮。如P市在40天时间内突击完成了200多宗协议土地的出让工作。[3] 2007年6月27日,广州市一次性公示了191宗、600多万平方米的工业用地协议出让情况。在6月30日前,这批工业用地必须在没有异议的情况下补签土地出让合同。[4] 2007年6月25日,北京市国土资源局集中公示了12块以协议方式出让的工业用地。[5] 上海市从2006年12月21日—25日不到一周的时间内,闵行、浦东、松江、南汇、金山等区共协议出让182幅工业用地。[6]

(2)在招标、拍卖、挂牌出让中,为意向企业量身定做出让条件

---

[1] 参见谢红玲:"京城3000万平米问题土地再遇大考",《中国经营报》2007年9月17日。

[2] 参见张远方:"8月31日土地协议出让终结,'最后通牒'能否实现?",《上海侨报》2004年4月13日。

[3] 《地方土地行政田野调查记录》(2006—2008)。

[4] 参见王卫国:"协议出让工业地急搭末班车",《南方都市报》2007年6月28日。

[5] 参见谷欣:"北京公示最后一批协议出让工业用地",《新京报》2007年6月26日。

[6] 参见郝倩:"工业地出让遭逢大限上海协议用地搭末班车",《北京青年报》2007年1月5日。

为了让指定的企业获得某宗土地,在招标、拍卖、挂牌出让过程中,根据企业情况"量身定做"有关条件,制造市场准入壁垒,是目前政府在土地招标过程中比较常见的手法。

【案例】大连市某地块挂牌出让。大连市2007年7月18日出台的第9号《国有土地使用权挂牌出让公告》共有5宗土地出让,其中的第一块,规划总用地面积约为15.065万平方米,规划用途为住宅、居住式公寓等,是一个被普遍看好的地块。但是,在"竞买保证金"项目下,却赫然写着"1.5亿美元(或等值外币)"字样,其他四宗土地则只需人民币。能够在短时间内,缴纳与1.5亿美元等额人民币的开发商大有人在。但是,同期之内要缴纳与1.5亿美元等额外币的,只有某些外资以及与外资联系紧密的开发商。因此,政府对这宗土地的出让意向昭然若揭。[①]

【案例】某地级市设置苛刻条件挂牌出让土地。某地级市一宗挂牌公告规定,竞买人必须具备房地产一级开发资质、5亿元的注册资金、10亿元的银行授信证明和15家连锁企业。[②] 在一个地级市,同时具备这样条件的企业,可能仅此一家,这样,其他企业就被排斥在外。其结果是,符合该条件的开发商在没有任何竞争者的前提下,以略高于挂牌起始价的报价摘牌取得土地。

这类土地的挂牌出让实际上与协议出让无异,只是行为更加恶劣。因为,这种名为挂牌、实为协议的行为,是打着"公开、公平、公正"的幌

[①] 参见沈威风:"大连土地拍卖遭遇外资门,拍卖岂可厚外薄内?",《每日经济新闻》2007年7月26日。

[②] 参见林依标:"招拍挂,从失范到规范——从契约行政角度谈当前地产市场中的问题及对策",《中国土地》2006年第8期。

子,以政府会议纪要和向社会公告的规范形式完成的。①

在问及工业用地实行招标、拍卖、挂牌出让后,如何保障重点企业的用地时,土地管理部门的官员就直言,政府会设定招标、拍卖、挂牌出让土地的条件,确保一些重点企业的用地。②

(3)指定某些公司进行土地一级开发,然后在出让中实行限价回购,使其他竞争者无利可图

土地一级开发,是指由政府或其授权委托的企业,对一定区域范围内的城市国有土地(毛地)或乡村集体土地(生地)进行统一的征地、拆迁、安置、补偿,并进行适当的市政配套设施建设,使该区域范围内的土地达到"三通一平"、"五通一平"或"七通一平"的建设条件,成为熟地,再对熟地进行有偿出让或转让的过程。房地产开发商拿土地盖房子则属于二级开发。在操作中,政府常常指定某些企业进行土地的一级开发,为了补偿这些企业(正当或不正当的),政府在对这些土地进行招标、拍卖、挂牌出让的过程中,往往制定限价回购一定比例物业的条件,使得其他企业无利可图,而土地的一级开发企业(以其关联企业或另一个项目公司的身份出现)则可以很方便地拿到该地块。

【案例】北京朝阳区 CBD 某地块出让。北京朝阳区 CBD 核心地段的一个办公及商业用地,总用地面积 23 709.623 平方米,地上建筑面积 87 600 平方米,其中商业用途 5 000 平方米。在挂牌出让的文件中写明:"在该宗地的开发总建筑面积中,同意恒世华融公司(即土地一级开发商)以人民币 12 000 元每平方米的价格,分别回购 5 000 平方米的地上商业用房面积及 8 000 平方米的地上办公用房面积。"而该地段的商业用房的价格为 3 万元—4 万元/

---

① 参见雷爱先:"挂牌出让亟待规范——从操作层面看挂牌出让存在的问题及对策建议",《中国土地》2004 年第 12 期。
② 田野访谈(DL),《地方土地行政田野调查记录》(2006—2008)。

平方米。以此推算,低价回购物业的一级开发商如果当即转手卖出而不考虑其他因素,可直接获利 2 亿元左右。而 2 亿元的利润被让渡掉,其他开发商获利空间也就不大了。而对于想获得这块土地的一级开发商来说,得到这宗土地犹如囊中取物。①

这类限价回购限制其他开发商的现象在上海等很多城市都存在。

(4) 不充分、不及时披露土地出让信息

让土地使用者充分、及时地了解政府土地出让计划和招标、拍卖、挂牌出让土地的具体信息,是土地使用者公平取得土地的前提,也是使出让土地的价值得到充分体现的基础。如果信息披露不充分、不及时,不同土地使用者掌握的信息不均衡,很容易使那些受到关照的土地使用者在土地取得上占得先机。

目前土地出让信息公开方面主要存在如下问题:一是一些地区不预先制定国有土地使用权出让计划。国土资源部 2002 年 11 号令规定,市(县)人民政府应编制国有土地使用权出让计划,经同级人民政府批准后及时向社会公布。但相当一部分市(县)并未按要求编制土地出让计划,更谈不上公开出让计划。二是出让前信息公开不充分。国土资源部和监察部《关于继续开展经营性土地使用权招标拍卖挂牌出让情况执法监察工作的通知》(国土资发〔2004〕71 号)规定,招标拍卖挂牌出让公告、出让申请条件和出让结果除必须按 11 号令规定向社会公开外,还应同时在中国土地市场网上发布。但有的出让公告仅在本市报纸上公布,不仅没有在中国土地市场网上发布,也没有做到在本省范围公开出让信息,有的甚至只在其办公地点进行公示。信息披露极不充分,无法体现公平、公开原则,也阻碍了潜在的竞买人参加竞买。有的地方在挂牌公告期间调整土地面积,但没有重新发布挂牌公告就进

---

① 参见于兵兵:"京沪土地招拍挂暗行'限价回购'",《上海证券报》2006 年 10 月 10 日。

入挂牌程序,只对参加报价的竞买人告知调整内容,而不是向社会公告调整后的出让信息。三是出让公告发布时间、挂牌出让时间等不按规定执行。《招标拍卖挂牌出让国有土地使用权规定》要求出让人应当至少在投标、拍卖或者挂牌开始日前 20 日发布招标、拍卖或者挂牌公告,公布招标拍卖挂牌出让宗地的基本情况和招标拍卖挂牌的时间、地点,挂牌时间不得少于 10 个工作日,但一些地方并不严格按照规定的时间进行。如某省会城市规定的挂牌时间即为不少于 5 个工作日,导致一些用地者无法正常参与土地招标、拍卖、挂牌活动。[1]

(5)为内定竞买人保驾护航

如向内定竞买人透露标底,发布不对称的招投标信息;使用权力和权势在"场外"与形成竞争威胁的企业打招呼,减少、限制和吓阻潜在投标人入场,为内定的单位中标扫清障碍;听任甚至指使内定竞买人恶意串通进行"围标"、安排其他企业做"陪标",等等。一些地方政府通过这些办法来干预和影响企业获得土地,克服土地招拍挂制度对其土地出让决定权的约束。[2]

(6)鼓励竞买,返回资金

这种办法并不一定干预招标、拍卖、挂牌的具体过程,而是放手让内定企业竞买,内定企业获得土地后,政府再将高出原定底价的部分返还给内定企业,使招标、拍卖、挂牌形同虚设。

【案例】厦门市集美区黄金地段出让。2003 年 7 月,厦门市集美

---

[1] 参见雷爱先:"挂牌出让亟待规范——从操作层面看挂牌出让存在的问题及对策建议",《中国土地》2004 年第 12 期;骆萍、周志刚:"国土部门对国有土地使用权出让的'拍卖'行为应予规范"(2004 年 12 月 6 日),http://old.chinacourt.org/html/article/200412/06/141646.shtml。

[2] 参见李佳鹏、勾晓峰:"委员痛陈土地招拍挂制度四大弊病",《经济参考报》2007 年 3 月 12 日;姚兵:"突出重点、狠抓落实、务求房地产市场秩序专项整治工作取得实效"(2007 年 5 月 15 日),http://www.cin.gov.cn/ldjh/jsld/200709/t20070910_123319.htm。

区政府内部协商确定,将该区最繁华的一块地段以总价1 900万元出让给厦门金中盛地产开发有限公司,但形式上还是挂牌招标。因报价竞买激烈,挂牌报价转入现场竞价,金中盛地产开发有限公司以2 780万元竞得。9月26日,集美区政府常务会议做出决定,将金中盛地产开发有限公司缴纳的超出1 900万元的部分,即880万元由区政府全额返还该公司,致使该次招标有名无实。①

这种例子在招标、拍卖、挂牌过程中并不鲜见。

五、耕地保护中的非正式规则

控制建设占用耕地特别是基本农田,土地开发、整理和复垦等都是为了保护和补充耕地。土地行政的核心目标之一即是保护耕地,但地方为了搞建设往往不惜占用耕地甚至基本农田。前面已经讨论了突破建设占用耕地指标的种种非正式规则,本节主要讨论直接的耕地保护工作中存在的非正式规则。

1. 让别的地区承担耕地保护责任

由于建设用地的产出效益较耕地高,各地区均希望将自己的土地用作非农建设,而将耕地保护的责任留给别的地区。这是很多地方建设占用耕地超过土地利用总体规划规定的指标的重要原因。而一些土地面积狭小的地方政府,则采取出资委托的办法,直接将补充耕地的任务交给其他地区。如P市即与相邻的地区签订了异地补偿耕地的协议,由P市政府出资,委托相邻地区开发补充了3万亩耕地。②

2. 重开发轻整理、复垦

按照国土资源部2003年制定的《全国土地开发整理规划(2001—

---

① 参见王维香、周朗:"关于地方土地违法案件的调查与思考",《人民日报》2004年4月23日。
② 《地方土地行政田野调查记录》(2006—2008)。

2010)》的概算，全国土地开发整理补充耕地平均成本约 8 100 元/亩，其中土地整理约 10 500 元/亩，土地复垦约 8 180 元/亩，土地开发约 2 650 元/亩。其中土地开发的成本最低，因而，利用土地开发补充耕地的投入最小。各地在补充建设占用耕地中往往选择投入最小的土地开发方式，而不采取投入更大也更应该采取的整理、复垦方式。

1997—2000 年，通过土地开发整理，全国累计补充耕地 84.93 万公顷(1 274 万亩)，平均每年 21.23 万公顷(318 万亩)，其中整理复垦补充耕地 28.27 万公顷(424 万亩)，开发补充耕地 56.67 万公顷(850 万亩)，开发补充耕地是整理复垦的两倍。实际上，按照《全国土地开发整理规划(2001—2010)》，土地整理、复垦补充耕地的潜力比土地开发补充耕地的潜力高 12 个百分点，中央政府也更倾向于通过土地整理、复垦补充耕地。

3. 重数量轻质量和生态

很多地方政府更多地将补充耕地作为获得建设用地的手段而不是补充耕地本身，为此，除了选择投入少的土地开发，另一个方面是在既定的投入中完成尽量多的补充耕地的任务。因此，重数量、轻质量成为补充耕地的另一面。如国土资源部的一个通报中指出："许多地方补充耕地分布在交通偏远、不便耕作、农业生态系统脆弱或有生态障碍的地方，农田基本条件较差，耕地质量不高；不少地方还出现抛荒现象，补充的耕地普遍缺少后期管护。"[1]这种土地开发，不但起不到补充耕地的作用，而且浪费人力物力，破坏生态。据福建省土地开发整理中心 2005 年对全省土地开发整理项目稽查发现，土地开发整理施工项目中，建筑材料、田块平整、砌石、U 型槽、道路、防护林、桥梁、拦河坝、钢筋混凝土等方面均存在不少问题，影响工程质量。[2]

---

[1] 参见国土资源部："关于 2006 年度耕地占补平衡考核情况的通报"(国土资通〔2007〕12 号)，《国土资源通讯》2007 年第 17—18 期。

[2] 参见福建省土地开发整理中心："目前土地开发整理项目工程施工过程中存在一些亟待解决的问题"，《土地整理动态》总第 290 期。

4. 套取土地开发经费，或不按有关规定管理使用有关经费

如根据陕西省土地开发整理中心对该省2007年土地开发整理项目初步设计和预算的分析，项目初步设计的规模、预算和可研报告存在较大差异。有20%项目的规模和投资预算远超过省厅批准的可行性研究报告确定的规模和估算。有的项目预算总投资较可行性研究报告增加42.95%，亩均投资增加39%；①而有的地方没有按照国家规定将土地使用费等用于耕地开发整理，如2001年7月，浙江省宁波市在检查中发现，除北仑区外，该市其他各区均未将新增建设用地土地有偿使用费专款用于耕地开垦。② 国家审计署印发的《2007年土地出让金和土地开发整理资金专项审计调查工作方案》也将土地开发整理资金的使用作为审计的重点，土地开发整理资金包括新增建设用地有偿使用费、耕地开垦费、土地出让金中用于农业土地开发的部分。土地开发整理资金使用中存在的不合规抵押担保、补偿费不到位、层层截留挪用农民补偿金等问题，也是多年来久治不愈的顽疾。③

5. 工作敷衍塞责，弄虚作假，管理松散

如在基本农田保护工作中，将其他农田划为基本农田。④ 在建设用地审批中，不按规定落实"占多少、垦多少"的原则，或在报送材料中提供虚假数据和图纸。在耕地开发整理项目中，不按规定的技术标准进行设计，比例尺过小，标示不够清晰、细致，在土地开发整理项目招标、施工、监理和验收等方面把关不严。耕地占补平衡台账管理和补充

---

① 参见陕西省土地开发整理中心项目科："对2007年土地开发整理项目初步设计和预算编制中存在问题的分析"（2008年1月15日），http://gtzyt.shaanxi.gov.cn/WebModule/back/cms/pages/810.jsp?id=2283。

② 参见宁波市国土资源管理局：《关于土地开发整理和标准农田建设检查情况的报告》（甬土发〔2001〕75号）。

③ 参见陈晓："土地出让金审计锁定10大重点城市"，《21世纪经济报道》2007年5月15日。

④ 参见国土资源部、农业部：《关于基本农田保护中有关问题的整改意见》，2004年10月发布。

耕地资金管理混乱,存在补充耕地方案填写不规范、占补平衡不到位或台账未记录、指标重复使用等问题,还有其他不按规定填写和缴交有关表格等问题,给耕地保护管理和检查工作带来很大难度。①

六、土地监管中的非正式规则

土地监管从层次和范围而言,可以分为中央的宏观监管、地方的中观监管和基层的微观监管。宏观监管主要是根据国家经济社会发展、耕地与环境保护及土地利用计划管理的需要,对各地执行土地利用总体规划和年度土地利用计划执行情况进行监督,对违法违规用地行为进行检查和处理。中观监管是地方政府根据地方土地利用总体规划和年度计划,对本地方的土地利用状况进行监管。微观管理则是基层政府和土地管理部门,对本地区土地利用情况直接进行的监管。从监管的内容而言,可以分为用途监管、开发强度(容积率)监管、土地权属变更(出让/转让)监管、违法(规)建筑监管等几个方面。

土地监管作为土地行政的一个部分,与土地行政的其他领域一样,也存在各种非正式的行为规则。由于地方政府自身在土地审批和利用上的众多违规操作,客观上增加了土地监管的困难。

1. 放任甚至鼓励违法用地,或变监管为合谋,配合用地者变更土地用途、容积率和权属等

对于土地监管代理人而言,查处违法用地并不一定符合自己的利益,因此,他们没有强烈动机加强土地监管。只有在上级委托人真正施加强大压力时,代理人才会暂时担负起土地监管的责任。如2002年前后,P市连续出台法规,要求加大违法建筑查处力度,但基层政府仍然要求社区集体经济组织抓住最后的机会,加快厂房建设速度,大力发展

---

① 参见广东省国土资源厅:《关于2006年度我省耕地占补平衡考核的情况通报》(粤国土资发〔2006〕245号)。

集体经济,并且出面为镇属企业征用社区土地发展区、镇经济,完全置土地监管的责任于不顾。①

用地单位在取得土地后,不得擅自改变批准的用途和容积率,但在现实生活中,土地管理部门常常配合用地单位办理改变土地用途和开发强度的有关手续。如山东省济南市历城区土地管理局 2004 年前后的几任领导和相关部门"配合默契",为用地单位改变土地用途。类似的非法批租土地案例在全国比较普遍。② 按照昆明市有关城市规划标准规定,二环以内新建住宅容积率不能超过 3.5,二环以外不得超过 3。但实际上,二环内不超过这个上限的楼盘极少,有的楼盘容积率甚至超过 6。③

划拨土地使用权非法入市导致国有土地收益流失是另外一种情形。国家审计署在对三个城市的检查中,共查出 159.13 公顷划拨地在转让、出租或改变用途后不再属于划拨用地范围,但未补缴出让金。如济南市腊山民营工业园管理委员会,1998 至 2001 年擅自将市政府划拨的 47.09 公顷土地使用权以 1 979.3 万元协议出让给 18 家民营企业,并将已收取的 852.03 万元转让费用于建设办公楼、购买汽车;2001 年 8 月,济南市某农业科技开发园在获准建设农业科研项目的 5.46 公顷划拨用地上,擅自改变项目用途建成室内游泳池、保龄球馆等娱乐设施且未补缴地价款。④ 前述重庆江南大学城教育用地用于商品房开发也是改变土地用途,将划拨用地转为经营性用地的例子。土地监管部门不执行监管规定,是导致违法用地行为泛滥的重要原因之一。

2. 选择性监管

是否监管和如何监管取决于监管对监管者带来的潜在收益。而不

---

① 《地方土地行政田野调查记录》(2006—2008)。
② 参见孔繁平、卢金增、刘长清:"土地批租,'油水'几何?",《检察日报》2005 年 7 月 12 日。
③ 参见雷成:"昆明三任规划局长接连落马,官商勾结抬高房价",《中国青年报》2007 年 3 月 23 日。
④ 参见田毅、蒋明倬:"缘起于一份审计报告,五部委突查土地违规内幕",《21 世纪经济报道》2003 年 9 月 6 日。

同的监管层次,不同的监管内容所形成的利益结构是不一样的,因此,不同监管者的行为动机也不一样。监管的利益越大,监管的意愿越强;监管的利益较小,意愿则较低。因此,监管者的监管往往是选择性的,依监管行为所带来的利益后果而定。如果上一级的监管目标与下一级的利益不一致,下一级政府往往采取应付的态度。当然,如果上一级政府施加更大压力,影响到下一级政府官员的政治利益,下一级政府的监管力度则可能加强。选择性监管表现在时间和对象两个方面:一是选择在上级委托人开展查处违法用地大行动的时段加强监管,在大行动风头过去后即放松监管;二是有选择的对一些违法用地进行监管,即使是在查处违法建筑活动中,对那些有关系、有背景的违法建筑也采取"睁一只眼、闭一只眼"的做法,或者只对那些被举报和曝光的违法建筑进行监管。这是违法建筑时建时停但最后一般都能得逞的重要原因。

3. 选择性处罚

正如对腐败的惩处存在着选择性一样,对土地违法案件的处罚也存在选择性。只是与选择性惩治腐败很大原因是为了政治控制不同,[①]土地违法案件的选择性处罚是在利益和现实考虑下策略选择的结果。选择性惩罚的目的是表明监管者严格执法的态度和立场,一方面可以阻吓一些土地违法者,一方面也可以向上级交差。如一位地方官员在解释城中村违法建筑的查处时说,对于上级要求的有关检查和监管,我们需要做出配合,做出表示,这样,即使效果不理想,责任也不大;如果不配合,不采取相应的行动,主管部门要负很大的责任。[②] 同时,由于土地违法数量巨大,涉及面广,全面处罚客观上较难操作。P市几乎所有农村集体经济组织和绝大多数村民均不同程度存在土地违

[①] Fan, Chengze and Herschel I. Grossman, "Incentives and Corruption in Chinese Economic Reform", *Journal of Policy Reform*, Vol. 4, No. 3, 2001, pp. 195–206.

[②] 田野访谈(FX),《地方土地行政田野调查记录》(2006—2008)。

法行为,每年受到处罚的寥寥无几。① 受到选择性惩罚的对象,一般是与监管者公然对抗或者没有背景的违法行为;对于那些受到村委会关照或者监管者从中得到好处的违法行为,一般不会受到处罚或者只是象征性地予以处罚。至于处罚的内容,对于以政府为主体的土地违法行为,主要是行政处罚,包括撤销违法土地行政行为,补交有关费用,对责任人进行行政处分等;而非法处置的土地,如果已既成事实,上级政府往往采取默认的办法,补办有关手续,相关指标从下年度核减。② 事实上,作为同级政府,对在土地违法案件中"有功"而被上级处理的干部往往采取保护的态度。如"郑州大学城违法用地案"中,上级对主要责任人给予了行政处罚,但他们都已经被提拔为其他部门或更高层次的领导干部。③ 对于以企业和个人为主体的土地违法行为,主要包括经济处罚(罚款、没收非法所得)、行政处罚(采取行政措施停止和纠正土地违法行为)乃至刑事处罚(极少数)等。对于一些既成事实的违法行为,在补交一定罚款后补办手续,如 P 市农村集体土地上建设的违法厂房和住房等,即是如此。④ 为了以儆效尤,上级政府在查处一批土地违法案件后,常常采取向媒体和社会公布的办法,以彰显政府查处违法行为的决心。

七、房地产调控中的非正式规则

由于房地产价格上涨能够为地方政府带来可观的土地出让金和税收收入,因此,地方政府在某种意义上希望房地产价格维持在一个较高而不是较低的水平。它们没有强烈的动机抑制房价上涨,只有房价上

---

① 《地方土地行政田野调查记录》(2006—2008)。
② 田野访谈(CJH),《地方土地行政田野调查记录》(2006—2008)。
③ 参见柴会群:"郑州龙子湖高校园区违法占地案始末",《南方周末》2006年 10 月 19 日。
④ 《地方土地行政田野调查记录》(2006—2008)。

涨到过高的水平,导致城市营商成本过高,影响到城市竞争力,或者存在经济(金融)风险时,地方政府才有意控制房价的上涨。在这种背景下,地方政府形成了房地产调控的各种非正式规则。本书主要讨论房地产调控中土地供应和保障性住房建设中存在的非正式规则。

1. 在土地供应上,有限度地增加住宅用地供应

抑制房地产价格最重要的办法是增加房地产的供应。1994—2003年,P市住宅用地供应总量为3 153.64万平方米,平均每年超过300万平方米,较大的供应使P市商品房价格维持在相对较低的水平。在抑制房地产价格过快上涨的初期,即2004年、2005年,P市商品住房用地供应量分别仅为178万平方米和136万平方米,供应量的减少直接推高了商品房价格。2006年虽然增加了住宅用地供应,为232万平方米,但是数量仍然偏少,仅占当年全部出让土地的13.7%,当年出让的产业用地面积仍然是住宅用地面积的3.7倍。而2007年,住宅用地实际供应量仅为182万平方米,比2006年有所下降。按照P市"十一五"土地利用规划,从2006—2010年,平均每年住宅用地供应量约为200万平方米,大大低于2004年以前的水平。[①] 供应量的减少难以改变房地产供需和价格预期,也为房地产商用"地荒论"炒高房价提供了口实。

2. 变通执行中央住房和用地供应结构调整

为了增加普通住房供应,国家出台了"90/70"政策,要求新审批、新开工的商品住房建设,套型建筑面积90平方米以下住房(含经济适用住房)面积所占比重,必须达到开发建设总面积的70%以上。直辖市、计划单列市、省会城市因特殊情况需要调整上述比例的,必须报建设部批准。过去已审批但未取得施工许可证的项目凡不符合上述要求的,应根据要求进行套型调整。但这一政策没有得到各地认真执行。如P市是较早出台实施细则的城市,按照其出台的实施细则,从2006年6月1日起,"90/70"政策要落实到每个房地产项目,但到9月,P市在操

---

① 《地方土地行政田野调查记录》(2006—2008)。

作中却做出了很大让步,这使得大户型住宅在"90/70"政策公布后很长时间内仍然是市场的主要产品。① 据国家发改委公布的数据显示,2007年1—6月,全国住宅完成投资同比增长30.8%,其中90平方米以下住宅完成投资仅占住宅投资的19.5%。② 促使地方政府加大普通商品住宅供应的原因除了来自上级压力,内在动因实际上来自房价上涨带来的外部影响上。由于房价高企,超出了多数白领的承受能力,导致城市商业成本越来越高,一些企业和员工计划逃离成本过高的一线城市,这种变化促使政府重新考虑房价过高的成本收益,从而真正调整住房和土地供应结构。

在保障性住房提供方面也存在类似情形。地方政府不热心保障性住房建设是因为它不能带来土地收益,同时,由于用地指标有限,③如果住宅用地供应过多,则必须压缩产业用地;而产业用地的压缩,则会影响招商引资和经济发展。因此,地方政府对中低价位和廉租住房的供应不太热心。但是,随着中央对保障性住房的强调,并将稳定房价和改善中低收入人口的住房作为地方政府的政治任务以及城市居民居住水平下降形成的不满情绪,使地方政府逐步重视。当然,非常重要的原因还在于地方政府对房价过高可能造成城市竞争力下降的担心。如深圳市高房价造成的企业外迁和人才流失现象,就引起了政府和社会各界的重视,促使政府拿出相应的对策。④

---

① 《地方土地行政田野调查记录》(2006—2008)。
② 参见王炜:"90/70政策实施一年,中小户型在哪里?",《市场报》2007年8月31日。
③ 虽然抑制房价的办法是增加住房及其用地的供应量,但即使是要求各地扩大普通住宅和保障性住房供应的2007年,国土资源部仍然通知要求土地利用计划不得突破2006年的规模。参见田春华:"明年土地利用计划不得突破去年规模"(2006年10月21日),http://politics.people.com.cn/GB/1027/4942882.html。
④ 参见金璐:"深圳人大代表称房价过高将削弱深圳竞争力",《羊城晚报》2007年7月25日;普德法:"深圳工业企业成规模外迁引发当地忧虑",《南方都市报》2007年11月13日。

3. 不坚决处理闲置土地

开发商囤地,是减少住房供应量、导致住房价格上涨的重要因素,因此,执行国家有关闲置土地的处置办法、增加房地产的有效供应是抑制住房价格的重要一环。但是,这一政策也没有得到严格执行。P 市 2006 年认定的闲置土地仅为 74.78 万平方米,2007 年收回闲置土地面积为 87 万平方米,收回的闲置土地只是少数。① 据建设银行一份研究报告显示,2001 年年初至 2007 年 5 月,全国房地产开发商累计购置土地面积为 21.62 亿平方米,而实际仅开发完成 12.96 亿平方米,"囤地"数量近 10 亿平方米(10 万公顷)。② 仅碧桂园一家公司,截至 2007 年 7 月,总土地储备量即达 4 500 万平方米。2007 年,全国在香港股市和内地股市上市的各大房地产上市公司中报披露的土地储备达 10 平方公里以上的不下 10 家。③ 有报道称,中国房价最高的北京、上海、深圳、广州四市,闲置土地分别约为 8 平方公里、20 平方公里、20 平方公里、40 平方公里。④ 而 2007 年 5 月,国土资源部发布的《国家土地总督察公告》显示,全国 2006 年处理闲置土地 23 万多亩(约为 1.5 万公顷),其中收回闲置土地 3 266 宗,面积 3.87 万亩(0.3 万公顷)。闲置土地的回收相对困难,一些土地据说很有背景,地方政府土地执法部门无力回收,甚至相当于土地出让金 20% 的土地闲置费也没有严

---

① 《地方土地行政田野调查记录》(2006—2008)。

② 参见于祥明、李和裕:"闲置土地有望挤出,开发商须加快消化手中土地",《上海证券报》2008 年 1 月 8 日。

③ 参见李婧:"大开发商囤地,足够开发 27 年",《广州日报》2007 年 9 月 18 日。

④ 参见李斌:"深圳闲置土地 20 平方公里",《南方都市报》2007 年 2 月 24 日;田新杰:"2 亿平方米土地惊蛰,上海囤地遭遇'630 大限'",《21 世纪经济报道》2008 年 1 月 9 日;李婧:"大开发商囤地,足够开发 27 年",《广州日报》2007 年 9 月 18 日。

格征收。①

4. 不对商品住宅土地出让价格进行控制

地方政府一方面采取措施控制房价,另一方面却没有对自己出让的住宅用地价格进行限制,使得商品房的成本持续攀升,也让人们怀疑地方政府控制房价的决心。2006—2007年,适值房地产调控关键时期,地方政府却乐于高价卖地,开发商忙于攻城略地,各地商品住宅用地拍卖的"地王"频频涌现,致使商品住宅成本越来越高,并进一步推高房价。②

八、组织的非正式制度:一个理论概括

本章概括了中国土地行政中存在的各种非正式规则,从讨论中我们可以看到,几乎土地管理的各个环节都存在着与正式制度对应的非正式规则(见表3-1)。另外,本章讨论的只是土地行政的主要部分,土地行政还包括土地调查、土地纠纷查处、土地登记等领域,这些环节也不同程度地存在着非正式行为规则,如违规给予土地登记等。

需要说明的是,本书讨论的土地行政中的非正式规则,侧重于组织性的非正式规则,而不是个别土地管理行政人员所采取的非正式规则。其主体是地方政府及其土地管理部门,为组织所禁止的个别工作人员的个别行为不是本书讨论的重点。

我们看到,在中国土地行政中,以地方政府为主体的各种非正式操作规则,充斥在各个环节中,它们都是地方政府为了满足自己的利益预期或为了完成某项工作所采取的非正式安排。这些安排有的是为了抵

---

① 参见李斌:"深圳闲置土地20平方公里",《南方都市报》2007年2月24日;田新杰:"2亿平方米土地惊蛰,上海囤地遭遇'630大限'",《21世纪经济报道》2008年1月9日。

② 参见柯鹏、何契、唐文祺:"地王梦:难刹车的恶性循环",《上海证券报》2007年8月3日。

表 3-1　土地行政中的正式制度与非正式规则

正式制度	非正式规则
土地利用计划管理制度变迁:建立集中统一的计划管理体制	不严格执行土地利用计划,或不经批准使用土地;规划修编;多争取建设用地指标;建设用地指标分配保大放小;以租代征
建设用地审批制度的变迁:严格控制占用耕地	化整为零;张冠李戴;越权审批;搭车征地;幕后交易,补办手续,弄虚作假,内部攻关
土地征用制度的变迁:完善程序,提高成本	控制成本;通过党和政府渠道施加政治压力;经济刺激;思想政治工作;发挥干部、党员的模范带头作用;软磨硬泡,讨价还价;以强制力为后盾;巧取豪夺;相互维护
土地供应制度变迁:从行政配置到市场配置	将应该采取出让方式供应的土地以划拨的方式提供;将应该或者可以采取招标、拍卖、挂牌出让的土地,采取协议的方式提供;降低、减免或不按规定使用和管理土地出让有关费用;在实施土地招标、拍卖、挂牌出让过程中,照顾意向企业
耕地保护制度变迁:控制与开发相结合	让其他地区承担耕地保护责任;重开发轻整理、复垦;重数量轻质量和生态;套取土地开发经费,或不按有关规定管理使用有关经费;工作敷衍塞责,弄虚作假,管理松散
土地市场管理和房地产调控制度变迁:弥补市场失灵	在土地供应上,有限度地增加住宅用地供应;变通执行中央住房和用地供应结构调整;不坚决处理闲置土地;不对商品住宅土地出让价格进行控制
土地监察制度变迁:加强与规范	放任甚至鼓励违法用地,或变监管为合谋,配合用地者变更土地用途、容积率和权属等;选择性监管;选择性处罚

消正式制度限制所带来的利益影响,有的则是为了实现上级组织的任务(征地实施)。由此形成了中国土地行政的特有形态。

从本章的分析中我们可以看到,在现有的制度背景中,地方政府在土地行政中都有自己的地方利益,为了实现地方利益,在它们之中形成了高度同形化、惯例化的行为模式和规则,这些行为规则具有如下特征。

第一，以组织为主体。这些规则是组织性的，而不是自发或零散的；是官方的，而不是社会的或者纯粹个人的。这些行为规则的同形化根源于地方行政机构在共同的正式制度限制下采取某种非正式安排带来的相同的收益预期。当然，由于上级的处罚、地方的经济社会状况、下级对上级的忠诚程度等的不同，这些行为规则同形化的程度也有所区别，但是，由于共同的制度结构和利益预期，这些行为规则在各地表现出高度同形化的特征。

第二，规则化。本书的非正式制度包括地方政府在应对正式制度限制时所形成的种种模式化的行为规则或惯例。它们不是赫姆基和列维茨基(2004)所讨论的偶然的现象或随意的、一次性的行为或运作，而是高度惯例化和同形化的，并且，如果不这样做，地方利益就不能实现。按照制度主义的观点，从行为变成规则的标志是这种行为是否模式化、惯例化，并且具有强弱不等的约束性。一次随意的举动，只是一个孤立行为，但如果这一行为模式化、惯例化，并且不这样做就会遭受损失，它就具有了规则/制度的本质特征(约束性和惯例化)(参见第一章关于制度、非正式制度概念的讨论)。很明显，在地方政府土地管理中，隐含着一整套的与正式制度不一致的行为规则。

第三，非正式性。隐含在地方土地行政背后的规则，一般是为正式制度所禁止但又难以完全依正式制度处置的规则。其非正式性表现在：它们一般是非成文的(但有少数是成文的，如为了招商引资出台的种种或遮或掩的土地优惠政策中，有的就以内部文件形式出现)；所有的这些规则、政策和做法都没有正式地位，尤其是那些与国家正式制度目标不一致的行为规则，更为国家正式制度所禁止，会随时随地被改变或作废，因而谈不上正式。本书的非正式制度还包括在土地行政中普遍运用的道德和政治(而不是法律)手段，如在征地实施过程中，征地实施者经常会采用集体主义、社会主义的伦理道德和意识形态来说服被征地拆迁人支持和配合相关工作，这些都是传统意义上的非正式制度。

基于上述特征,本书将这些隐含在地方土地管理背后的行为规则,概括为"组织的非正式制度"。

中国土地行政中存在的组织性非正式规则/制度,与其他非正式制度和非正式运作存在区别:(1)有别于已有的新制度主义理论对非正式制度内涵和外延的界定,前者往往将非正式制度看成是非官方的、非成文的规则,包括文化、惯例、规范、道德等。(2)有别于邹谠(2002)[①]和狄特玛(2002)"非正式政治"理论模型里对非正式关系的界定。"非正式政治"理论模型将非正式政治看成是自发的、零散的、为正式组织所禁止的非正式运作。而本书土地行政主体的非正式规则则是组织性的,并非为本级政府所不容的,并且上级政府对这些非正式规则也往往难以完全按照正式制度进行处罚。组织性非正式规则的主体也不是所谓"宗派"和"非正式团体",而是地方政府及其部门。(3)有别于以非正式关系等为基础形成的非正式制度。虽然土地行政中存在以非正式关系为基础的非正式规则,但本书讨论的规则是隐蔽的、非组织性的,并且为正式组织所禁止。本书讨论的非正式规则是为地方政府内部一致认可、为正式组织所支持,主要是以正式关系而不是非正式关系为基础形成的行为规则。

综上,本书所讨论的组织的非正式规则,是一种客观存在于土地行政中的社会事实。显然,它们是一种惯例化的行为规则,具有组织化特征,又具有非正式的特征。同时,它们又区别于一般的正式和非正式制度,是目前制度理论暂时没有深入讨论及明确界定但又需要进行界定和解释的一种制度形态。在非正式制度到正式制度演进的连续线中,本章所讨论的组织的非正式规则/制度,不能简单地归入目前的正式或非正式制度的分类中,它们不是制度演进的必要阶段,而是一种异化形

[①] Tsou, Tang, "Chinese Politics at the Top: Factionalism or Informal Politics? Balance-of-Power Politics or a Game to Win All?", Jonathan Unger (ed.), *The Nature of Chinese Politics: from Mao to Jiang*, Armonk, N.Y.: M. E. Sharpe, 2002.

态,是一般正式和非正式制度之外的第三种制度形态。组织性非正式规则的盛行,对中国公共行政形态具有重大影响。

治理是正式和非正式规则如何得以运用(managed)和实施(enforced),或者权力和权威如何使用(exercised)的过程(Hydén, Court & Mease, 2004;Scott, 2001)。[1] 治理与制度一样,也可以是正式的和非正式的。波森(2007)认为,没有什么能够表明在正式治理和非正式治理机制之间有一个"正确的组合"或者有一条"合适的途径"去处理它们之间的平衡,但是通过理解正式治理与非正式治理之间互动及它们如何被结构、道德、利益和权力所塑造,有助于提升工作绩效。[2]

组织性非正式规则/制度的盛行,对中国公共行政形态具有重大影响。深入理解中国土地行政中正式制度和非正式制度的作用,对于探讨中国行政管理绩效和行政管理形态具有重要意义。

---

[1] Hydén, Göran, Julius Court and Kenneth Mease, *Making Sense of Governance:Empirical Evidence from Sixteen Developing Countries*, Boulder, Colo.: Lynne Rienner Publishers, 2004; Scott, W. R., *Institutions and Organizations*, Thousand Oaks, Calif.: Sage Publications, 2001.

[2] Boesen, Nils, "Governance and accountability: How do the formal and the informal interplay and change?", J. Jütting, D. Dreschler, S. Bartsch, and I. de Soysa (eds.), *Informal Institutions:How Social Norms Help or Hinder Development*, Paris:OECD, 2007.

第四章　行政绩效、制度化与正式制度、非正式制度的作用

从上一章的讨论我们看到,当上级的行政目标和下级的局部利益不一致时,下级会发展出与正式制度不一致的非正式规则/制度来维护自己的利益,如突破建设用地指标控制和不按规定进行耕地保护;当上级的行政目标与下级一致时,下级会使用有助于行政目标完成的非正式规则/制度来完成上级的行政目标,如在征地过程中,征地实施者为完成征地任务所做的那样。正式制度和非正式制度对中国土地管理的绩效和制度化究竟具有什么影响?本章即重点回答这一问题。同时,通过对这一问题的回答,对中国土地行政的绩效和制度化状况做出分析和评价,并从其作用角度对组织的非正式制度类型进行归纳。

一、中国土地管理的绩效

土地管理的绩效可以从耕地保护、建设占用耕地控制、土地出让市场化状况、房地产调控、违法建筑管制等土地管理的主要目标的实现情况来衡量。

1. 耕地保护总目标实现情况

土地管理制度改革的一个重要目标是保护耕地,1988年开始制定,1993年2月批准的第一轮《全国土地利用总体规划纲要(1986—2000)》和1997年开始制定,1999年批准的第二轮《全国土地利用总体规划纲要(1997—2010)》,都提出了耕地保护的目标,但两轮目标都没有实现。

在第一轮规划期内,《国民经济和社会发展十年规划和第八个五年计划纲要》确定的耕地保有量目标是18亿亩以上(1996年土地调查数据公布前的统计),但是,从1986年至1995年,全国耕地保有量从96 229.9千公顷减至94 973.9千公顷,合14.25亿亩,净减少达1 256千公顷(数据均依据可比的1997年前的统计数字),远低于规划制定的目标。

按照中国土地勘测规划院规划所一位高级工程师的说法,第一轮全国土地利用总体规划的主要特点是基本上体现了当时中国处在社会主义有计划商品经济下的服务型土地利用规划特点,建立了中国土地利用规划编制五级体系,初步建立了符合中国国情的规划方法。但是,"本次规划尽管有《土地管理法》作依据,由于没有具体规定规划审批等事项,因而没有得到很好的实施,也就没有起到应有的作用"。[1]

按照第二轮《全国土地利用总体规划纲要(1997—2010)》确定的目标,到2000年全国耕地总面积保持在12 933万公顷(19.40亿亩)以上;到2010年,耕地总面积保持在12 801万公顷(19.20亿亩)以上,其中基本农田面积10 856万公顷(16.28亿亩)以上,占现有耕地总面积的83.5%以上。但是,到2000年,全国耕地保有量仅为128 243.1千公顷,合19.236亿亩。由于耕地减少太快,2001年在制定"十五"期间全国耕地保护目标时,将目标调整为:到2005年耕地保有量不少于19.2亿亩;基本农田面积不低于16.28亿亩;并从法律、经济、行政、技术等方面建立健全耕地保护制度,形成适应市场经济发展需要的耕地保护机制、符合信息化要求的耕地保护技术保障系统和动态监测网络。但是,到2005年,全国耕地面积仅为122 082.7千公顷,合18.3亿亩,基本农田为16亿亩左右,耕地保有量不但大大低于2010年的预定目标,也大大低于2005年预定的政策目标(见表4-1,图4-1)。

---

[1] 参见蔡玉梅:"土地利用规划应与社会经济发展同步——我国两轮土地利用总体规划的评价",《中国土地学会会讯》2004年第3期。

表 4-1　中国历年耕地变化情况

单位：千公顷

年份	耕地面积	耕地净减少	建设占用耕地	年份	耕地面积	耕地净减少	建设占用耕地
1978	/	/	145	1996	130 039.2	/	/
1982	/	/	138	1997	129 903.1	136.1	/
1984	97 853.7	505.9	235.6	1998	129 642.1	261	176.2
1985	96 846.3	1 009.2	323.6	1999	129 205.5	436.6	205.3
1986	96 229.9	639.8	252.6	2000	128 243.1	962.4	163.3
1987	95 888.7	341	214.1	2001	127 615.8	627.3	163.7
1988	95 721.8	194.1	162.8	2002	125 929.6	1 686.2	196.5
1989	95 656.0	72.1	132.1	2003	123 392.2	2 537.4	229.1
1990	95 672.9	-16.9	121.1	2004	122 444.3	948	292.8
1991	95 653.6	19.3	125.8	2005	122 082.7	361.6	212.1
1992	95 425.8	228	219.7	2006	121 775.9	307	259
1993	95 101.4	324.4	271.1	2007	121 735.2	40.7	188.3
1994	94 906.7	180.9	245.8	2008	121 735.2	19.3	191.6
1995	94 973.9	-64	228.4				

说明：1.据估计，由于土地管理体制和统计口径的原因，建设占用耕地的数据可能约为实际数字的40%，见《当代中国土地管理》，第228页。

2.1978、1982、1984—1995年资料来源：《当代中国土地管理》，第144—145页及第219页；国家统计局：《中国农村统计年鉴》(1986—1996)，中国统计出版社1986—1996年版。其中1978年建设占用耕地数为国家建设占用耕地，不包括村镇建设占用耕地。

3.1996—2008年数据根据国土资源部《中国国土资源年鉴》(1999—2010)整理。1996年的数据是全国土地调查得到的数据，1996年以前的数据为历年来有关部门记录的数据，故二者存在较大差别。

经历了多年的急剧锐减后，中国耕地面积的保有量已经接近18亿亩耕地的红线。2005年以来，耕地面积总量的减少渐趋平缓(见图4-1)，2008年《中国国土资源公报》的数据也显示，2008年耕地净减少为29万亩。耕地面积减少的速度减缓，与为了守住18亿亩耕地红线而加强了耕地保护有关。但从土地利用变化的结构来看，耕地面积减少的速度放缓主要是因为补充耕地的数量增加，还不是由于发展方式的

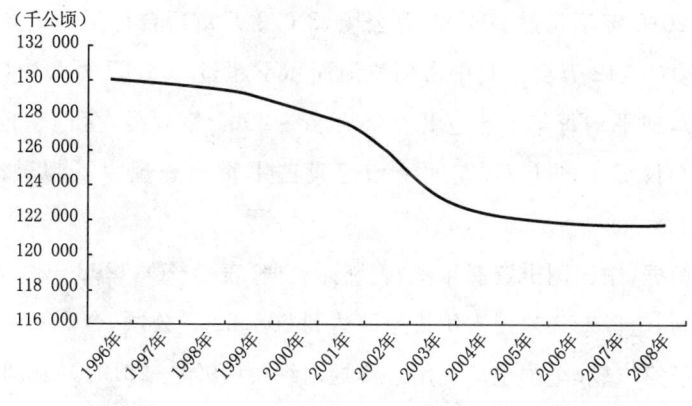

图 4-1　1996 年以来中国耕地面积变化

转变或建设占用耕地的减少。因为根据有关数据,2008 年、2009 年建设占用耕地的数量均比上年增加。① 通过土地整理复垦开发补充耕地对守住 18 亿亩耕地红线当然是必要而且有效的,但是,因为可利用做耕地的土地资源是有限的,不可能一直依赖这种办法达到保有耕地数量的目的,同时,补充耕地的质量和对环境的影响也需要进一步评估。未来,通过提高单位土地的投资密度,厉行土地的节约集约利用,也许可以控制建设用地的粗放型扩张。

2. 建设占用耕地控制目标实现情况

前两轮《全国土地利用规划纲要》在规划期内都确定了建设占用耕地的规划指标,但是,两轮规划指标都很快被突破,没有达到控制的目标。第一轮规划期内,确定从 1991 年到 2000 年建设用地指标控制在 3 000 万亩左右(含建设占用耕地和其他土地),但是到 1995 年,全国仅建设占用耕地的面积即达 1 090.8 千公顷,合 1 636.2 万亩,在一半的时间内超过总计划数约 10%(具体数据见表 4-1)。

第二轮《全国土地利用总体规划纲要(1997—2010)》确定的全国新增建设用地规模为,到 2000 年不超过 136 万公顷(2 040 万亩);2001

---

① 参见国土资源部:《2008 年国土资源公报》,2009 年 3 月发布;国土资源部:《2009 年中国国土资源公报》,2010 年 4 月发布。

年到2010年不超过204.80万公顷(3 072万亩);合计不超过340.80万公顷(5 112万亩),其中占用耕地面积不超过196.67万公顷(2 950万亩),即平均每年不超过210.7万亩。2001年6月,全国耕地保护工作会议提出,"十五"期间新增建设占用耕地总规模不超过1 050万亩。

根据《中国国土资源年鉴》等统计数据(表4-1),1998—2007年的十年间,全国新增建设占用耕地即达到208.63万公顷,合3 129万亩,超过了第二轮《全国土地利用总体规划纲要(1997—2010)》提出的控制指标,从平均数来看,1998—2007年的十年间,平均每年建设占用耕地的数量为313.4万亩,几乎每年均超过第二轮《全国土地利用总体规划纲要(1997—2010)》规定指标的40%以上。2001—2005年"十五"期间,全国建设占用耕地的数量为109.42万公顷,合1 641万亩,超过"十五"期间提出的1 050万亩的控制目标约60%。这些均为正式公布的统计数据,实际占用的耕地面积可能更多。

从变化趋势来看,建设占用耕地的数量在不同年度表现出不同的涨落趋势,有的年份占用多,有的年份相对较少,尚没有表现出总体的减少或增加趋势。前面已述及,2006年后,建设占用耕地的数量有所减少,但2008年和2009年又分别比上年有所增加。本章后面的分析将揭示建设占用耕地的数量与固定资产投资和GDP增长的幅度具有密切的关联。当然,随着未来经济增长模式转变、劳动生产率提高、统筹城乡建设用地使用、城市的内涵式发展及城市化的推进,建设占用耕地的数量可能会逐渐减少。

3.补充耕地目标实现情况

中国耕地减少的原因主要是由生态退耕、农业结构调整、非农建设占用和自然灾毁等原因造成的。而增加和补充耕地的主要途径则是土地整理、复垦、开发和农业结构调整,并规定建设占用耕地必须补充相应的耕地,做到占补平衡,但是耕地补充目标没能按质按量完成。

"十五"期间,中国补充耕地的目标是不少于1 950万亩。2001—

2005年,全国补充耕地总量超过"十五"期间计划完成的总量,但是由于占优补劣问题的存在,相当多的补充耕地实际上没有达到既定的要求。根据2007年1月至6月,国土资源部对全国30个省(自治区、直辖市,除西藏外)及新疆生产建设兵团2006年度建设用地项目的耕地占补情况的抽查,9个省(自治区、直辖市)低于全国抽查总合格率。补充耕地的数量总体上平衡有余,但质量方面和项目管理方面工作较差,没有真正达到补充耕地的预期目标,一些补充的耕地无法耕作。一位中国土地学会专家指出:"长期以来,很多地方都把眼睛只盯在土地开发整理资金这块肥肉的争取上,而对加强项目管理和土地开发整理效益考虑不周。"另外,由于补充耕地针对的主要是年度土地利用计划内的建设用地项目,大量的违法违规用地则没有被纳入耕地占补平衡,总量上实际上可能并没有实现占补平衡。①

4.招标、拍卖、挂牌出让土地政策执行情况

从1995年1月1日施行的《城市房地产管理法》做出"土地使用权出让,有条件的,必须采取拍卖、招标方式出让"的规定以来,土地配置的市场化改革步伐一直没有停止。2002年5月,国土资源部出台的《招标拍卖挂牌出让国有土地使用权规定》,要求"商业、旅游、娱乐和商品住宅等各类经营性用地,必须以招标、拍卖或者挂牌方式出让",并规定所有历史遗留的经营性土地出让问题必须在2004年8月31日之前处理完毕。2006年8月31日,《国务院关于加强土地调控有关问题的通知》又明确规定工业用地必须以招标、拍卖、挂牌的方式出让。但是,这些政策并未得到坚决执行。按照有关部门的统计,1999年招标、拍卖、挂牌出让的土地宗数仅为15.8%,2002年后,比例开始上升,但到2005年,招标拍卖挂牌出让土地的面积也仅占出让总面积的35.1%。

---

① 参见孙荣飞:"九省未达抽查合格线 国土部阻击耕地占优补劣",《第一财经日报》2007年9月3日。

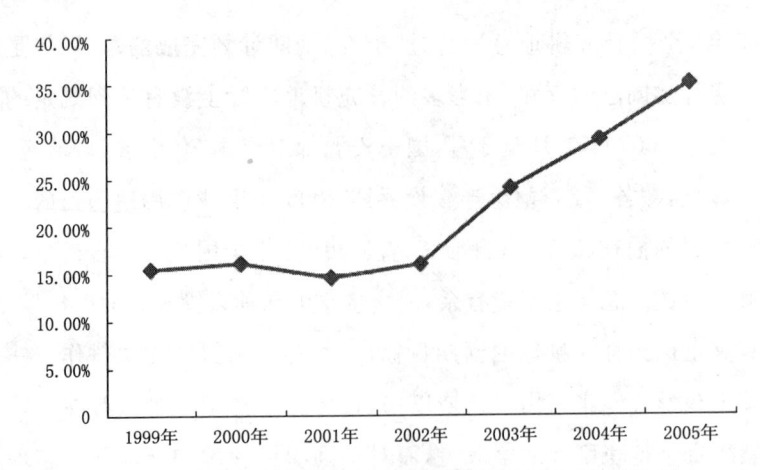

图 4-2　土地招标拍卖挂牌出让宗数占出让总宗数的比例

资料来源：国土资源部：《2004 年中国国土资源报告》，地质出版社 2006 年版，第 15 页；国土资源部：《2005 年中国国土资源报告》，地质出版社 2007 年版，第 14 页。

5. 房地产调控目标实现情况

自 2002 年中国楼市升温以来，商品房价格一直处于上涨之中，先是 2003 年、2004 年，长江三角洲地区市场繁荣，房价增速偏快；继而 2005 年、2006 年，深圳、北京等部分地区楼价上涨步入快车道。2007 年二季度开始一直到 2008 年上半年，全国楼市出现普涨，房价增幅逐月上升，出现了第一波上涨高潮。虽然中国政府采取了各种措施抑制商品房价格过快增长，但在五年时间里，中国商品房市场节节高升，区域也从东部到中部，从一线城市到二、三线城市转移。至 2008 年上半年，全国商品房平均销售价格上涨达到 60% 以上，一些城市商品房价格涨幅达到 1 倍以上，有的甚至高达 2 倍以上。

2008 年，世界金融危机爆发，中央政府也放松了房地产调控的政策，中国房地产价格涨幅有所回落，但多数月份同比仍然上涨，只有在 2008 年年底和 2009 年年初的大约半年的时间里，全国房地产价格同比没有上涨，但价格仍然处于高位，为 2007 年高峰期房价的 99% 左右。为了刺激经济增长，中国政府出台了一些鼓励购房的政策。在经历了大约半年的沉寂后，2009 年 6 月，商品房价格重拾升势，一路飙升。从2008年到2010年,全国商品房价格涨幅在45%以上。

表4-2 2002—2010年全国新建商品住房平均销售价格

年 份	2002	2003	2004	2005	2006	2007	2008	2009	2010
平均价格(元/m²)	2 092	2 197	2 608	2 937	3 119	3 645	3 576	4 459	4 725
年增长率	/	4.8%	17.8%	14%	6.3%	14.8%	-2.7%	23.6%	17.6%
90平方米住房总价(元)	188 280	197 730	234 720	264 330	280 710	328 050	321 840	401 310	425 250

资料来源:商品住房销售价格来源于《中国房地产统计年鉴》(2003—2011),中国统计出版社2003—2011年版。

同期,虽然中国居民收入也有较大幅度的提升,但总体而言,收入的涨幅低于房地产价格的涨幅。2002年以来,全国房价收入比一直维持在较高水平(6.8—9.3)。而以北京、上海、广州、深圳为代表的大城市房价收入比则更高,多数年份超过10。近年来,北京、深圳的房价收入比甚至达到15以上。按照通常的说法,房价收入比在4.1—5之间,属于很难承担的范围,超过5,即是一个极难承受的价格。[①] 而中国的房价收入比已远远超过这一水平。以至于85%以上的家庭无力购买所在城市的商品房。住房难已成为当前中国城市主要的社会矛盾之一(见表4-3,图4-3至图4-7)。

6.违法建筑管制目标实现情况

违法建筑是指未经规划土地主管部门批准,不符合规划要求,擅自建设的建筑物。违法建筑的主体既包括单位,也包括个人,既包括国有土地上的违法建筑,也包括集体土地上的违法建筑。近年来,违法建筑的情形相当严重,尤其是发生在农村集体所有土地上的违法建筑,更是量大面广,屡禁不止。

发生在集体土地上的违法建筑主要包括私房、小产权房和厂房。违法私房是村民利用村落集体所有的宅基地或其他土地违反一户一栋

---

① Cox, Wendell and Hugh Pavletich, "7th Annual Demographia International Housing Affordability Survey", http://www.demographia.com/dhi.pdf.

表 4-3　2002—2010 年全国与四个一线城市房价收入比

	年份	2002	2003	2004	2005	2006	2007	2008	2009	2010
全国	人均可支配收入（元）	7 703	8 472	9 422	10 493	11 760	13 786	15 781	17 175	19 109
	商品住房价格（元/m²）	2 092	2 197	2 608	2 937	3 119	3 645	3 576	4 459	4 725
	房价收入比	8.1	7.8	8.3	8.1	8.0	9.3	6.8	7.8	7.4
	购房所需年限	14.7	14.2	15.1	14.7	14.5	16.9	12.4	14.2	13.5
北京	人均可支配收入（元）	12 464	13 883	15 638	17 653	19 978	21 989	24 725	26 738	29 073
	商品住房价格（元/m²）	4 467	4 456	4 747	6 162	7 375	10 661	11 648	13 224	17 151
	房价收入比	10.8	9.6	9.1	10.5	11.1	14.5	14.1	14.8	17.7
	购房所需年限	19.6	17.5	17.5	19.1	20.2	26.4	25.6	26.9	32.2
上海	人均可支配收入（元）	13 250	14 867	16 683	18 645	20 668	23 623	26 675	28 838	31 838
	商品住房价格（元/m²）	4 007	4 989	5 761	6 698	7 039	8 253	8 115	12 364	14 290
	房价收入比	9.1	10.1	10.4	10.8	10.2	10.5	9.1	12.9	13.5
	购房所需年限	16.5	18.4	18.9	19.6	18.5	19.1	16.5	23.5	24.5
广州	人均可支配收入（元）	13 380	15 002	16 884	18 287	19 850	22 469	25 317	27 610	30 659
	商品住房价格（元/m²）	3 995	3 999	4 356	5 041	6 152	8 439	8 781	8 988	10 615
	房价收入比	9.0	8.0	9.4	8.3	9.3	11.3	10.4	9.8	10.4
	购房所需年限	16.4	14.5	17.1	15.1	16.9	20.5	18.9	17.8	18.9
深圳	人均可支配收入（元）	24 941	25 900	27 596	21 494	22 567	24 870	26 729	29 245	32 000
	商品住房价格（元/m²）	5 267	5 793	6 385	6 996	8 848	13 370	12 823	14 389	18 953
	房价收入比	6.3	6.7	6.9	9.8	11.8	16.1	14.4	14.5	17.8
	购房所需年限	11.5	12.2	12.5	17.8	21.5	29.3	26.2	26.4	32.4

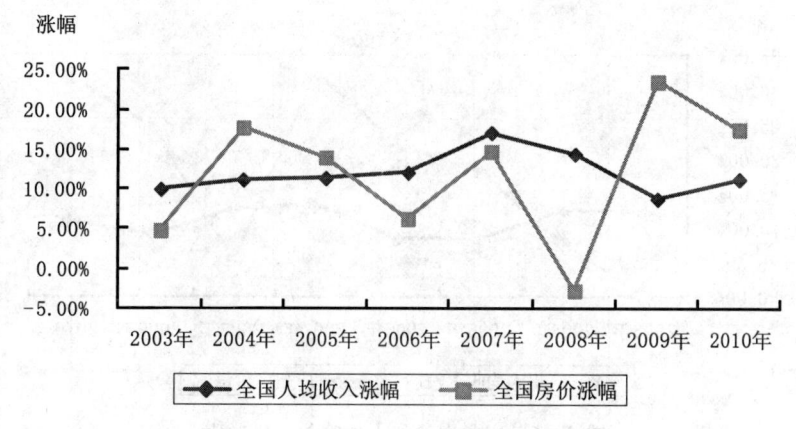

第四章　行政绩效、制度化与正式制度、非正式制度的作用　　165

图 4-3　全国房价与人均收入变化对比

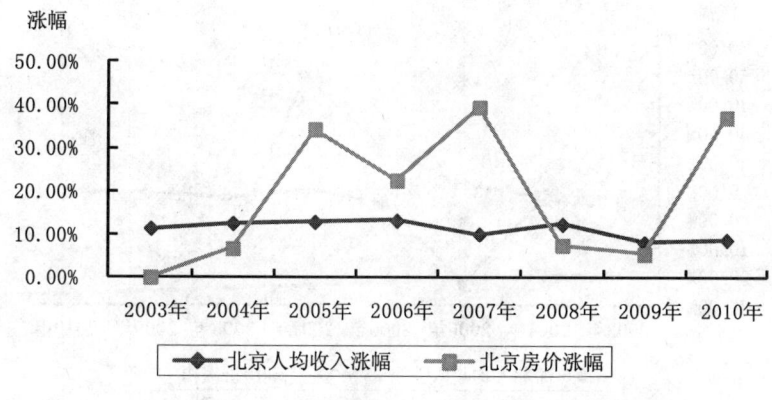

图 4-4　北京房价与人均收入变化对比

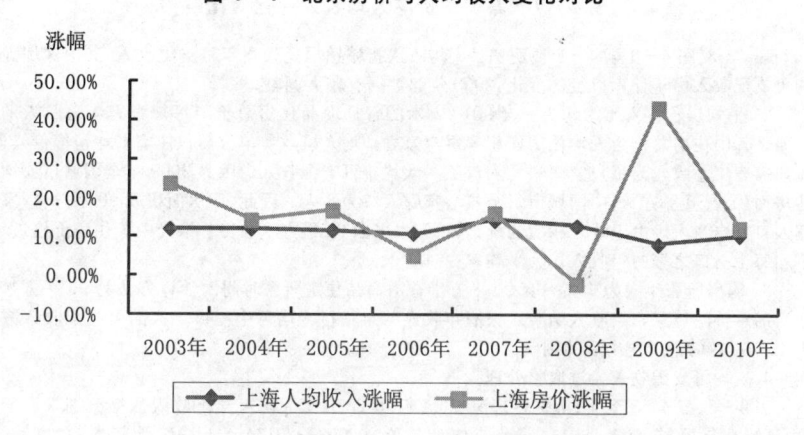

图 4-5　上海房价与人均收入变化对比

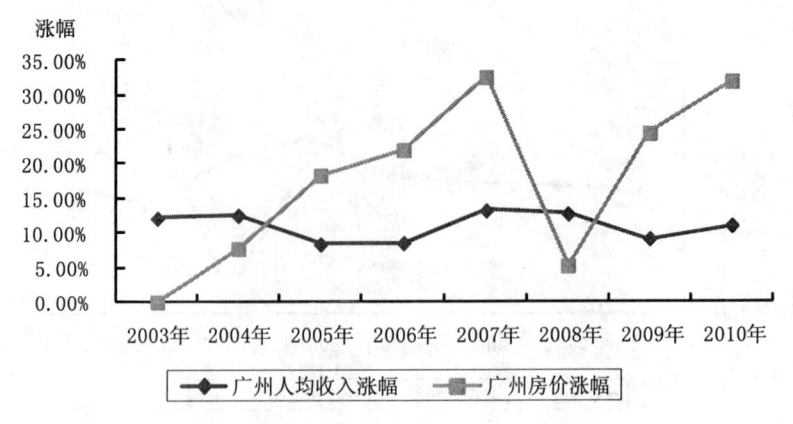

图 4-6 广州房价与人均收入变化对比

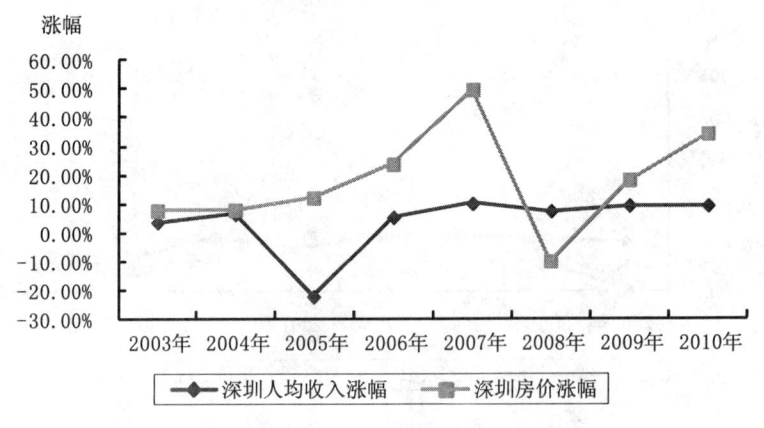

图 4-7 深圳房价与人均收入变化对比

表 4-3、图 4-3 至 4-7 说明:1. 人均收入指城镇居民人均年可支配收入,其中深圳人均可支配收入由于计算口径的变化,2005 年起数据有较大调整。

2. 平均房价收入比为购买一套 90 平方米的普通商品住房总价与每户家庭年总收入的比值。其中住房总价为人均住房面积×每户家庭平均人口数×单位面积住宅平均销售价格;每户家庭年总收入为每户家庭平均人口数×人均可支配收入。因为 2009 年全国城市人均住房面积为 30 平方米,中国城市每个核心家庭人口为 3 人。因此,住房面积取 90 平方米,家庭人口数取 3 人。由于缺乏相应的统计数据,本书取 90 平方米住房价格为中等住房价格,以平均每个三口之家的年收入作为平均家庭总收入。

3. 购房所需年限为购买一套 90 平方米普通商品住房所需时间。计算方法为 90 平方米住房的总价除以家庭年收入结余。家庭年收入结余是指平均每个三口之家的可支配收入减去 45%左右的消费支出后的剩余。

4. 人均可支配收入经过取整处理。

表 4-3、图 4-3 至 4-7 资料来源:2002 年至 2010 年人均可支配收入数据分别来源于《中国统计年鉴》(2003—2011)、《北京统计年鉴》(2003—2011)、《上海统计年鉴》(2003—2011)、《广州统计年鉴》(2003—2011)、《深圳统计年鉴》(2003—2011),中国统计出版社 2003—2011 年版。商品住房价格数据来源于《中国房地产统计年鉴》(2003—2011)。

原则或规定的标准建设的用于自住或出租的住房,也包括外地居民购买农村集体土地建造的私房。小产权房主要是未经批准利用农村集体所有土地由村集体、村民独立或者与投资方、承建方合作开发的用于出售的住宅。而违法厂房则是未经批准利用村集体土地建设的用于生产经营的建筑,开发主体包括村集体、村民个人、合作者以及购买地块的商家(公司或个人)等。

随着经济发展和城市化的推进,全国各地城市范围内或城市郊区的村落集体或个人未经批准建造厂房或住房或者将土地出售或出租渔利的现象日益严重。这已经成为经济和人口增长较快城市的普遍性问题。规模销售的小产权房方面。在 P 市一些非国有土地存量较多的区域,规模不等的小产权房小区一度比较普遍,大的占地数万平方米,小的有上千平方米。① 1990—1998 年,广州市分布在"城中村"及近郊村内的各种集资房就达约 1 200 万平方米,相当于全市三年的商品住宅建筑面积。② 南京市一处名为"凤翔花园"的小产权住宅区,有数十万平方米的规模,自 2000 年至今已经开发了五期,居住着数千户居民。北京、西安市小产权房的数量占到同期房地产销售市场总量的 1/5 左右,③ 其他城市都不同程度存在小产权房。违法私房和厂房方面,在一些经济较为发达的地区,这类建筑也十分普遍。如 P 市散布在全市范围的违法私房,数量达约 40 万栋之巨,建筑面积超过 1.5 亿平方米,城市一半以上的人口居住在违法建筑内。此外,还有大量未经批准建设的经营性建筑。④ 在笔者所调查的村落,未经批准建造的厂房即有大

---

① 《地方土地行政田野调查记录》(2006—2008)。
② 参见李立勋:《广州市城中村形成及改造机制研究》,中山大学博士学位论文(2001),第 25 页。
③ 参见牛建宏:"北京热销小产权房,售价仅为商品房价 30%",《中国经济周刊》2007 年 6 月 11 日;洛涛:"小产权房背后的黑金交易:暴利超过商品房",《经济参考报》2007 年 12 月 10 日。
④ 《地方土地行政田野调查记录》(2006—2008)。

约150栋。在P市Y区200多个村落中,违法厂房数量约有3万栋左右。① 在乡镇企业发达的地区,多数厂房也是未经批准建造的,因此,也属于违法建筑。这些建筑占用的多是耕地。根据《P市(1997—2010)土地利用总体规划》,P市全市共有可建设用地约910平方公里,到2007年,已利用土地逾760平方公里,其中一半左右是集体用地,多数未经批准,属于违法建筑。② 在珠江三角洲、长江三角洲及其他经济活跃的地区,违法私房和厂房都相对普遍。在一般农村地区,随着经济发展和生活水平的提高,占用耕地甚至基本农田兴建私宅的现象也日益增多。在H省D县一个不到100户的自然村里,随着公路的修通,短短几年间,有二十多户家庭沿着公路建造了二十多栋砖混或框架结构的楼房,占用的都是自家承包或从其他农户置换的农田。③

虽然城市政府制定了多项规定,采取了多项措施制止违法建筑,但这些蜂拥而上的群体性违法建筑基本上没有得到有效的控制。

二、正式制度、非正式制度与土地管理绩效

(一) 正式制度在土地管理中的作用分析

1978年以来,中国土地管理组织日益健全,规模日益扩大,地位也逐步提高。1982—1985年,在农牧渔业部门内设立了各级土地管理机构。1986年,成立了直属国务院的国家土地管理局,其后,全国各级地方政府均成立了土地管理部门;1998年成立了国土资源部,使国土资源管理成为各级政府的组成部门。土地管理组织的上述变化,使得国家土地管理能力得到提高。与此同时,中国土地管理制度逐步完善,

---

① 《地方土地行政田野调查记录》(2006—2008)。
② 同上。
③ 田野访谈(SHX;XDX),《地方土地行政田野调查记录》(2006—2008)。

1986年,通过了《中华人民共和国土地管理法》,该法于1988年、1998年、2004年又经过三次修改,1994年通过了《中华人民共和国城市房地产管理法》,这些正式组织和制度变迁对规范土地管理、控制建设占用耕地,加强耕地保护、规范房地产市场等具有重要意义。但是,土地管理组织和制度变迁对土地管理工作目标的实现没有起到决定性的效果,也没有从根本上扭转耕地日益减少的事实。我们可以从土地管理重大事件与耕地变化情况的对比进行分析。

表4-4 土地管理重大组织和制度变迁与耕地变化情况

单位:千公顷

年份	土地管理重大事件	耕地面积	耕地净减少	建设占用耕地
1978		/	/	145
1982	农牧渔业部土地管理局成立	/	/	138
1983		98 359.6	/	/
1984		97 853.7	505.9	235.6
1985		96 846.3	1 009.2	323.6
1986	《中共中央国务院关于加强土地管理制止乱占耕地的通知》发布;国家土地管理局成立;《土地管理法》通过	96 229.9	639.8	252.6
1987	建设用地计划管理开始实施	95 888.7	341.0	214.1
1988		95 721.8	194.1	162.8
1989		95 656.0	72.1	132.1
1990		95 672.9	-16.9	121.1
1991		95 653.6	19.3	125.8
1992	国务院《关于严格制止乱占耕地、滥用耕地的紧急通知》发布	95 425.8	228.0	219.7
1993		95 101.4	324.4	271.1
1994	《基本农田保护条例》发布	94 906.7	180.9	245.8
1995		94 973.9	-64.0	228.4

(续表)

1996	自1984年开始的全国土地利用现状调查完成	130 039.2	/	/
1997	《中共中央国务院关于进一步加强土地管理切实保护耕地的通知》,冻结建设占用耕地审批2年	129 903.1	136.1	/
1998	国土资源部成立;《国家土地管理法》修订	129 642.1	261.0	176.2
1999		129 205.5	436.6	205.3
2000		128 243.1	962.4	163.3
2001		127 615.8	627.3	163.7
2002		125 929.6	1 686.2	196.5
2003	治理整顿土地市场秩序,清理开发区	123 392.2	2 537.4	229.1
2004	《国务院关于深化改革严格土地管理的决定》发布,暂停建设用地审批	122 444.3	948.0	292.8
2005		122 082.7	361.6	212.1
2006	《国务院关于加强土地调控有关问题的通知》	121 775.9	306.8	258.5
2007		121 735.2	40.7	188.3

从上表可以看出,耕地减少和建设占用耕地数量均呈现出波浪式涨落的现象。如1986年中共中央、国务院《关于加强土地管理制止乱占耕地的通知》和《中华人民共和国土地管理法》发布以后,中国耕地面积锐减的势头初步得到控制,耕地净减少数,从1985年的1 009.2千公顷下降到1990年的-16.9千公顷,建设占用耕地数从1985年的323.6千公顷下降到1990年的121.1千公顷。随后耕地减少和建设占用耕地的数量开始回升,到1993年前后达到又一个高峰,1992年11月,国务院又发布了《关于严格制止乱占、滥用耕地的紧急通知》,随后,耕地减少和建设占用耕地的势头有所放缓,但仍然处于较高的位置。1996年,历时十余年的全国土地利用现状调查数据公布,为中国的土

地现状提供了较为准确的数据。1997年,全国土地利用总体规划制定,提出了至2010年的土地利用控制指标。鉴于建设占用耕地数量居高不下,1997年,中共中央、国务院下发《关于进一步加强土地管理切实保护耕地的通知》,宣布冻结建设占用耕地审批两年。1998年《土地管理法》修订,压缩了地方政府农用地转用审批权限,随后,耕地减少和建设占用耕地的数量有所下降。2002年,耕地减少和建设占用耕地的数量又开始上升,并达到新一轮耕地减少和建设占用耕地高潮。可见,在重大的正式组织和制度变迁之后,耕地减少尤其是建设占用耕地会受到一定程度的遏制,使耕地减少和建设占用耕地维持在一个相对较低的水平。但是,正式制度的抑制作用只能维持一段时间,一般是两到三年,之后耕地减少和建设占用耕地的情形又开始变得严重,再经过两到三年,会再次出现耕地减少和建设占用耕地的高潮,整个周期时间大概在五年左右。然后,正式组织和制度可能会发生变化,或者更严格、集中的治理整顿措施会出台。于是,开始下一个循环。

可以说,每次正式组织和制度变迁只是暂时或部分地起到了抑制作用,没有从根本上解决地方政府的用地冲动,也没有从根本上达到土地管理的目标。

土地管理人员数和经费投入数,可以从某种程度上反映正式组织的变迁及其运行的状况,因此,测量土地管理人员数和经费投入数与土地管理绩效之间的关系,可以从一个侧面反映正式组织和制度的绩效。[①]

利用获得的1998—2005年全国土地管理工作人员数量与建设占用耕地数量进行相关分析,得出二者的相关系数 r = 0.49;对1999—2005年全国土地管理经费投入与建设占用耕地数进行相关分析,得出

---

① 因为经费和人员投入数与建设用地占用数在方向上是相反的,即投入数越高,建设占用耕地数量应越少,因此,在下面进行的相关分析中,建设占用耕地数量前均加了负号,做了方向上的处理。

二者的相关系数 r = -0.66;对 2002—2006 年全国建设用地管理经费投入数与建设占用耕地数进行相关分析,得出二者的相关系数 r = -0.91。上述相关分析表明,在 1998—2006 年间,土地管理人员增加和经费投入两个因素,与建设占用耕地数量减少没有很强的正相关关系。这从一个侧面反映了土地行政正式组织变迁对土地管理的效果尚不十分明显(详细数据见表 4-5)。

表 4-5 1998—2005 年中国土地管理人员、土地管理
经费投入与建设占用耕地面积变化数据

年份	全国土地管理人员数(个)	全国土地管理经费投入(万元)	建设用地管理事业费支出(万元)	建设占用耕地面积(千公顷)
1998	262 645	/	/	176.2
1999	158 835	407 291.5	/	205.3
2000	220 923	886 011.3	/	163.3
2001	196 497	748 337.8	/	163.7
2002	193 316	908 048	37 308	196.5
2003	165 820	1 492 557	72 108	229.1
2004	184 466	1 779 069	87 968	292.8
2005	185 037	1 918 759	36 826	212.1
2006	/	/	72 010	259.0

资料来源:GDP、固定资产投资额数据来源于《中国统计年鉴(2007)》,建设占用耕地面积、全国土地管理人员数、土地管理经费投入数据来源于《中国国土资源年鉴(2007)》,建设用地管理事业费支出数据来源于《地方财政统计资料》(2002—2006),表中空白处数据缺。因只有表中所列时间段数据较全,故截取此时间段数据进行分析。

(二) 非正式规则在土地管理中的作用分析

1978 年以来,中国土地管理组织和制度变迁对规范土地管理、控制建设占用耕地,加强耕地保护、规范房地产市场等具有重要意义,但是这些组织和制度变迁没有从根本上改变耕地日益减少的事实。从 1978 年以来,出现了三次建设占用耕地的高潮,分别发生在 1985 年、

1993年和2004年前后,这与中国的经济周期和固定资产投资数额变化呈现出更密切的相关性,与国家土地管理行为没有太大的关系(见图4-8)。

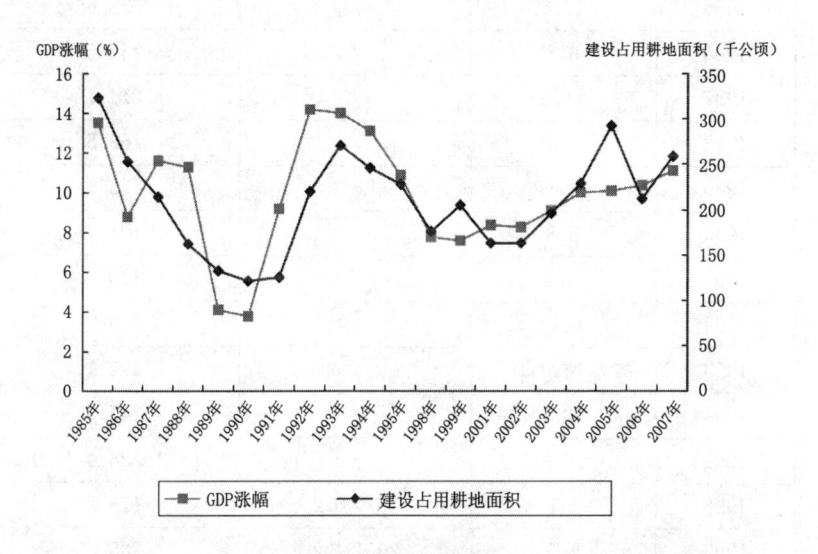

图 4-8 中国历年 GDP 涨幅与建设占用耕地面积变化

资料来源:GDP 数据来源于《中国统计年鉴(2007)》,建设占用耕地面积数据来源于《中国国土资源年鉴(2007)》,其中 1996 年、1997 年数据缺。

从上图可以看出,GDP 的波动与建设占用耕地面积的变化呈现出一致的涨落趋势,对 1998—2006 年同年 GDP 涨幅与建设占用耕地数量进行相关分析,得出二者的相关系数 r = 0.70[①],也表明二者具有较强的相关关系。固定资产投资方面,由于通货膨胀、投资密度和固定资产投资的累积性等原因,本书以 1998—2006 年的数据对固定资产投资额与建设占用耕地进行相关分析,得出二者的相关系数 r = 0.70,也表明二者具有较强的相关性。详细数据见表 4-6。

---

① 事实上,当年的 GDP 增长有可能是上一年建设占用耕地的结果。对本年的 GDP 增长与上年建设占用耕地数进行相关分析,得出二者的相关系数 r = 0.67920135。

表 4-6 中国历年 GDP 涨幅、固定资产投资
与建设占用耕地面积变化数据

年 份	GDP 涨幅(%)	固定资产投资额（亿元）	建设占用耕地面积（千公顷）
1985	13.5	/	323.6
1986	8.8	/	252.6
1987	11.6	/	214.1
1988	11.3	/	162.8
1989	4.1	/	132.1
1990	3.8	/	121.1
1991	9.2	/	125.8
1992	14.2	/	219.7
1993	14.0	/	271.1
1994	13.1	/	245.8
1995	10.9	/	228.4
1998	7.8	28 406.2	176.2
1999	7.6	29 854.7	205.3
2000	8.4	32 917.7	163.3
2001	8.3	37 213.5	163.7
2002	9.1	43 499.9	196.5
2003	10.0	55 566.6	229.1
2004	10.1	70 477.4	292.8
2005	10.4	88 773.6	212.1
2006	11.6	109 998.2	259.0
2007	11.9	137 323.9	188.3

资料来源：GDP、固定资产投资额数据来源于《中国统计年鉴(2008)》，其中建设占用耕地面积 1996 年、1997 年数据缺，表中空白处数据缺。

从上面的分析可以看到，建设占用耕地的数量，与 GDP 涨幅（经济增长周期）和固定资产投资额度呈现出更直接而密切的关系。说明建设占用耕地状况，实际上服从于地方发展经济的目标和需求。为了发展经济，在劳动生产率水平既定的情况下，地方政府往往会采取外延

式的经济增长方式,这必然会导致建设占用耕地需求的增加。正式制度变迁的目的是控制建设占用耕地数量,保护耕地,但这些变迁并不一定符合地方政府的利益。为了满足对建设用地的需求,地方政府会发展出新的非正式规则来改变不利于自身利益的制度设计,这是使得正式制度作用丧失的重要原因。前面我们看到,在每一个关于建设用地控制的正式制度出台后,地方政府都会形成规避或突破正式制度限制的非正式规则。如为了突破土地审批和征地权限的限制,地方政府发展出化整为零、移花接木、张冠李戴、搭顺风车、篡改资料、弄虚作假等办法;为了突破土地利用计划管理限制,采取规划修编、未征先用、多争取用地指标的办法;为了达到耕地占补平衡的要求,在补充耕地上,占优补劣、占多补少;在土地供应口子日益收紧的情况下,各地又发展出了"以租代征"的办法,既规避土地审批,又规避了所有相关费用的缴纳,造成事实上的建设占用耕地。

按照《全国土地利用总体规划纲要(1997—2010)》,十四年间,全国建设占用耕地指标总数为 2 566 万亩,但从 1999 年到 2005 年七年间[①],全国已经使用了总指标数的 81.2%,北京、天津、上海、江苏、浙江、山东、宁夏七个省、自治区、直辖市通过各种途径已经用完了全部指标,而北京、上海、江苏、浙江、山东等经济较发达地区在规划期一半时间内建设占用耕地数量已经达到其总指标数的 150% 以上(见表 4 - 7)。如果在一半的时间内使用一半的指标是合理的,那么,在 1997—2005 年间,全国各地通过各项非正式规则超额占用耕地的比例为 31.2%。假定 81.2% 为 1,那么正式规则和非正式规则在建设占用耕地的作用系数为 61.6% ∶ 38.4%。当然,这只是土地行政管理部门统计到的数字,如果将没有统计到的建设占用耕地的数量计入,那么,非正式规则作用下占用的耕地数量可能远远大于实际的数量。

---

① 由于这个时段的统计资料相对完整,故截取这一时段进行不同地区的对比分析。

表4-7 1997—2005年全国各地建设占用耕地指标及执行情况

区域	1997—2010指标数（万亩）	7年(1999—2005)各省实际占用数（万亩）	7年占用建设用地占总指标的比例(%)
全国合计	2 566	2 194	85.5
北京	30	60.4	201.3
天津	25	42.5	170.0
河北	140	115.9	82.8
山西	84	57.3	68.2
内蒙古	65	40.4	62.2
辽宁	92	69.4	75.5
吉林	50	25.7	51.3
黑龙江	110	42.7	38.8
上海	38	79.4	209.0
江苏	160	240.4	150.2
浙江	100	210.8	210.8
安徽	130	81.9	63.0
福建	70	53.2	76.0
江西	65	49.8	76.6
山东	170	253.8	149.3
河南	168	124.3	74.0
湖北	145	59.1	40.8
湖南	105	42.9	40.9
广东	120	81.6	68.0
广西	84	53.9	64.2
海南	16	3.1	19.5
重庆	60	59.3	98.8
四川	156	95.3	61.1
贵州	50	47.0	94.1
云南	84	72.3	86.1
西藏	4	3.1	76.8
陕西	84	49.2	58.6
甘肃	42	18.5	44.1
青海	14	10.8	77.0
宁夏	14	17.1	122.1
新疆	91	30.9	34.0

与行政绩效目标相关联的是行政的制度化状况。制度化状况关系到行政的绩效结果,也关系到作为过程和手段的行政管理形态。理想的制度化意味着较高的制度绩效,也意味着更加法理化的行政过程;相反,如果正式制度得不到认同和执行,制度的绩效也将难以实现。

三、公共行政制度化的衡量标准

在前面两章(第二章、第三章)的分析中,我们可以看到,一方面,伴随着市场化的改革、利益结构改变以及经济社会条件的变化,中国一直致力于建立与市场化改革相适应的制度化的土地管理体制,出台了数量庞大的各类正式政策、法规,对土地行政和土地利用各个领域都制定了相应的规则,对规范土地利用行为起到了一定的作用;但是,另一方面,伴随着中央制度化土地管理的推进,是非正式规则的盛行。在土地行政的几乎所有领域,无论是土地利用规划、土地审批、耕地保护,还是土地监管、房地产调控等,中央或上级政府所制定的关于土地管理的正式法律、制度和政策,并没有得到充分有效的执行。相反,充斥于其中的仍然是地方政府应对制度化管理的各种非正式规则,这些非正式规则左右着土地行政的各个方面,使得土地管理的制度化、规范化难以实现,耕地控制、房地产调控等各项管理目标也难以落实,也使得土地管理的绩效较低。这表明土地行政领域仍然不是一个严格按照现有法律法规、制度和政策进行运作并实现了制度化管理的领域,甚至是一个制度化程度仍然较低的领域。下面,笔者对中国土地行政的制度化状况进行专门的讨论。

如何衡量公共行政的制度化,是一个值得探讨的问题。不同学者提出了不同的评价标准。亨廷顿(1968)将制度化看成是组织和程序获取价值观和稳定性的一种进程,任何政治体系的制度化程度都可根据其组织和程序所具备的适应性、复杂性、自治性和内部协调性来衡量。他又指出,复杂社会里的政治共同体依赖于该社会政治组织和政治程序的力量,这种力量取决于这些组织或程序获得支持的广度及其制度化的程度。亨廷顿这里着眼于组织和程序的稳定性,强调其适应性和被认同性的特征。[1] 托尔伯特、朱克和巴利(Tolbert & Zucker,1996;Barley & Tolbert,1997)的研究,揭示了结构/制度与行为的关系。在托尔伯特和朱克(1996)关于制度化的三个阶段的模型里,将沉淀(sedimentation)看成是完全制度化的阶段。沉淀是一个结构的历史延续过程,尤其是历经组织成员代际更替而存续。它不仅意味着结构通过作为适当接受者的行动者群体而实现完全的传播,也表示结构的长时段延续。在她们看来,结构的充分制度化取决于下列因素的联合效应:反对群体较低的抵制、倡导团体持续的文化支持与推动、产出的正相关。抵制会限制结构在作为关联受众的组织中传播。而持续的推动和(或)可见的利益可以消解不一致的趋势,保证结构的时间延续。[2] 她们提出了评价制度化的一些方法。如:(1)通过调查和问卷了解被访者对制度化程度的评价;(2)运用档案资料进行历史分析;(3)鉴别结构在不同制度化水平发生变化的决定因素。这些决定因素包括:组织中革新者的规模和地位、反对力量的大小、组织的大小、变化的成本、革新与产出的相关性等。[3]

在总结吉登斯(1984)、伯杰与卢克曼(1967)理论的基础上,[4]巴利

---

[1] Huntington, Samuel P., *Political Order in Changing Societies*, New Haven: Yale University Press, 1968.

[2] Zucker, L.G., "Where Do Institutional Patterns Come From? Organizations as Actors in Social Systems", Zucker, L. G. (eds.), *Institutional Patterns and Organizations: Culture and Environment*, Cambridge, Mass.: Ballinger Pub. Co., 1988.

[3] Tolbert, P. S. and L. G. Zucker, "The institutionalization of institutional theory", S. R. Clegg, C. Hardy and W. R. Nord (eds.), *Handbook of Organization Studies*, London: Sage, 1996, pp.175 – 190.

[4] Huntington, Samuel P., *Political Order in Changing Societies*, New Haven: Yale University Press, 1968.

和托尔伯特(1997)提出了制度化过程模式。[1] 在她们看来,制度化是一个由多个时段(T1,T2,T3,…)构成的连续的过程,每一个时段(T)都由 a、b、c、d 四个步骤组成,a 表示编码(encode),即对运用于某种制度背景的规程(scripts)中的制度原则进行解读。伯杰与卢克曼(1967)指出[2],编码常常发生在社会化过程中并包括个体对相应特定背景的行为规则和解释的内化。b 表示将编码的制度原则制定为规程的过程。制定规程可以也可以不需要有意识的选择或对选择的自觉。如果行动者认识到他们正在遵循一个规程,便会常常为其作为提供一个理由。然而,在很多时候,规程制定并不包含自觉和倾向性。制度化的步骤 c 表示行为改变或复制规程的程度。在多数环境下,改变规程的倾向比无意识、无倾向地背离规程更可能导致制度变迁。[3] 制度化的步骤 d 包括这一阶段模式化行为和互动的客观化(objectification)和外在化(externalization)。这一模式与特定的行动者和历史环境没有关系,它具有规范的、事实的特质,与不同行动者的既有利益的关系也变得模糊。第一个时段(T1)结束后,即进入第二个时段(T2),如此往复,每一个时段都相应形成一个行为规程(scripts T1,scripts T2,scripts T3)。

上述研究都重视制度化过程中行动者对制度或结构的接受和服从状况。从制度主义研究者对制度化的定义也可以看出,行动者对制度的接受和服从是制度化的重要标志。当然,如果一个制度或结构能够长期地为行动者所接受或遵循,那么,这一制度或结构无疑是制度化的。但是这是一个同语反复。如何判断制度被行动者所接受或遵循,

---

[1] Barley, Stephen R. and Pamela S. Tolbert, "Institutionalization and Structuration: Studying the Links between Action and Institution", *Organization Studies*, Vol. 18, No.1, 1997, pp.93–117.

[2] Berger, Perter L., and Thomas Luckmann, *The Social Construction of Reality*, New York: Doubleday, 1967.

[3] Boisot, Max and John Child, "The Iron Law of Fiefs: Bureaucratic Failure and the Problem of Governance in the Chinese Economic Reforms", *Administrative Science Quarterly*, Vol. 33, No. 4, Dec., 1988, pp.507–527.

仍然是一个需要解决的问题。托尔伯特和朱克(1996)归纳了一些评价制度化的方法,对我们测量制度化提供了有益的参考,但是这些方面仍然存在不足,如调查和问卷的方法具有太大的主观性,不同时间、不同地域、不同人群的评价存在巨大差异,尤其是当这些问题与回答者存在利害关系时,回答者的可信度完全无从保证。再如,鉴别影响制度化水平的各种因素无疑为我们评价制度化提供了视角,但是,要衡量组织中革新者的规模和地位、反对力量的大小、组织的大小、变化的成本等因素也是十分困难的问题。

巴利和托尔伯特(1997)模型提出了一个抽象的制度化过程。但是,这一模型似乎更适合于解释单一主体和单一结构的制度化过程。对于以组织为主体、存在多重委托代理关系和多个制度结构的宏观公共行政的制度化而言,编码、制定规程、复制或修改规程的主体都不是同一的,它们的利益结构和行为倾向也不尽一致,规程(scripts)多样、多变而不必然衔接,甚至相互矛盾。同时,规程的传播和接受也存在形式和实质的区别,仍然需要借助一些外部的标准。因此,通过这一抽象的制度化模型,也难以衡量中国土地行政制度化的程度。

王绍光在讨论制度的有效性问题时指出,制度的作用归根结底是解决激励机制问题。假设人们是理性的,他们就会尽量趋利避害。如果生活在制度真空中,人们不太可能相互协作,因而他们会不断面临"囚徒困境"。制度建设的目的是通过提高某些行为的代价并奖赏另一些行为来解决激励机制的问题。制度可以通过改变人们的"相对收益"及其"偏好顺序"来限制他们的选择范围,从而引导他们干某些事,不干另外一些事;制度为人们协调其选择提供的指导有助于减少他们互动关系中的不确定性,使之走向有序化。要使规则有效地指导未来行动方向,必须满足三个条件:明确无误,具有约束力,并得到严格实施。具体地说就是:(1)制度应该是公开的、明了的、普遍性的、无漏洞和确定性的,这样,制度在界定相关团体中所有成员在各种相关场合下做出的选择的代价和收益时,才不会含混不清。(2)规则是为约束各方事后行为而事先设定的限制,它不允许任何游戏参加者在既成事实之后单方面更改定规。(3)制度必须通过内部诱因和外部制裁的威胁确保其得到服从。如果制度运行缺少三个因素中的一个或几个时,这一制度就是有"缺陷"的,有缺陷的制度不可能有效,因为它们不能有效地降低信息成本、减少不确定因素,也不能建立人们相互关系的稳定结构。[①]

研究中国政治制度化的学者,主要是从政治决策、人事任免、权力监督、公务员制度和行政过程等具体方面来讨论中国治理的规范化和制度化。他们没有对制度化进行精确的定义,但从有关讨论可以发现,其预设的制度化标准主要是:(1)"是否有制度"及(2)"是否依制度行事"。关于中国政治制度化的讨论主要就是从上述两个方面展开的。狄特玛(2002)和邹谠(2002)的"非正式政治"模型提出了一个关于政治制度化的简要标准,即在一个政治过程中,如果正式政治占主导地位,则这一政治是制度化的,反之则不是制度化的。但是,这一模型仍然显得简单,它没有涉及制度的完备性、制度的认同结构,也没有考虑制度发生作用的时间向度(是否持续和稳定等)。实践中,中国大力提倡"依法"行政,这一口号主要体现对行政机构和行政人员的内在要求,但它并不表明具体的制度化状况。

因此,本书将尝试提出一个衡量公共行政制度化更有操作意义的标准。制度化需要通过某些内在和外在的标准进行衡量。诺斯没有专门对制度化进行讨论,但是,他认为正式的规则、非正式的规则以及执行的形式与成效三者结合,可以决定比赛的性质。借用这一观点,笔者认为,可以主要从如下几个方面来评价中国土地行政的制度化:(1)制度成型化(惯例化,成文化,法定化);(2)制度的认同和执行情况(遵循和依法执行);(3)对反制度行为的处罚情况等。

制度成型化是指公共行政的目标、组织、职责、履行职责的方式和

[①] 参见王绍光:"中国政府汲取能力下降的体制根源",《战略与管理》1997年第4期。

程序、处罚等各个方面都有完备的制度规定,并且这些规定符合合理的行政关系的内在要求。这些制度规定往往是成文的、法定的,因而也是正式的。当然,所谓非正式制度的制度化则只是一种惯例化,不一定是成文更不是法定的。这里,中国公共行政的制度化讨论的是正面的、正式的制度化。"成型化"主要解决公共行政有没有法律和制度可依的问题。

认同和执行情况。这一标准反映的是行动者对制度的理解、评价及对制度的执行情况,行动者会评估这一制度对自身利益的影响,确立对制度的态度。一般而言,制度如果符合行动者的利益,行动者会认同这一制度,并主动执行这一制度;相反,行动者可能不认同这一制度,被动执行、不按照制度执行或者通过种种方式不执行制度的规定。认同和执行状况与巴利和托尔伯特(1997)所谓的编码(encode)和订立(enact)阶段的某些特征类似。这一标准是看公共行政是否在既定的制度和政策框架下进行,是对行政过程的评价。制度的一个重要特征是作为一种限制结构,可以形成对行为的稳定预期,如果行政管理的实施者和对象都认可和执行制度,则表明行政管理的制度化。

对反制度行为的处罚情况。制度作为一种结构,其功能是对行为产生约束。如果制度失去了对行为的约束功能,制度化就无从谈起。吉登斯(1976,1979,1984)在其结构理论中也强调了结构通过规范对行为的惩罚和奖励。[1] 通过对反制度行为处罚机制和状况的考察,可以从一个侧面了解公共行政制度化的程度。

本书将依据上述标准对中国土地行政制度化状况做出判断。

---

[1] Giddens, Anthony, *New Rules of Sociological Method*, London: Hutchinson, 1976; Giddens, Anthony, *Central Problems in Social Theory*, Berkeley: University of California Press, 1979; Giddens, Anthony, *The Constitution of Society*, Berkeley: University of California Press, 1984.

四、对土地行政制度化的评价

（一）制度成型化

从第二章"中国土地管理正式制度与组织变迁"的讨论中可以看到，围绕着土地利用计划管理，耕地保护，建设用地申请、审批、取得、转让，监督检查等，中国制定了一系列的管理制度，形成了以《中华人民共和国土地管理法》为核心的土地管理法规体系。这些正式的法规体系使中国的土地管理体制从分散走向集中，土地配置从完全的行政配置走向政府与市场结合的配置方式，土地使用从无偿走向有偿，也使中国土地管理制度逐步与中国市场经济和社会发展相协调。

但是，中国土地管理制度仍然不是一套成熟完备的制度。按照前述王绍光的说法，一套没有缺陷的制度必须明确无误，具有约束力，并能得到严格地实施。这是制度有效性的基本保证。除此之外，一套制度要想发挥作用，还必须是完备的，并且与其他制度相互衔接和配套，以形成一个引导人们干某些事、不干某些事的总体的动机结构；否则，不成熟完备的制度将难以形成稳定的动机结构，避免机会主义行为，可能也难以执行。从土地制度建设看，其不成熟不完备表现在如下几个方面：一是一些制度规定不完善，如对集体土地使用权流转，对集体所有的非农建设用地的税费征管，对违反土地管理法规的各类具体行为的处理，对城市化过程中的土地权利变更，对被征地农民的生产生活安置及集体资产（包括留用土地）分配和使用，以致对整体的土地权利与义务关系等都缺乏更明确、具体、合理的法律规定；二是制度的层级低，很多制度都是以政策文件的形式表现出来，如几次房地产调控的措施，都是以中共中央和国务院文件的形式发布出来，而不是更加成熟稳定的法规；三是土地管理制度变化大，难以形成稳定的预期，太多地受到宏观经济环境的影响，与文件形式的制度相联系，土地管理的制度经常调整,或规定得不够明确,降低了制度的效力,如开发区时开时停,土地利用规划经常变更,土地供应及有关税收政策经常变更,为违规用地补办手续,对小产权房的政策一直摇摆不定,一些地区对村民建造私房在制度规定上一退再退,①等等,都给人制度不稳定的印象,这些制度的不稳定也与土地管理整体的制度设计有关;四是土地所有权和财产权利不完整,土地所有人没有完整的财产权利,政府垄断了土地的供应。

因此,虽然目前土地管理的各项正式制度已逐步建立,但是它仍然没有达到成熟完备的水平。

(二) 制度认同与执行情况

由于利益关系造成的动机结构不同,下级政府对上级政府发布的

---

① 关于小产权房,1999 年国务院办公厅《关于加强土地转让管理严禁炒卖土地的通知》明确规定,农民住宅不得向城市居民出售,也不得批准城市居民占用农民集体土地建住宅,有关部门不得为违法建造和购买的住宅发放土地使用证和房产证。2004 年 11 月,国土资源部出台了《关于加强农村宅基地管理的意见》,明确规定:"严禁城镇居民在农村购置宅基地,严禁为城镇居民在农村购买和违法建造的住宅发放土地使用证。"然而,由于小产权房面积巨大,不可能全部拆除,政府、学者和普通民众都陷于了矛盾。2007 年 12 月 14 日《京华时报》报道,国土部一位官员称符合规划的小产权房经过一定程序后可转为合法,这位官员表示:"要针对不同问题,不同处理,小产权房那么多,不可能都拆。""国土资源部会在年底前出台一个文件,对于一些严重违规又不符合规划的小产权房,当然要拆除;对于一些符合规划,欠缺手续的小产权房,应该是允许其补办手续的。"(参见刘薇:"国土部称符合规划小产权房可转为合法",《京华时报》2007 年 12 月 14 日)。由于此口一开,可能导致小产权房更加不可收拾,国土资源部有关负责人当日出面"辟谣",重申城镇居民不得购买小产权房。并表示,要坚决遏制、并依法纠正乱占农用地进行非农业建设行为(参见王立彬:"国土资源部重申城镇居民不得购买小产权房", http://news.xinhuanet.com/newscenter/2007-12/14/content_7251237.htm)。在 P 市,按照当地村民建房的有关规定,村民私房的合法建筑面积 240 平方米,并且只能一户一栋。但是,村民私宅普遍建到 700 平方米以上,有的家庭一户多栋。最后,有关查处违法建筑的规定一退再退,面积从 240 平方米退到 480 平方米,超出部分补交一定罚款也可予承认[《地方土地行政田野调查记录》(2006—2008)]。

各种土地管理制度的态度是不一样的,对于自己有利的制度,下级政府会充分利用,积极执行;对于自己利益没有影响的制度,下级政府会视情况执行;而对自己不利的制度,下级政府则可能采取规避甚至扭曲的态度。由于上级对下级有人事任免权,也就是黄亚生(Huang, Yasheng, 1996)所说的政治(组织)控制的权力,使得下级一般不会公然对抗上级的管理。但是,潜在的不认同乃至扭曲制度则是普遍的。通俗地讲,就是"上有政策,下有对策",或者"公开一套,背后一套"。巴利和托尔伯特(1997)所讨论的制度化过程包括编码、制定规程、改变或复制规程及客观化四个阶段。在土地行政中,对制度的认知和调整包括编码(解读)、分析、制定行动规程和社会化等环节。

(1)制度解读与分析。制度解读是对制度的含义进行理解,吃透制度的"精神",了解制度的政策含义,明白制度对各类行为的规范及其边界。在此基础上,分析制度对土地行政行为的影响,评估制度可能带来的利空或利好。

(2)制定规程。在分析和评估制度影响的基础上,制定行动策略。包括遵循、利用、变通或扭曲。

遵循是在分析上级发布的制度的基础上,按照制度规定的内容、原则和程序,设立行政组织,实施行政行为。在正式组织和制度的层面上,全国的土地行政部门的组织机构和行政程序基本是一致的,表明了组织和制度同形化的程度。当然,这种正式组织和制度的同形化主要体现在制度结构而不是具体行为方面。视乎制度的刚性程度和执行力度,即使是影响下级政府利益的制度,在正式制度的层面,地方政府一般也不会公然违背,而是会按照上级政府的规定要求,做出正式组织或制度的调整。比如土地招标、拍卖、挂牌出让制度,在中央的强力推行下,各地先后都建立起了这一制度;再如土地审批的机构和程序,各地基本也是一样的。

用足用好政策。国家土地政策和制度在对各地土地利用进行约束和规范的同时,为了支持地方经济社会发展,对一些建设项目用地的规定相对宽松,而有些规定则有利于地方开展工作。下级政府在制定规程的过程中,对约束性的方面往往避重就轻,对支持性的方面则充分利用,从而最大限度地实现自己的利益。如江苏省镇江市京口区在一次建设用地联席会上,区委书记强调,项目用地联席会议制度便于沟通信息、理清思路、增强合力、解决问题。在当前严峻形势下,加快发展必须进一步解放思想、创新克难,处理好创新与守规、突破与因循的关系,用足用好土地政策;并提出对上争取土地指标要紧盯不放,对下督促项目开工要创新办法、加快速度,解决项目用地矛盾要积极主动。区长要求灵活争取上级土地指标,合理安排区内土地计划,切实加快项目供地用地速度,区委副书记具体部署全区项目建设用地工作。① 而河北省国土资源厅领导在河北省正定县就小商品城项目用地进行专题调研时强调,小商品城建设项目辐射带动作用强,市场前景好,符合省重点产业支撑项目标准和要求,正定要紧紧抓住这些优势,加大跑办力度,千方百计争列省重点产业支撑项目,同时,要多研究国家土地政策,进一步加大土地开发整理力度,盘活存量土地,整体推进小商品城项目建设。②

直接用非正式制度扭曲正式制度。如在土地利用规划、征地审批、征地实施、土地出让与划拨、土地登记、土地监管和耕地保护、房地产市场调控等各个方面都普遍存在着非正式规则,这些非正式规则直接消弭了国家土地利用控制的效力。

(3)片面制度社会化。按照制度化理论,将制度持续地传播给更多的成员是制度化的重要前提。但在土地管理法规的社会化过程中,与上述趋利避害选择相适应,这些制度和政策的宣传也是片面的,对地方

---

① 参见镇江市京口区建设用地联席会议:"进一步解放思想、创新克难,用足用好土地政策,为全区加快发展提供保障",http://finance.sina.com.cn/roll/20050707/1047184673.shtml。

② 参见郑建峰:"省国土资源厅领导到我县调研",《正定风采》2007年5月18日。

利益有益的部分则大力宣传,不利的部分则模糊处理甚至不让别人知道。如在征地拆迁过程中,政府向农民宣传的往往是要求农民支持征地的制度和政策,而对那些农民应该享有的权利,则宣传得不多,或者只字不提,甚至进行消息封锁。农民如果不懂政策,维护农民合法权益的有关政策则可能得不到有效执行;而如果农民了解了政策,则会选择合法地维权或者以法维权。① 由于土地管理者和农民在政策法规上的信息不对称性,在存在潜在的利益冲突的情况下,策略地宣传这些政策是相关部门的重要手段。如在 HY 大学城征地案例中,有关村民安置的政策即没有得到充分的宣传,而村民的相关意见也没有得到支持。村民说,如果能够按照中央"一号文件"精神,搞好赔偿安置,村民是会支持政府的工作的。②

因此,从编码(解读)、分析、制定行动规程和社会化等环节来看,地方政府对土地行政的正式制度采取了实用主义和地方主义的解释、利用、改变(扭曲)和社会化,表明正式制度没有得到充分的认同,如果不是公然违背的话,在这一过程中,地方政府发展出了利用和扭曲正式制度的一系列非正式规则。

行政组织是一个具有自身利益的行动者。按照理性选择理论,政府及政府官僚同样是理性的利益最大化的人。如布坎南等认为政府及政府官僚就像在经济市场上一样在政治市场中追求着自己的最大利益——政治利益。他们认为,公民作为选民也是有理性的"经济人",其选举行为也是以个人的成本——收益计算为基础的。由于普通选民无力支付政治成本,他们作为有理性的人往往不愿意参加投票。由此决定了在不合理的选举规则下,普通选民对特殊利益集团的制约作用十

---

① O'Brien, Kevin J. and Lianjiang Li, *Rightful Resistance in Rural China*, Cambridge: Cambridge University Press, 2006;于建嵘:"当代中国农民的以法抗争",《社会学研究》2004 年第 2 期。

② 田野访谈(DXC),《地方土地行政田野调查记录》(2006—2008)。

分有限，政府往往为代表特殊利益集团的政策制定者所操纵，由此滋生了种种经济和政治弊端，政府以及政府官员为满足不合理的个人追求而采取的行动，都将把经济状况和社会福利引入恶化的境地，产生诸如社会资源的浪费和财政赤字等恶果（Buchanan & Tullock, 1965; Buchanan, 1986）。① 唐斯（Downs, 1967）认为，政治家和官僚是政治市场上的供给者，也是理性的经济人，其具体目标是当选或连任，也可说是争取选票最大化，其行为动机和目标并非始终真正代表选民的利益，为了使公共利益最大化。② 尼斯坎南（Niskanen, 1994）则认为，官僚普遍都有预算最大化的倾向。由于官僚机构可以从扩大预算规模中获取效用，又由于官僚机构与上级拨款单位之间存在信息不对称的双边垄断关系，官僚机构具有更大的自主权与垄断力，结果造成供给相对社会最优需要过剩，而在需求约束的均衡下，产出是以高于最低可能的成本提供的，这两种情况都缺乏配置效率。③ 韦伯（Max Weber, 1946）也注意到了科层制的异化现象。他认为，科层制组织有可能演化成以自我生存为目标的生命体，而不是致力于实现组织设计初衷的理性目标。④ 不论理性选择理论在假设上是否完全成立，它与科层制异化理论对行政组织除整体效用之外自身效用函数的揭示都是富有价值的。只要不同行政主体之间的效用函数存在不一致，代理人或下级行政组织就有可能发生米歇尔斯（Michels, 1968）所说的组织的目标替代（goal displacement）行为，即基于自身的效用函数，用自身的目标替

---

① Buchanan, James M. and Gordon Tullock, *The Calculus of Consent: Logical Foundations of Constitutional Democracy*, Ann Arbor: University of Michigan Press, 1965; Buchanan, James M., *Liberty, Market and State: Political Economy in the 1980s*, Brighton: Wheatsheaf, 1986.

② Downs, Anthony, *Inside Bureaucracy*, Boston: Little, Brown, 1967.

③ Niskanen, William N., *Bureaucracy and Public Economics*, Brookfield, Vt., USA: E. Elgar Pub., 1994.

④ Weber, Max, *From Max Weber: Essays in Sociology*, Trans. By H. H. G., York: Oxford University Press, 1946.

代正式的或整体的目标,由此发展出各种非正式的行为规则。①

在非正式规则的作用下,正式制度的作用难以充分发挥,也影响了制度绩效和土地管理目标的实现。

制度的认同、扭曲情况可以从土地违法案件的数量上反映出来。1999—2006年,全国每年发现的土地违法案件都在10万件以上,虽然其间的案件数量互有涨落,但是涉及的土地和耕地数量却有上升的趋势,表明规模较大、占用耕地更严重的土地违法案件呈上升趋势(见表4-8)。

表4-8 1998—2006年各年土地违法案件及涉及土地面积数量

年份	发现土地违法案件	涉及土地(公顷) 数量	其中耕地	本年发生案件	涉及土地(公顷) 数量	其中耕地
1999	166 042	28 674.82	10 986.47	90 501	17 809.44	5 481.78
2000	188 072	31 687.23	9 106.35	104 320	22 647.50	5 843.22
2001	130 903	27 756.12	11 281.75	86 260	20 219.57	8 085.10
2002	138 383	31 562.11	14 664.91	94 498	19 898.33	9 587.06
2003	178 654	68 373.93	33 275.20	103 856	35 761.85	17 770.60
2004	114 526	80 759.01	45 215.46	77 908	36 468.18	19 262.59
2005	111 723	52 192.83	25 893.79	81 784	32 355.46	13 805.37
2006	131 077	92 237.42	43 467.63	95 934	61 381.65	25 504.53

资料来源:国土资源部:《中国国土资源年鉴》(2000—2006),中国国土资源年鉴编辑部;国土资源部:《2006年全国土地违法案件查处情况通报》(2007年3月20日发布)。

表中反映的只是当年发现并上报的土地违法案例,实际上,未发现及上报的土地违法案例远大于发现并上报的案例。例如,全国各地普遍存在的违法住宅、厂房等占用的大量土地就多没有上报,更没有立案查处,地方政府为了避免追查,往往采取压案不报的办法,将上报案件数量缩小。即使这样,也可以反映土地行政管理制度未得到良好执行的情况。

---

① Michels, Robert, *Political Party*, NewYork:Free Press, 1968.

如果上一章列举的案例反映的是非正式规则的具体过程和特征，那么，管理绩效上耕地的大幅减少，各地建设过程中广泛存在的大幅度地超过规定指标占用耕地以及大量的土地违法案件的存在则可以反映非正式制度在土地行政中的普遍程度。

土地行政中的违规操作还可以从土地纠纷和群众抗议事件中体现出来。近年来居高不下的土地纠纷和土地维权活动，集中反映了土地政策执行和具体管理行为不被认可的状况。

（三）对反制度行为的处罚

与严重的违法违规用地行为相对照的是违法违规的成本低。对违法违规行为处罚不严，助长了用地者的机会主义行为，也反映了土地管理制度化程度较低的状况。第三章我们讨论了土地监管中存在的非正式规则——选择性惩罚，由于各类土地违法违规数量大，法不责众，监管部门往往进行选择性惩罚。一是惩罚的比例低，只有少部分会受到处罚；二是处罚的程度轻，一般不会受到太严厉的处罚，很多都只是收回土地或者罚款了事，有的甚至可以先上车后买票，补办手续即可。只是在中央或上级部门高度重视的情况下，才会抓几个典型处理。也就是说，只有"倒霉"的人才会受到惩罚，这种状况极大地破坏了纪律的声誉。导致用地者抱着法不责众的心理，与土地管理者展开博弈。根据国土部门公布的数据，有学者计算了土地违法的处理力度：2001—2005年间，全国每一起土地违法案件，平均收缴罚款不超过2.7万元、收缴土地约1亩，每百件土地违法案件党纪政纪处分约1人，每千件土地违法案件追究刑事责任约1人。也就是说，土地违法者中，平均只有1%的可能会党纪政纪查处，1‰的可能会刑事追究；平均每个违法案件只需要支付一两万元的罚款，并可能被收缴一亩左右土地（见表4-9）。[①]

[①] 参见朱莉娅："谁没做到守土有责？"，《中国青年报》2007年3月12日。

表 4-9 2001—2005 年全国土地违法案件处理情况

年份	发现土地违法行为	立案查处案件数	涉及土地面积(公顷)	收回土地数量(公顷)	罚款数(亿元)	行政处分人数/国土部门建议处分人数	党纪处分人数/国土部门建议处分人数	刑事处罚人数/国土部门建议处罚人数
2001	125 198	110 541	22 945.12	3 449.18	6.83	458/737	500/543	107/242
2002	140 254	115 529	27 737.23	3 396.05	9.54	452/629	771/822	168/659
2003	178 654	128 130	55 896.78	5 578.40	12.28	357/366	568/568	132/218
2004	114 526	87 156	37 049.24	6 345.74	19.12	463/578	514/739	65/312
2005	111 723	80 427	42 989.20	6 992.87	21.76	407/290	492/456	199/509
合计	670 355	521 783	186 617.57	25 762.24	69.53	2 137/2 600	2 845/3 128	671/1 940

资料来源：国土资源部：《中国国土资源年鉴》(2002—2006)，中国国土资源年鉴编辑部。

这只是指查处的案件。从上表中我们也可看到，在发现的违法案件中，也有超过 20% 的案件没有立案。如果再计算未发现和未查处的案件涉及的土地，土地违法的成本就更低。实际上，国土部门只有对案件提出处理的建议权，然而，即使是这些处理建议，也并未得到充分采纳，存在从轻处理的倾向。在表 4-9 中，国土部门建议的处分人数为 6 146 人，而实际处分人数为 5 653 人，尤其是刑事处分的人数比例偏少，一些刑事处罚的建议只是给予了党纪政纪处分。由于党纪政纪处分是由地方政府掌握的，并且可以撤销，所以并没有多少威慑力量。事实上，在郑州违法批地案中，主要责任人虽然都受到了党纪政纪处分，但他们都已经升职或者易地做官了。

对于一些发达地区的基层政府，由于征地过程中的各种非正式规则的运用，也导致他们对被征地对象的违法建筑行为难以依法进行治理和查处，也难以对违法建筑实行制度化的治理。

2006 年，由于耕地的锐减，已经对守住 18 亿亩耕地的警戒线构成了严峻挑战，国家加大了对违法案件的处理，当年在查处的土地违法案件中，有 3 094 人受到党纪政纪处分，501 人被追究刑事责任。但是，由于利益巨大，土地违法行为仍然暗流涌动，并形成了以租代征为主要形式的新的违法用地行为。

五、正式制度、非正式制度与制度绩效和制度化的关系分析

从建立集中统一的计划管理体制以来，土地管理的主要目标就是保护耕地、控制建设占用耕地、实行宏观调控、建立与市场经济发展相适应的土地供应体制等。但是，本章的分析表明，无论是保护耕地、控制建设占用耕地、补充耕地等，都没有达到两轮土地利用总体规划所规定的目标，地方政府为了实现地方利益和经济发展目标，通过各种非正式规则突破土地利用指标的限制，使得土地管理的目标落空。从狭义的房地产宏观调控来看，中央政府的调控目标也没有完全实现。在2004年以来的房地产过热中，中央政府一直强调扩大中小户型和政策性住房的供应比例，平抑过于高涨的房价，但是由于地方政府执行不力或变通执行，使得房价长期居高不下，中低收入阶层的住房问题没有得到更好地解决。从土地的市场化配置体制来看，中央政府要求地方政府提高土地的市场化配置比例，但地方政府为了招商引资，竞相压低土地价格，甚至以低于市场价格的方式供应土地，导致国有资产流失，土地使用的粗放模式难以根本扭转。这些方面都表明，中国土地管理的绩效远没有达到预期的目标。

本书认为，行政的制度化可以从制度成型化、制度认同和执行情况、管理绩效及对反制度行为的处罚等方面来衡量，通过从上述几个方面对土地管理进行考察，可以看到，中国土地管理的制度化程度仍然较低。从制度成型化看，中国土地管理制度还不是一套成熟完备的制度，主要表现在：(1)一些制度规定不完善；(2)一些制度的层级较低；(3)一些制度不稳定，较多受宏观经济影响；(4)土地所有权和财产权利不完整。从制度认同和执行情况来看，地方政府在制度解读与分析、制定规程、土地管理制度社会化各个环节都采取了有利于自己的选择，对自己

有利的制度,则充分利用,积极宣传,认真执行;对于自己不利的制度,则采取规避、封锁乃至扭曲的态度。从土地管理绩效来看,土地管理绩效不理想,预期目标没有如期实现。从对反制度行为的处罚来看,反制度行为没有得到应有的处罚,主要表现在:一是选择性处罚;二是处罚的程度轻,大量反制度行为没有得到应有处罚。总之,从制度成型化、制度认同和执行情况、管理的绩效及对反制度行为的处罚情况来看,中国土地管理的制度化都没有达到理想的程度。

土地管理绩效不理想和制度化程度较低的状况,也可以从一些重要领导人的评价中得到印证。2003年1月12日,时任国务院总理温家宝在一件题为《济南市大量土地非法入市严重干扰土地市场秩序》的专报信息上批示:一些地方土地市场秩序混乱,非法占地、非法入市的问题相当严重,利用土地牟取暴利已经成为一些单位和个人寻租的手段。不少地方国土部门管理松弛,有的甚至执法犯法,给不法分子大开方便之门。这些问题应该引起国土资源部门的高度重视。对各地以各种名目非法占用、转让土地的行为要严肃查处,对违规建立的各类园区要进行清理,对土地执法中的错误做法要坚决纠正。[1]

通过本章的讨论,我们可以发现正式制度、非正式制度与制度化、制度绩效之间的某种关联:一方面,正式制度和组织的变迁,逐步加强了土地管理,强化了建设占用耕地的控制及耕地保护工作,推动了土地使用的市场化改革,使中国的土地管理体制尽量与中国经济社会发展相适应;另一方面,地方政府为了地方经济发展和局部利益,发展出一系列非正式规则/制度,这些规则/制度犹如正式制度之下顶着一层弹簧,使得正式制度难以得到充分执行和落实,影响了制度的总体绩效,也影响了土地管理的制度化。

---

[1] 参见国土资源部:《中国国土资源年鉴(2004)》,中国国土资源年鉴编辑部2005年版。

因此,关于中国公共行政制度化、绩效与正式制度、非正式制度的关系,本书的基本结论是:在中国一些公共行政领域,由于整体制度安排及其型构的利益结构的缘故,地方行政主体为了维护自身利益或完成上级的行政任务,往往会采取或借助非正式制度;非正式制度的作用强度,取决于上级组织的压力,犹如弹簧的伸缩取决于施加压力的大小。这些组织性的非正式运作及其规则,在实现局部利益或暂时的行政目标的同时,也削弱了正式制度的权威和作用;正式制度的削弱,最终导致了一些行政领域的低制度化,也影响了制度绩效。

本书认为,在衡量制度化的几个标准中,制度的认同和执行情况是最核心的标准,因为即使制度没有达到完备的程度,如果行政主体和管理对象认同和执行制度,也可以实现制度化;并且,如果制度得到认同和执行,对反制度行为的处罚也不会发生。而反映和左右制度认同与执行情况的最重要的标志,即是地方行政主体发展出来的各种非正式规则。正是因为地方政府基于地方利益需要,运用各种非正式规则,突破了正式制度规定的管理目标和程序的限制,使得中国土地管理的主要目标和任务没有能够如期实现。我们看到,通过各种非正式规则,一些地方政府在土地利用规划期限的一半时间内,使用了全部的建设占用耕地指标,补充耕地的任务也由于占优补劣、占多补少,没有达到既定要求,加上其他原因,导致耕地从 1996 年(19.51 亿亩)到 2005 年十年间减少 1.2 亿亩,直接威胁到保障粮食安全所需的 18 亿亩耕地的红线。[①]

已有的制度理论要么认为非正式制度具有增强正式制度绩效的作用,要么认为其起的作用是与正式制度作用相反的。赫姆基和列维茨基(2004)归纳了非正式制度的四种类型,即:(1)补充性的非正式制度。

---

① 参见马力、王姝:"今年将增加廉租房土地供应",《新京报》2006 年 3 月 12 日;何振红:"如何坚守 18 亿亩耕地'红线'",《经济日报》2006 年 6 月 4 日。

这些制度既通过解决正式制度不能处理的偶发情况，也通过便利在正式制度框架下达成个体目标而填补正式制度的空白。这些非正式制度常常提高正式制度的效率。比如官僚机构里大量的道德、惯例和操作规程使得决策和合作变得容易等。(2)变应型的非正式制度。这种非正式制度创造了一种改变而不是直接违背或影响正式制度效果的行为动机。它们与正式制度的精神而不是文字相矛盾。变应型非正式制度是由那些不喜欢但又不能改变和公然违反正式规则的结果的行动者形成的。(3)竞争性非正式制度。竞争性非正式制度存在于其产出结果与正式制度不一致且正式制度没有效能的情形下。在这样的情形下，正式规则和程序都未得到系统性地执行，使得行动者可以无视或违背它们。(4)替代性非正式制度。这一制度是产出结果一致而正式制度无效时的产物。替代性非正式制度可以达成正式制度意图但未达成的目标。替代性非正式制度往往出现在国家机构懦弱或缺乏权威的地方。

通过对中国土地管理正式制度和非正式制度的讨论，我们可以看到，中国土地管理中的非正式制度，主要有变应性的非正式制度、竞争性的非正式制度和补充性的非正式制度。变应性的非正式制度主要包括地方政府在执行上级土地管理的正式制度时针对地方情况采取的变通。表面上，这些地方的政策是为了执行上级的制度，实际上包含了地方政府的算计，使得上级的正式制度在执行中大打折扣。如关于土地供应方式的改革，中央政府要求在2004年8月31日起，所有经营性土地一律要公开竞价出让，但地方政府却一拖再拖；再如房地产调控中，中央要求改变房地产供应结构，地方政府一方面出台了实施办法（不公然反对），一方面又为一些开发商开了口子（不严格执行闲置土地处置办法），致使政策出台三年后，市场上高档商品房仍然比比皆是。

竞争性非正式制度主要包括突破建设用地控制、违背耕地保护和房地产调控目标的各项非正式规则。如土地利用计划管理中想方设法争取建设用地指标，土地报批中的化整为零、搭车征地、越权审批、弄虚作假,耕地补充中的占优补劣、占多补少,土地供应中不按规定方式出让土地或任意减免土地使用税费,乃至逃避土地管理的以租代征和违背土地管理规定的直接使用等,都是直接导致土地利用失控、房地产过热和正式制度失效的与正式制度对立的竞争性非正式制度。

补充性非正式制度。在土地行政事务中,上级和下级的目标往往不尽一致,如建设用地控制和耕地保护。在二者利益不一致的时候,我们看到地方政府往往会采取或者竞争或者变应性的办法去应对正式制度的限制。实际上,上级政府与下级政府在土地行政的其他一些事务上,二者的目标是一致的,如上级委托下级组织征用农村集体所有的土地。这时候,补充性的非正式制度得到充分运用。如运用集体主义意识形态进行说服教育,要求被征地拆迁人顾全大局,舍小家为大家;发挥干部党员的带头作用,主动做出牺牲;广泛动用各种关系和人情,如亲戚、朋友、同学、战友等关系做工作,换取被征地拆迁户的支持;对钉子户或者地痞等进行收买拉拢,区别对待,换取支持和配合,对"顽固不化"的人进行打击报复,等等。这些非正式制度,在实现征地拆迁任务时均具有一定的作用。

新制度主义文献往往假定非正式制度的作用是单一性、一次性的。但事实上,中国公共行政中的一些非正式制度的作用并非如此,而是复合性和递进性的。如征地拆迁过程中使用的补充性非正式制度,其作用并非简单地协助完成征地拆迁任务,在土地管理的多次博弈中,这些当初协助完成征地拆迁任务的非正式制度,马上在后续的土地管理中成为阻碍正式制度作用的负面因素。

(1)以违法利用土地为条件。一些被征地拆迁人,将违法使用土地作为支持征地拆迁的交换条件,土地管理部门有时会答应其要求。如P市2004年城市化统收土地过程中,不少村股份合作公司将一定比例的用地面积作为支持统收土地的条件,并获得私下同意。[1] 还有的则

---

[1] 田野访谈(**DY;YXZ**),《地方土地行政田野调查记录》(2006—2008)。

是村内一些征地骨干或"钉子户"获得一定面积土地使用权的默许,如浙江省西里村、生禾村的征地案例。[①]

(2) 以土地被征为理由,违法建设。由于土地征用是建立在强制与说服而不是农民主动的基础上的,被征用土地的农民以土地被征为由,趁城市化推进之机大肆利用剩余土地建造住房或其他经营性建筑,造成违法建筑泛滥,仅 P 市城中村违法建筑的私房即达逾 35 万栋(超过3 亿平方米)之巨。土地管理部门和地方政府也因为曾经低价征用农民土地在违法建筑监管方面显得力不从心,有所顾忌。在大量的访谈和问卷调查中,基层政府管理人员和农村村民都认为,农民的土地几乎全部被低价征用,为国家建设做出了牺牲,农民利用自己剩余的土地建房出租谋生是合情合理的。[②] 正是因为征地不是通过市场原则进行交易,而是通过强制和各种非正式制度说服的结果,使得政府在后续的土地利用管理中难以完全依法行事。

(3) 无论是竞争性的非正式制度、变应性的非正式制度,还是补充性的非正式制度,都损害了正式制度的权威,它们除了各自的竞争性、变应性和补充性作用外,都进而对后续的公共行政的制度化产生负面影响,使得正式制度难以得到执行,影响了制度绩效和制度化的推进。这种负的外部性,持续地、累积性地影响着土地行政后续的或其他方面的工作,影响着其他主体的行为,导致行政的低效和低制度化。

也就是说,这些非正式制度的作用不是单纯地、一次性地局限在竞争性、变应性和补充性的作用上,而是在后续的和其他方面的行政管理中,影响着行政的制度化和绩效状况,成为与正式制度作用和目标不一致的非正式制度。

土地行政中组织的非正式制度的类型和作用详见图 4-9。

---

① 参见王国林:《失地农民调查》,新华出版社 2006 年版,第 149—156 页。
② 《地方土地行政田野调查记录》(2006—2008)。

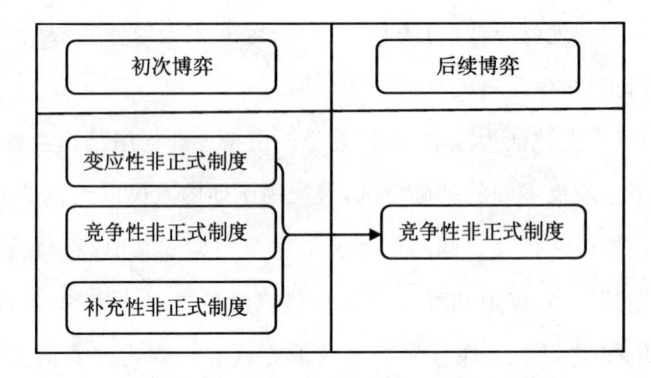

```
┌─────────────────────────┬─────────────────────────┐
│        初次博弈         │        后续博弈         │
├─────────────────────────┼─────────────────────────┤
│   变应性非正式制度  ┐   │                         │
│                     │   │                         │
│   竞争性非正式制度  ┼──▶│    竞争性非正式制度     │
│                     │   │                         │
│   补充性非正式制度  ┘   │                         │
└─────────────────────────┴─────────────────────────┘
```

图 4-9　土地行政中组织的非正式制度的类型和作用

狄特玛(2002)在其研究中认为,非正式政治主要是影响领导阶层而不是惯例化的行政,影响高层的而不是低层的领导。并且从总的趋势上看,随着权力下放和市场自治,官僚系统除最高层外也将更加制度化。[①] 诚然,中国的政治运作总体上呈现出越来越制度化的特征,然而在一些行政领域,本书的研究结论却呈现出与狄特玛的假设相反的情形。由于组织性非正式制度的广泛存在,一些行政领域地方政府的运作并不是高度制度化的。同时,本书的研究也表明,公共行政的低制度化不是因为行政部门职责不清,或者缺乏法律规范造成的,也不是非正式关系盛行的结果,它与土地行政的制度设计和整体制度环境存在内在的关联。

[①] Dittmer, Lowell, *Modernizing Chinese Informal Politics*, Jonathan Unger (ed.), *The Nature of Chinese Politics: from Mao to Jiang*, Armonk, N. Y.: M. E. Sharpe, 2002.

第五章　组织性非正式制度存在的原因及后果

前面已经讨论了土地管理的绩效及制度化状况,并笼统地提到本书所讨论的组织性非正式制度存在的原因在于其总体的制度背景,但对这一制度背景并未展开讨论,本章将从利益结构、产权制度、管理体制、司法制度、压力型体制、意识形态、资源软约束、总体制度安排缺失等方面,系统深入地讨论组织性非正式制度产生的原因,并对组织性非正式制度的社会后果进行分析。

一、财政制度与利益结构

(一) 财政改革与中央和地方利益的分化

1980年以前,中国实行统收统支的财政体制。国家的财政收入和支出都统一由中央按照计划进行管理和调配,地方的大部分财政收入都上缴中央,然后,由中央按计划拨付给地方,用于地方经济建设和公共物品支出。据统计,1953年至1980年近三十年时间里,中央财政直接集中安排了9 071.04亿元的支出,占同期财政总支出16 524.64亿元的54.89%。其余的财政资金则直接由地方支出,但是其收支项目与范围由中央确定,收支计划指标由中央核定和下达,并纳入统一的国家预算。所以,这部分资金实际上也不是由地方政府自主使用的,只不过是中央将属于自己的资金留一部分在地方,由地方代行中央职责去安排支出。① 在统收统支的财政体制下,地方不是独立的利益主体,也没有很高的积极性去增加财政收入。

1978年以来的改革是一个放权让利的过程。放权让利的目的,就是激发地方发展经济的积极性。同时,也是经济所有制结构改变的必然结果。统收统支财政体制的一个重要基础是公有制,其末端是计划管理和预算软约束的国有企业。随着非公有制经济和市场经济的发展,再维持统收统支的财政体制显然已经不合时宜,也不利于经济的发展。因此,从1980年开始,中国进行了财政体制改革,核心内容是变过去的"统收统支"为财政包干、"分灶吃饭"。1980年,国务院发布的《关于实行"划分收支、分级包干"财政体制的暂行规定》,调整了中央和地方收支范围。收入方面规定:(1)中央财政的固定收入为中央所属企业的收入、关税收入和中央其他收入;地方财政的固定收入为地方所属企业的收入、盐税、农牧业税、工商所得税、地方税和地方其他收入。(2)经国务院批准上划给中央部门直接管理的企业的收入为固定比例分成收入,80%归中央财政,20%归地方财政。(3)工商税为中央和地方的调剂收入。支出方面,规定中央的基本建设投资,中央企业的流动资金、挖潜改造资金和新产品试制费,地质勘探费,国防战备费,对外援助支出,国家物资储备支出,以及中央级的文教卫生科学事业费,农林、水利、气象等事业费,工业、交通、商业部门的事业费和行政管理费等,归中央财政支出;地方的基本建设投资,地方企业的流动资金(包括中央代建项目的流动资金)、挖潜改造资金和新产品试制费,支持农村人民公社支出,农林、水利、气象等事业费,工业、交通、商业部门的事业费,城市维护费,人防经费,城镇人口下乡经费,文教卫生科学事业费,抚恤和社会救济费,行政管理费等,归地方财政支出。少数专项财政支出,如特大自然灾害救济费、特大抗旱防汛补助费、支持经济不发达地区的

---

① 参见张馨:"中国财政制度对发展观的影响及'治本'建议",《改革》2007年第8期。

发展资金等,由中央项目拨款,不列入地方财政包干范围。自1980年到1993年实行财政包干体制期间,包干的办法又先后进行了多次调整。

财政包干强化了地方的利益主体地位,地方为了自己的利益,重视培养有利于自己的财源,而对税收总额和中央税收并不十分关心,导致财政收入占GDP的比重及中央政府收入占总财政收入的比重没有得到相应提高。根据王绍光的总结[1],在实行财政包干体制期间,"中国政府财政收入占GDP的比重从近31%跌至不到11%,下降20多个百分点。政府开支与GDP之比也有较大幅度的下降,但跌幅要小一些。结果,预算赤字持续增加。更耐人寻味的是,各级政府的资金都严重短缺。中央政府的财政状况尤其糟糕,其在国家财政收入中的比重大幅下滑,从改革前的约60%降至1994年的不足33%。到1995年,中央政府的开支中有50%多是靠国内外借债维持的。尽管地方政府收入在国家财政收入中的比重有所增加,它们在GDP中占的比重也下降了。这一比重在2/3的省份里缩小了10%还多。我们完全可以说,地方和中央政府都陷入了严重的财政危机。"财政包干体制削弱了中央的财政能力和宏观调控能力,导致了1994年新的财政体制——分税制的实施。

按照《国务院关于实行分税制财政管理体制的决定》[2],分税制改革的原则和主要内容是:按照中央与地方政府的事权划分,合理确定各级财政的支出范围;根据事权与财权相结合原则,将税种统一划分为中央税、地方税和中央地方共享税,并建立中央税收和地方税收体系,分设中央与地方两套税务机构分别征管;科学核定地方收支数额,逐步实行比较规范的中央财政对地方的税收返还和转移支付制度;建立和健全分级预算制度,硬化各级预算约束。

---

[1] 参见王绍光:《分权的底线》,中国计划出版社1997年版。
[2] 《国务院关于实行分税制财政管理体制的决定》(国发〔1993〕第85号),1993年12月15日。

中央与地方收入的划分。分税制将维护国家权益、实施宏观调控所必需的税种划为中央税；将同经济发展直接相关的主要税种划为中央与地方共享税；将适合地方征管的税种划为地方税，并充实地方税税种，增加地方税收收入。具体而言，中央固定收入包括：关税，海关代征消费税和增值税，消费税，中央企业所得税，地方银行和外资银行及非银行金融企业所得税，铁道部门、各银行总行、各保险总公司等集中交纳的收入（包括营业税、所得税、利润和城市维护建设税），中央企业上缴利润等。外贸企业出口退税，除1993年地方已经负担的20%部分列入地方上交中央基数外，以后发生的出口退税全部由中央财政负担。地方固定收入包括：营业税（不含铁道部门、各银行总行、各保险总公司集中交纳的营业税），地方企业所得税（不含上述地方银行和外资银行及非银行金融企业所得税），地方企业上缴利润，个人所得税，城镇土地使用税，固定资产投资方向调节税，城市维护建设税（不含铁道部门、各银行总行、各保险总公司集中交纳的部分），房产税，车船使用税，印花税，屠宰税，农牧业税，对农业特产收入征收的农业税（简称农业特产税），耕地占用税，契税，遗产和赠予税，土地增值税，国有土地有偿使用收入等。中央与地方共享收入包括：增值税、资源税、证券交易税。增值税中央分享75%，地方分享25%。资源税按不同的资源品种划分，大部分资源税作为地方收入，海洋石油资源税作为中央收入；证券交易税，中央与地方各分享50%。

分税制将主要的大宗且易于征收的税种列为中央税收，将相对零碎不易征收的税种列为地方税收，并分设了中央税税收机构和地方税税收机构，加强税收征管。同时进一步明确了地方的收入（财权）和支出（事权）范围，地方要承担的事权和支出范围主要是本地区政权机关运转所需支出以及本地区经济、地方公共事业发展所需支出。

分税制的实施，规范了中央和地方的事权财权关系，其关于税收范围和税收管理体制的变化，也使得过去在税收方面流行于地方政府中的各种机会主义行为被大大限制，总体上有利于增强中央政府的财政汲取能力、宏观调控能力和国家治理能力。但是,分税制也固化了地方政府(下级政府)的利益主体地位,地方政府在财政压力下只能想方设法在自己能够支配的收入领域做文章。

(二)"土地财政"的兴起和国家能力悖论

无论是财政包干体制还是分税制,都将土地收益主要作为地方收入。尤其是分税制,明确地将耕地占用税、土地增值税和国有土地有偿使用收入等列为地方收入。使得房地产收入成为地方财政的重要甚至主要的来源。

分税制设立的重要目标是提高财政的两个比重,即财政收入占GDP 的比重及中央财政收入占总财政收入的比重。经过十多年的实践,到 2006 年,中央财政收入占全国财政收入比重由 1993 年的 22.0%上升至 52.8%;全国财政收入占国内生产总值的比重由 1993 年的12.6%上升到 18.8%,达到 39 373.2 亿元,①可以说,分税制成功地阻止了国家汲取能力进一步下滑,②初步实现了分税制制度设计的初衷。

但是,上述财政收入计算的均为预算内的财政收入,而不包括预算外的财政收入。如果算上地方政府预算外的财政收入,则财政的两个比重会有所变化,财政收入占 GDP 的比重可能比想象的高。③ 土地使用权出让金收入,在 2007 年纳入财政预算内收入之前,即长期是地方预算外财政收入的主要组成部分。

在分税制实施以前,土地使用权出让金是中央和地方共享收入。1989 年 5 月,国务院《关于加强国有土地使用权有偿出让收入管理的

---

① 参见中华人民共和国财政部:《中国财政年鉴(2007)》,《中国财政年鉴》编辑部 2008 年版。

② 参见王绍光:"国家汲取能力的建设——中华人民共和国成立初期的经验",《中国社会科学》2002 年第 1 期。

③ Zheng, Leying, "Chinese Central-provincial Fiscal Relationships, Budgetary Decline and the Impact of the 1994 Fisical Reform: A Evalution", *China Quarterly*, Vol. 157, Mar., 1999, pp.115–141.

通知》规定,国有土地使用权有偿出让的收入必须上缴财政,其中40%上缴中央财政,60%留归地方财政。两者都主要用于城市建设和土地开发,专款专用。之后,财政部下发的《国有土地使用权有偿出让收入管理暂行实施办法》规定,土地使用权出让收入全部上缴财政,由取得收入的城市财政部门先留下20%作为城市土地开发建设费用,其余部分的40%上缴中央财政,60%留归城市财政部门,"实行收支两条线方式管理"。但由于地方政府隐瞒土地出让收入或廉价出让土地的现象比较严重,中央提取部分难以落实。1992年,财政部出台《关于国有土地使用权有偿使用收入征收管理的暂行办法》,首次将出让土地使用权所得称为"土地出让金",并将上缴中央财政部分的比例,下调为5%。1994年分税制改革,明确将土地出让金列为地方财政的固定收入。

在中国的城市化和经济发展过程中,城市土地的价值日益提升,批租土地自然成为分税制后积极开辟财源的地方政府的重要选择。城市政府利用自己垄断土地一级市场的权力,大搞"城市经营",从农村集体低价征收土地,然后进行包装,以高价出售,获得高额的回报。这是地方政府在现有财政体制下,获取收入最有效的途径。据统计,1997年前,在中国的县市中,土地出让金占预算外财政收入的比重超过50%,有部分地区甚至占到80%以上。自实行土地有偿出让的制度之后,土地出让金呈现明显的增长态势,在地方财政收入中所占比重也迅速提升。[①] 2001—2010年,中国土地出让金收入合计为94 488.15亿元,与同期全国地方财政收入的比值接近50%,与全国财政总收入的比值超过20%(详见表5-1)。因此,将地方财政称为"土地财政"并不为过。

[①] 参见高聚辉、伍春来:"分税制、土地财政与土地新政",《中国发展观察》2006年11期;周炯:"今年7000亿土地出让金将计入财政收入",《南方都市报》2007年11月27日;荆宝洁:"卖地财政正在遭遇挑战 税制改革或成方向",《21世纪经济报道》2008年4月25日。

表 5-1 地方土地出让收入及其与地方本级财政收入的比率

年份	土地出让收入（亿元）	中央和地方财政总收入（亿元）	地方本级财政收入（亿元）	土地收入与地方本级财政收入的比率(%)
2001	1 295.89	16 386.04	7 803.39	16.6
2002	2 416.79	18 903.64	8 515.00	28.4
2003	5 421.31	21 715.25	9 849.98	55.0
2004	6 412.18	26 396.47	11 893.37	53.9
2005	5 883.82	31 649.29	15 100.76	39.0
2006	8 077.64	38 760.20	18 303.58	44.1
2007	12 216.72	51 321.78	23 572.62	51.8
2008	9 739.21	61 330.35	28 649.79	34.0
2009	15 910.2	68 518.30	32 602.59	48.8
2010	27 114.39	83 080.32	40 609.8	66.8
历年合计	94 488.15	41 8061.64	196 900.88	48.0

资料来源：2001—2007年土地出让收入数据来源于国土资源部编：《中国国土资源统计年鉴(2008)》，地质出版社2008年版，第165页；2008—2010年数据分别来源于《全国土地市场动态监测分析报告》(2008—2010)及《2009年中国国土资源年报》。中央和地方财政收入资料来源于《中国统计年鉴(2010)》，中国统计出版社2010年版，第289页；《关于2010年中央和地方预算执行情况与2011年中央和地方预算草案的报告》(2011年)。

由于地方企业所得税归地方所有，为了培养财源，地方政府并不会急功近利地靠一次性卖地获取土地收入，而是采取低价协议出让土地的办法，吸引外来投资，培养能给地方带来GDP持久稳定收入的"金蛋"。

不论是一次性卖地获取收入还是低价出让土地招商引资，其前提都是政府要有土地。为了获得土地，地方政府必须一方面想方设法从上级政府获得更多的建设用地指标，一方面低价从农村集体征收土地，同时，尽量逃避上级政府对土地利用的监管，由此形成了土地利用管理、征用和出让等方面的各种非正式规则。

与土地直接相关的另一类收入是房地产税收，这也是主要归属于地方政府的一类税收。① 除了直接卖地获取收入外,发展房地产获取丰厚的房地产税收也是地方政府的一个重要选择。城市住房市场化改革以来,房地产税收逐渐成为地方政府的一个重要税收来源,房地产业也成为几乎所有地方政府的支柱产业之一。房地产税收占地方税收收入的比例,从2001年的9.07%增长到2007年的19.78%,平均达16.14%(详见表5-2)。算上土地出让金收益,与土地有关的收益在地方政府收入结构中更是举足轻重。可以说,没有房地产相关的收入,地方政府财政将举步维艰。对房地产税收的依赖,导致地方政府针对中央房地产调控政策的各种非正式规则。

表5-2 房地产业税收占地方税收收入的比重

年份	全国税收收入(万元)	全国房地产业税收收入(万元)	地方税收收入(万元)	地方房地产业税收收入(万元)	房地产业税收与地方税收收入之比(%)
2001	151 654 671	4 493 670	64 539 866	4 279 413	6.63
2002	169 965 625	6 337 650	65 719 241	5 887 883	8.96
2003	204 661 428	9 404 033	73 780 230	8 666 571	11.75
2004	257 234 769	13 696 359	92 039 646	12 243 596	13.30
2005	308 670 287	17 978 011	111 551 792	15 798 936	14.16
2006	376 370 497	23 843 669	136 210 370	20 574 700	15.11
2007	494 518 023	35 277 201	177 743 407	29 735 047	16.73
2008	578 617 963	39 243 818	215 853 730	31 689 326	14.68
2009	631 035 957	48 268 605	237 782 440	40 873 241	17.19
合计	3 172 729 220	198 543 016	1 175 220 722	169 748 713	14.44

资料来源:《中国税务年鉴》(2002—2010),中国税务出版社2002—2010年版。

除了直接获取土地出让金和房地产税收收入,地方政府还以土地

---

① 房地产业按税种分归属于中央的税收主要是企业所得税、外商投资企业及外国企业所得税、少量的营业税及土地增值税和城市维护建设税等。2007年,全国房地产业的税收达3 527.7亿元,其中归属于地税的达2 973.5亿元,归属于国税的仅为554.2亿元。

为抵押,大肆向银行举债。2008年世界金融危机以来,中央出台了多项调控措施,其中包括4万亿投资,并要求地方政府提供配套资金。在刺激经济的目标下,地方政府加大了银行借贷的力度,在短短一年多,形成了巨额的银行债务。按照财政部财政科学研究所所长贾康的估算,中国当时地方投融资平台负债超过6万亿元,其中地方债务总余额在4万亿元以上,约相当于GDP的16.5%,财政收入的80.2%,地方财政收入的174.6%。① 按照《21世纪经济报道》披露的截至报道刊发时的数据,商业银行对地方政府融资平台的贷款余额为7万亿元左右。以地方政府负债85%来源于银行信贷粗略计算,地方政府负债余额已超过8万亿元,这一数字在2009年5月是5万亿元。7万亿元左右的贷款占中国商业银行人民币贷款余额39.97万亿的18%。② 而据史宗瀚(Victor Shih,2010)公布的数据,从2004年到2009年末,地方政府的借贷规模为1.6万亿美元(约合11万亿人民币),相当于2009年GDP的1/3。③ 巨额的债务,对中国未来经济发展带来潜在危机。

财政汲取能力是指政府从社会获取财政资源的渗透能力,是国家能力的重要组成部分,也是现代国家建设(state building)的重要任务。④ 没有财政汲取能力,其他国家能力将无从谈起。财政汲取能力的核心是税收能力,因而应该是一种规范化的、制度化的汲取能力。1994年分税制实施以来,国家正式汲取能力有了较大的提高,保障了国家有比过去更充足的财力进行国家治理。

但是,这只是问题的一个方面。按照财政联邦主义的说法,实行分税制的目的是在大力提高中央政府的财政能力和调控能力的同时,还

---

① 参见叶建国等:"地方债务危机",《中国经济周刊》2010年第8期。
② 参见江山、蒋云翔:"地方政府负债或超8万亿,违约风险已现",《21世纪经济报道》2010年3月3日。
③ Shih, Victor, "Looming Problem of Local Debt in China – 1.6 Trillion Dollar and Rising", Feb., 10th, 2010, http://chinesepolitics.blogspot.com.
④ 参见王绍光:"国家汲取能力的建设——中华人民共和国成立初期的经验",《中国社会科学》2002年第1期。

要维持地方发展经济的动机。[1] 由于分税制将多数大宗的税收来源划归中央,而将与土地有关的其他收入来源主要划归地方,地方为了获取收入,采取了直接高价卖地获取收入或通过廉价卖地培植财源的办法,使得一些非正规的制度化程度较低的国家汲取能力也得到了增强。

这里我们看到,分税制使中央政府的财政能力得到了提高,但分税制下地方政府的"土地财政"取向,也诱使地方政府屡屡违反国家土地管理的法规,导致国家的相关宏观调控难以落到实处,实际上又削弱了国家在房地产方面的宏观调控能力。也就是说,分税制后政府财政能力的提高是与中央政府宏观调控能力,至少是土地调控能力的降低相伴随的,而土地调控是经济调控(防止房地产过热和经济过热)的重要组成部分。这样,就形成了一个由财政能力提高而产生的房地产调控能力降低的国家能力悖论,这是在财政体制改革中需要进一步重视和解决的问题。

二、土地产权与公地问题

产权经济学表明,明晰的财产权利是稀缺资源得以保护和合理利用的前提。如果财产权利没有得到明确地界定,稀缺性的资源就可能被过度使用,造成"公地的悲剧"。

随着经济发展和人口增长,土地无疑是一种稀缺的资源。在中国,由于土地权利没有得到明确地界定,造成多个主体竞争土地的使用权,也由此造成了土地管理中的各种非正式规则。从大的方面讲,中国土地财产权利的不明晰主要表现在两个方面:一是农村集体土地所有权虚置,权能残缺,没有与城市国有土地相同的财产权利;二是不同地区土地的财产权利不平等,且没有合理的制度安排对这种不平等进行调

---

[1] Montinola, Gabriella, Yingyi Qian and Barry R. Weingast, "Federalism, Chinese Style: the Political Basis for Economic Success in China", *World Politics*, Vol.48, No.1, Oct., 1995, pp.50-81.

节。这种情况,都会对土地利用行为造成影响。

1. 农村土地权利方面

1978年以来,城市国有土地的财产权利逐步完善,城市国有土地在所有权上属于国家,使用权可由国家通过划拨和出让方式提供给土地使用者。土地使用权人可以依据土地管理法规的规定对土地的使用权进行转让、抵押,获取收益,也就是拥有土地管理法规规定的对土地的使用、处分和收益的完整权利。但是,农村集体所有的土地,其财产权利则不完整。表现在:

(1)在所有权上,农村集体土地的所有权属全体村民集体所有,在制度上没有实现农村集体所有的具体安排,存在着所有权虚置的问题。《中华人民共和国土地管理法》规定:"农村和城市郊区的土地,除由法律规定属于国家所有的以外,属于农民集体所有;宅基地和自留地、自留山,属于农民集体所有。""农民集体所有的土地依法属于村农民集体所有的,由村集体经济组织或者村民委员会经营、管理;已经分别属于村内两个以上农村集体经济组织的农民集体所有的,由村内各该农村集体经济组织或者村民小组经营、管理;已经属于乡(镇)农民集体所有的,由乡(镇)农村集体经济组织经营、管理。"上述规定明确了农村土地属于农民集体所有,并由农民集体的代表组织进行经营、管理。但是,对如何确保农民集体实现自己的财产权利,并没有十分明确具体的规定。现实中,往往是作为农民集体的代表组织自行处置农民集体所有的土地,使农民集体的土地所有权难以落实。

(2)农村集体所有的土地不像国有土地那样拥有完整的占有、使用、收益和处分权利,农村集体土地(非农建设用地,含宅基地)也不像国有土地那样可以进行转让和抵押等。《中华人民共和国土地管理法》规定:"任何单位和个人进行建设,需要使用土地的,必须依法申请使用国有土地;但是,兴办乡镇企业和村民建设住宅经依法批准使用本集体经济组织农民集体所有的土地的,或者乡(镇)村公共设施和公益事业建设经依法批准使用农民集体所有的土地的除外。""国家为了公共利益的需要,可以依法对土地实行征收或者征用并给予补偿。""乡镇企业、乡(镇)村公共设施、公益事业、农村村民住宅等乡(镇)村建设,应当按照村庄和集镇规划,合理布局,综合开发,配套建设;建设用地,应当符合乡(镇)土地利用总体规划和土地利用年度计划,并依照本法第44条、第60条、第61条、第62条的规定办理审批手续。""农民集体所有的土地的使用权不得出让、转让或者出租用于非农业建设;但是,符合土地利用总体规划并依法取得建设用地的企业,因破产、兼并等情形致使土地使用权依法发生转移的除外。"上述规定表明,农村集体土地的使用权实际上除少数被批准的土地外,不得出让、转让或者出租用于非农业建设;单位和个人进行建设必须使用国有土地;农村土地转为国有土地的途径是国家征收或者征用。总之,农村集体土地没有城市国有土地那样的财产权利。

(3)农村集体土地经常被低价征收用于各种商业性的非农业开发。《土地管理法》规定了农村集体土地除少数由上级政府按权限批准的土地外不能用于非农开发,任何单位和个人进行非农建设必须使用国有土地,《土地管理法》又规定:"建设占用土地,涉及农用地转为建设用地的,应当办理农用地转用审批手续。"并规定在办理农用地转用手续时由有权批准的机关同时办理征地审批手续。国家征收土地,依照法定程序批准后,由县级以上地方人民政府予以公告并组织实施。《土地管理法》的这些规定,明确了除农村集体经济组织及其成员外(经批准),任何单位和个人建设都必须使用国有土地,实际上确定了地方政府在土地供应上的垄断地位,而新增国有建设用地的一个重要来源是农村集体所有的土地。地方政府为了获得新增非农建设用地,动用土地征收权,低成本地从农村集体征收土地,以用于公共建设乃至各种商业开发。

2.不同地区的土地开发权方面

目前,不同地区土地的开发权是不平等的,并且没有相应的制度安排调节这种不平等。现有的土地利用、功能分区和耕地保护,都是通过行政性的土地利用规划分区来实现的,即通过行政权来规定某个区域用于非农开发,某个区域的耕地要进行保护,只能用于农业生产。由于不同功能的土地收益是不同的,规划为非农用地(工商用地)的价值高,而规划为农业用地的价值低,被规划为耕地保护的区域实际上被剥夺了将土地用于其他用途以获取更高收益的权利。土地的功能分区是必要的,但是行政地规定一个区域的开发权和限制另一个地区的开发权,并且没有利益补偿的机制,使得被规划为耕地保护区的区域没有内在的动机保护耕地,致使无论发达地区还是不发达地区都没有强烈的动机保护耕地,而是想方设法突破土地利用限制。没有从财产权利和利益动机的角度建立耕地保护制度,是各地土地利用上的一个重要特点。

由于在土地产权、土地开发权及其义务方面没有得到明晰的界定,不同主体间在土地利用上是一种零和博弈,由此形成了农村集体土地使用上的所谓"囚徒困境"和"公地问题",主要包括如下几个方面,也由此形成了土地利用上的各种非正式规则。

(1)各地争相争取非农建设用地指标,而疏于保护耕地。由于农业的收益低于非农建设获得的收益,无论是发达地区还是不发达地区都没有强烈的动机去保护耕地,都希望能够得到更多的非农建设占用耕地指标,更多地进行非农业开发建设,以增加财政收入,都希望别的地方承担更多的保护耕地的责任。原国家土地管理局局长邹玉川指出:"工农商学兵,不管什么项目,归根到底都要落在地上,不能挂在天上。这首先就要求城建、工业、水利、电力、交通等部门坐到一起,实事求是地提出自己的用地需求。但实际情况却不是这样,哪个摊摊都倾向夸大自己的需求。从地区上看,东南沿海用地'超前',中西部一些地区很多地是用不完的,但却不一定承认,为什么?因为怕指标被压缩,怕人家说经济发展不力!"[①]

(2)由于集体土地没有充分的产权保护,地方政府为了发展经济,

[①] 王立彬:"土地规划:被权力和资本使唤的'丫环'?",《新华日报》2004年5月13日。

获得土地收入,常常借"国家建设"之名低价征收农村集体土地。按照《土地管理法》的规定,非农业建设一般只能使用国家建设用地,农村集体土地转化为国家建设用地的唯一途径是国家征收,地方政府利用征地权征收农村集体土地,就成为扩大非农建设用地的最重要途径之一。

(3) 集体土地产权的所有人和代表人,对集体土地的保护不力。由于土地集体所有和对村集体经济组织缺乏有效的监督机制,村集体迫于压力或者为了自己的利益,在非基于"国家建设"需要征收土地时也会代表征地方而非村民方开展工作;同时,由于不是征收个人的土地,村民在面对征地时也会出现"搭便车"等机会主义行为,使得征地行为在征地方的各种"攻势"下,最后基本都能成功。

(4) 在土地所有权和使用权没有安全的预期的情况下,村集体和村民都会最大限度地违法(规)使用可支配的土地渔利。在经济发达地区,由于对集体土地在城市化过程中迟早会被征用的预期,农村集体经济组织和个人为了避免自己的土地将来被低价征收,"主动地迎接城市化",大肆利用集体土地建设住房和各种经营性用房,村集体甚至放弃对集体土地的监管,除了集体在财力允许的前提下违法大搞土地开发外,默许甚至鼓励村民个人违法使用集体土地建设房屋。在笔者开展田野调查的社区,违法建筑比较普遍,在访谈的村干部中,几乎无一例外地认为与其让政府低价征收,还不如由村民自行占用。由于村干部都是村民选举产生,也是村庄的一员,在征地和查处违法建筑时,他们会成为村民和上级的双重代理人,但在平时,为了换取村民的支持,他们不会严格地限制村民的违法用地行为。除了自己占地用地,村集体和个人还会将村内的土地擅自卖给外地的开发商或个人,获取现金收入。如 P 市 Y 区的一个村,将一个地块划成 500 份,每份 100 平方米,以每份 4.5 万元的价格卖给外地人建房(约为同期政府征地价格的 20 倍)。在 D 村,2004 年 P 市城市化统收土地前后,发生了大规模的霸地、卖地现象,村内剩余的空闲地几乎被村民霸占一空。①

---

① 《地方土地行政田野调查记录》(2006—2008)。

三、计划管理体制与代理人问题

所谓委托—代理关系是指由委托人和代理人通过约定而形成的关系,在这一关系中,代理人被要求按照委托人提出的目标而采取行动。委托代理理论认为,代理人有其自身的效用函数,其达成委托人目标的程度取决于二者之间的契约所规定的动机结构是否使这种行为对代理人有利。对委托人而言,关键的问题即是这一动机结构的设计:尽可能地了解相关信息,仔细规定代理过程中的可能的行为动机及惩戒措施。委托人必须将这些互相联系的因素综合考虑到契约框架中去,以缓解信息不对称可能出现的问题,使代理人忠诚地按照委托人的意愿办事。然而,无论如何,在委托代理关系中,逆向选择和道德风险问题都始终存在。[1]

土地管理也许是中国实行市场经济改革以来绝无仅有的从分散管理走向集中统一的计划管理的要素领域。中国1978年开始的经济体制改革,其主要目标是逐步建立社会主义市场经济体制。在改革中,经济生活的大部分领域都实行了权力下放和市场化。但是,在原本是分散化的土地管理领域,却逐步建立起了计划管理体制。在传统的计划经济年代,建设用地是随着国家建设项目的下达由主管部门按照需要划拨的,用多少拨多少,没有统一的计划。在社会主义公有制时期,土地的使用都是无偿的,虽然存在一定的浪费现象,但由于拥有土地并不能额外地获取收益,消除了单位和个人多占土地的动机,因此没有必要对土地利用进行集中的计划管理;相反,在商品经济和市场经济发展过程中,土地的资产价值逐步体现出来,同时由于不同地区和不同土地使用者的利益不同,为了自身的经济利益大肆占用耕地,导致耕地数量大

---

[1] Moe, Terry, "The New Economics of Organization", *American Journal of Political Science*, Vol. 88, 1984, pp.739-777.

幅度减少,威胁到粮食安全。这种情况,要求实行更严格的土地管理制度。但是,限于当时的经济社会条件和决策者对制度安排的认识水平,集中统一的计划管理就成为控制土地利用可以采取的最直接、最便捷的方式,使得高度集中的土地利用计划管理体制得以逆宏观经济管理市场化改革而建立。

计划管理体制是一个从中央到地方分级计划、分级审批、层层落实的过程,上一级政府是计划执行的委托人,下一级政府是计划执行的代理人;同时,每一个上级委托人下面存在多个代理人,这样就形成了土地计划管理体制中多层次、多代理人的委托—代理格局。层次方面,从中央到地方有中央—省级—副省级/地区级—县级—乡镇级—行政村(社区)六个层级。代理人方面,每个上级政府都下辖若干行政单位,作为计划实施的下级代理人。

但是,在中国这样幅员辽阔、地区经济差异巨大的国家里,要使土地利用计划制订符合每个代理人的实际,并形成代理人履行约定的动机结构,非常困难。按照目前的计划管理模式,很难杜绝地方代理人在土地利用和管理上的道德风险问题。

首先,计划制订具有主观性,难以符合各地建设用地的实际需要。土地利用总体规划包括全国、省级行政区、副省级及地区级行政区、县级行政区及乡镇五级,规划的期限为15年,土地利用年度计划则是为实施总体规划制定的年度指标。无论是总体规划还是年度计划,都需层层审批,最后经省级政府平衡汇总后,由国务院及土地行政部门批准。由于不同时期不同地区的经济发展状况不一,建设用地需求随着招商引资情况千变万化,要在土地计划制定期间决定未来一年甚至15年土地利用指标,几乎是不可能的。地方政府在招商引资中,为了吸引和留住投资者,不会坐等即使申请也不一定能获得批准的土地指标,有的地方政府平时即会通过建立开发区储备建设用地,以备投资者使用。而土地利用计划不是基于现实需要制定的,而是根据对各地建设用地需要的主观判断制定的,难免背离实际。由国家土地行政管理部门编撰的《当代中国土地管理》一书也坦承土地利用计划管理存在的主要问题:一是严重滞后,赶不上土地管理的需要;二是难以准确预见各地的发展,影响土地利用规划、计划的科学性;三是地方政府和企业利益强化,如果计划管理所预期的土地配置与地方和企业利益相矛盾,地方政府和企业要么要求修改规划和计划,要么索性置计划、规划于不顾。①

其次,没有从利益机制上解决土地利用和耕地保护的关系。在制定土地利用计划过程中,用行政权规定土地的用途,并单纯运用行政权进行土地利用管制,人为地制造了不同区域土地开发权的不平等;没有从经济上建立可开发区域对控制开发区域(耕地保护区域)的利益补偿机制,使得各地都竞相争夺建设用地指标,这在上一节已有详细讨论。

再次,计划管理执行链条太长,难以克服代理人存在的道德风险问题。在土地计划管理中,实际上存在着六个层次,即中央政府、省级政府、副省级及地区级政府、县及区级政府、乡镇政府(或街道办事处)和村民委员会。中央土地行政管理部门是负责制定和监督全国土地利用计划执行的具体机关。由于信息获取的困难,中央土地管理部门不可能亲自监督全国的土地利用,必须由省级以下各级土地管理部门负责各自区域内的土地利用计划制定及执行监管,也就是由省级及以下各级土地管理部门充当代理人,而省级以下土地管理部门又是上一级政府的代理人。但是,下级的土地管理代理人同时又是土地利用的主体,是上一级政府土地利用监管的对象,他们与上一级政府在利益上是不一致的。也就是说,土地计划执行监管在很大程度上取决于土地利用主体的自我监管。这就产生了一个矛盾。事实上,如果土地利用主体可以自觉做到自我监管,就不一定需要自上而下的计划管理。正是因为地方不能做到自我监管,才有必要建立自上而下的监管体制。由于地方各级政府是土地利用主体,他们往往想方设法突破土地利用各种

---

① 参见邹玉川主编:《当代中国土地管理》,当代中国出版社1998年版,第200—201页。

计划指标的限制,逃避上级政府的土地利用监管。由于信息不对称和利益不一致,下一级政府作为土地利用监管代理人违背上级委托人的道德风险是始终存在的。当多个代理人不约而同地违背委托人的约定的时候,约束和惩罚将变得很难执行,使得土地管理制度形同虚设。回到产权问题,事实上,最能对土地利用监管负责的是土地的所有者及其所在的村社,但在目前的制度设计中,土地所有者在土地利用监管中处于缺席状态。或者说,目前的制度设计还没有从政治机制和利益机制上为土地所有者确立土地保护的制度。当然,建立强有力的中央到地方的垂直土地管理体制,也许能较好地克服信息不对称的问题,但是这可能造成更严重的行政垄断和寻租行为,人为地造成土地配置的不公平,降低土地配置的效率,不利于经济的发展。

因此,概括地说,由于利益结构、计划管理和土地监管制度设计的问题,难以克服目前土地利用中存在的各种非正式制度。

四、压力型体制与下级政府(组织)行为

中国实行单一制国家结构形式,中央(上级)政府对地方(下级)政府的控制,除了经济和意识形态手段外,还有政治或组织手段。具体地说,还可以通过对地方干部的任免,实现对地方的控制。黄亚生(1996)专门讨论了中央政府对地方政府的组织控制。他首先评述了经济改革在相当程度上削弱了中央政府对地方政府的控制能力观点,指出经济改革以来,虽然中央的预算收入所占的比例降低了,但政治的控制能力增强了:中央通过干部的任免和升降,迫使地方服从中央,并且中央在紧急的时候可以征用地方的收入。他认为较低的税收分享比例掩饰了中央政府的真实权威,而中央政府较低的税收分享比例也低估了中央政府控制通胀的能力。[①] 荣敬本等(1998)将上级政府给下级政府派任

---

① Huang, Yasheng, "Central-Local Relations in China during the Reform Era: The Economic and Institutional Dimensions", *World Development*, Vol. 24, No.4, 1996, pp.655 – 672.

务，要求定期完成，并以此作为考评干部依据的这样一种体制称为"压力型体制"。① 这种体制不仅表现在完成经济指标上，也体现在实现上级政府规定的工作任务上。另外一些学者则将没有实现国家机构运作的专门化和理性化，仍然频繁使用过去战争时期的动员方式进行管理的体制称为动员体制。这些体制的共同特点是将管理目标作为必须完成的政治任务，并且动员各种力量，使用各种非常手段去完成。

在土地行政中，压力型体制较多地运用于征地拆迁和对土地利用违法违规的检查中。当政府需要征地拆迁时，就将任务通过压力型体制分解到具体的工作部门，由于征地拆迁有规定的时间，这些工作部门必须在规定的时间内完成征地拆迁任务，不论征地拆迁补偿等是否符合国家规定的合理标准或者满足被征地拆迁人的合理要求。我们看到，在大的征地拆迁任务下达时，党政部门都要召开动员大会，甚至与具体负责的部门签订责任状，要求下级部门保证完成任务。在这种压力型体制下，导致了征地拆迁工作中不按照法律规定的程序办事的各种非正式规则。

在土地利用违法违纪或违法建筑查处过程中，下级政府为了完成这类大规模的运动式的执法行动，经常抽调包括土地管理及相关部门甚至与土地管理完全无关、没有执法权的部门人员参与土地行政执法，以查处一些土地违法案件，避免土地违法行为失控。

压力型体制是防止代理人道德风险的一种补救措施，但是压力型体制对代理人道德风险的惩戒取决于上级政治压力的强度和持久性。如果中央或上级政府对土地计划管理的压力足够大，地方（下级）政府往往会避其风头，顺应乃至积极配合中央（上级）的土地管理行动。然而，大规模的执法行动往往是运动性、阶段性的；运动过后，机会主义行为马上抬头，形成违法用地的另一波高潮。上级政府对机会主义行为

---

① 参见荣敬本等：《从压力型体制向民主合作体制的转变——县乡两级政治体制改革》，中央编译出版社1998年版。

的惩罚往往是选择性的,只有一些"典型"会因为种种原因被查处。

压力型的体制在土地行政的一些领域,如征地领域会导致征地实施过程的非正式规则,同时,在土地监管中也不能始终有效地制止地方政府规避土地利用监管的各种非正式规则。高压的结果是超越规范行政手段的非正式规则的产生。

五、司法制度的缺席

(一) 重行政渠道(信访)而非法律渠道

法律是公民人身和财产安全的重要保障,公正的司法则是法律得以实施的保障。在土地管理中,政府的行政行为、程序是否合法,征地补偿是否合理,是否侵犯了法人和自然人的合法权利等,都需要法律做出最后的评判。

但是,在现实生活中,土地管理中出现的相当多的纠纷并不是由法律裁定的。在第一章中,我们已经介绍,目前土地问题已经成为中国城乡社会问题的焦点,每年广义的土地纠纷案件达 90 万件,其中相当部分是因政府的征地拆迁工作而引起。在这些案件中,成功地通过法律程序维护自身权益的少之又少,多数都是通过行政调解。也就是说,通过人治的方式而不是法治的方式解决。这也就是土地信访案件居高不下的原因。情况理想的话,有的纠纷引起了信访部门和重要领导的重视,在重要领导的批示过问和信访部门的督促下,可以得到令上访者较为满意的解决;否则,就是马拉松似的层层上访,最后的结果要么可能不了了之,要么可能采取过激的办法,借此引起领导的重视。

按理说,事件的是非曲直应该由法律裁定,而不是交由党政领导来定夺。如果由法律来裁定,大家都去求诸法律,就不需要天天围在政府门前讨说法了。

（二）法院难以为土地权益受害人主持公道

在关于中国司法制度的讨论中，司法不独立是一个老生常谈。从直接的因果关系来看，司法不独立确实是法律难以起到作用的原因。对于土地行政，由于当事人之一是政府，并且可能涉及政府的重大工程或中心工作，司法的独立公正就更难保证。在政府发展地方经济，造福一方百姓的功利主义原则下，可以堂而皇之地要求法院配合政府工作，甚至要求法院工作人员直接参与征地工作，这时法院不但不是独立的审判机构，而是一种行政力量。因此，在政府征地（只有政府能够征地）与被征地人发生纠纷时，法院一般不会受理被征地人的起诉，而是让被征地人向政府部门反映。2005年8月，最高人民法院发布的《关于当事人达不成拆迁补偿安置协议就补偿安置争议提起民事诉讼人民法院应否受理问题的批复》明确规定："拆迁人与被拆迁人或者拆迁人、被拆迁人与房屋承租人达不成补偿安置协议，就补偿安置争议向人民法院提起民事诉讼的，人民法院不予受理，并告知当事人可以按照《城市房屋拆迁管理条例》第16条的规定向有关部门申请裁决。"这是针对拆迁补偿安置争议的处理办法，实际上征地纠纷也存在类似的情形，要么不受理，即使受理了，也很难支持被征地人的诉讼请求。在第三章关于征地的非正式制度的讨论中，谈到的法院对于土地征用纠纷案件的处理，也表明了这一点。

诺斯（1990）曾指出，发达国家，有效的司法制度包括了完善的法律和律师、仲裁人和调解人等司法人员，而且我们有信心一件案子的是非比私人报酬更会影响其结果。相对的，第三世界里的执行是不确定的，这不仅是因为有法律条例的疑义（一种衡量成本），而且是因为各种司法人员的行为不确定。[1] 司法制度没有能有效限制政府的权力，与土

---

[1] North, Douglass C., *Institutions, Institutional Change and Economic Performance*, Cambridge: Cambridge University Press, 1990.

地行政中组织性非正式规则的流行不无关系。

六、传统社会主义意识形态的影响

传统社会主义意识形态是以公有制为基础的,其特征是当个人利益与集体和国家利益相冲突时,个人的利益服从集体的利益,少数人的利益服从多数人的利益,局部的利益要服从整体的利益,地方的利益要服从国家的利益,要以大局利益为重,从全局利益出发。体现在资源配置和公共管理上,则表现为行政划拨社会资源,对集体和个人的财产权利没有充分地尊重。如1958年施行的《国家建设征用土地办法》将1953年《征地办法》规定的"3—5年产量总值"的补偿标准降低为"2—4年定产量总值",并规定"征用农业生产合作社土地,如果社员大会或者社员代表大会认为对社员生活没有影响,不需要补偿,并经当地县级人民委员会同意,可以不发给补偿费"。在人民公社时期,"一平二调"(即平均主义和无偿调拨)集体资产的事情时有发生。

改革以来,土地的"一平二调"虽然不再发生,但由于土地仍然是公有的,不按土地市场价值征收集体所有的土地的观念仍然深入人心。作为政府而言,可以在促进地方经济发展和"公共利益"的集体功利主义名义下"理直气壮"地征用农村集体所有的土地。如果农民不同意,在以强制力作后盾的同时,征地工作人员会援用传统的社会主义意识形态,对土地所有人开展思想政治工作,教育他们以大局为重,以地方经济发展为重,自觉服从国家建设的需要。对于作为土地所有者的多数农民而言,他们对集体土地并没有强烈的财产观念,在面临土地征用时,很少对征地的合法性提出疑问,只是希望得到合理的补偿。尤其是对于修路等完全出于公共利益需要的土地征收,多数人是能够"顾全大局",以国家利益为重,做出符合集体主义道德要求的行为的。也就是说,多数被征地人仍然具有朴素的集体主义道德心理,这为征地实施提供了正面的心理支持。

不是以财产权利为基础,而是同时以集体主义价值观作为征地时调节国家、集体、个人利益的准则,是征地过程中与思想政治工作等相应的非正式制度得以运用的重要思想基础。

七、从预算软约束到资源软约束

"预算软约束"最初是指在国有企业破产威胁不可执行的情况下,向企业提供资金的机构(政府或银行),未能坚持原先的商业约定,通过追加投资、税收减免等方式持续地救助那些入不敷出的企业,以避免企业破产所带来的经济或社会问题。预算软约束的两个主要特征:一是可在事后对企业的财务计划重新进行谈判;二是企业和政府部门有密切的行政联系。[1] 这一概念随着对转轨经济中政企关系的深入观察而不断拓展,如德沃特里庞和泰勒尔(Dewatripont & Tirole, 1994)提出了内生化预算软约束理论模型,指出,如果追加的贷款成本低于收回全部贷款本金和利息的可能收益,贷款方就会愿意软化预算约束,继续向企业提供贷款(而非清算)以重整企业。[2] 因此广义的"预算软约束"被定义为提供信贷的一方对于预期可能有利可图的未完成的投资项目的持续贷款。1998 年,科尔内(Kornai, 1998)在一篇论文里进一步明确了其"预算软约束"概念,即在与政府存在隶属关系企业中,如果该企业决策者存在对政府援助的理性预期,那么预算约束就是软的。即使继续投资的边际经济收益为负,政府也可能提供援助,使其继续运营。[3]

---

[1] Kornai, Janos, "Resource-Constrained Versus Demand-Constrained Systems", *Econometrica*, Vol. 47, No. 4, Jul., 1979, pp. 801 – 819; Kornai, Janos, *Economics of Shortage*, Amsterdam: North-Holland, 1980.

[2] Dewatripont, Mathias and Jean Tirole, "A Theory of Debt and Equity: Diversity of Securities and Manager-Shareholder Congruence", *The Quarterly Journal of Economics*, Vol. 109, No. 4, Nov., 1994, pp. 1027 – 1054.

[3] Kornai, Janos, "The Concept of the Soft Budget Constraint Syndrome in Economic Theory", *Journal of Comparative Economics*, Vol. 26, No. 1, Mar., 1998, pp. 11 – 17.

这种援助可以是事前的,也可以是事后的。问题的关键不是政府援助能否发生,而是经理人如何期望。这种预期不仅是一个有无的问题,而且常常是一个强弱的问题。① 本书的"软约束"是一个广义的概念,指的是具有隶属关系的机构间,在财产配置上不能按照当初的约定,最后导致超支的现象。

在统收统支的财政体制下,无论是政府与企业间还是具有财政关系的政府之间,预算软约束是普遍存在的,造成短缺与软约束并存。20世纪80年代以来实行的财政包干体制和分税制,在划分中央与地方财权和事权的基础上,实行多收多支、少收少支、自求平衡的财政体制,硬化了中央与地方、上级政府与下级政府的财政关系。虽然货币性的财富预算约束增强了,但是资源性的财富约束并没有加强,地方政府为了缓解本级和下级政府的财政压力,并没有动机在本区域范围内严格地控制土地(及矿产等其他资源)的开发利用,尤其是在土地价值高涨而其他财政收入增长有限的情况下。于是出现了默许或鼓励地方政府"借地(资源)生财"的"资源软约束"的情况。

土地和自然资源是社会财富的重要组成部分,在中国,政府控制土地供应和自然资源的开采权,形成了政府除税收外最重要的收入来源之一。财政预算的硬化,使得地方政府更多地从土地和资源获取收入,导致土地和资源利用约束难以硬化。虽然在粮食安全的强大压力下,耕地保护工作日益加强,但地方政府突破用地限制的各种非正式规则仍然层出不穷。

---

① Kornai, Janos, "Resource-Constrained Versus Demand-Constrained Systems", *Econometrica*, Vol. 47, No. 4, Jul., 1979, pp. 801 – 819; Kornai, Janos, *Economics of Shortage*, Amsterdam: North-Holland, 1980; Kornai, Janos, "The Concept of the Soft Budget Constraint Syndrome in Economic Theory", *Journal of Comparative Economics*, Vol. 26, No. 1, Mar., 1998, pp. 11 – 17.

八、总体制度安排的缺失

本书此前将土地利用和征地中的组织性非正式制度的产生归因于财政制度和土地产权等制度环境,将未按土地的市场价值进行赔偿视为土地征用中存在的主要问题。但事实上,在目前的制度背景下,完全按照土地的市场价值进行赔偿也是不合理的,主要的原因是没有建立完善的土地房屋的税收制度以及相应的土地税收的分配体制,这种整体制度安排的缺失,使得完全按照市场价值进行赔偿也是不公平的。

(一) 与土地权利对等的义务

在土地享有完全的财产权利的地方,其权益人同时要承担相应的义务,即税收。在这些地方,主要的土地税负有:

(1) 土地保有税。即一定时期或一定时点上对个人或法人所拥有的土地资源课征的税。课征土地保有税的目的在于平抑地价上涨,确保土地保有的负担公平,降低土地作为资产保有的有利性。各国(地区)对土地税的课税范围,有广义和狭义两种。广义的土地税,把房屋建筑物等不动产均包括在土地税之内;狭义的土地税,只是单指对土地的课税。土地保有税的征收,有的国家合并在财产税中,有的国家则有单独的土地税。计税的办法有从量计征和从价计征(即按照土地的价值计征)两类。土地保有税税率不同国家和地区有所不同。并且不同的土地用途、位置、开发程度和利用状况,其税收标准也不一样。发展中国家为了限制私人占有土地数量,实行累进税率,税率随土地数量的增多而提高。

(2) 土地有偿转移和增值税。土地增值可分为土地有偿转让增值和土地定期增值两种。前者是土地买卖或交易时的价格超过其原来入账时价格的增值部分;后者是指土地所有者所拥有的土地因地价上涨而形成的增值部分。土地增值税的课税范围一般分为两种:一种是包括对土地及建筑物增值的课税，另一种是只对土地的增值课税。土地增值税的课税对象是土地的增值额，一般包括土地转让时发生的增值额和土地非转移定期发生的涨价形成的增值额。德国、英国、日本原先实行过的土地增值税，对以上两种情况下的增值都课税。意大利现行的不动产增值税的课税对象，也包括这两个部分的增值额。土地增值税的课税方式有两种：一种是综合征收。就是把土地增值收入归并到一般财产收益中，统一征收所得税。美国、英国等国的土地转让收入并入个人或法人的综合收入，征收个人所得税和法人税。加拿大将土地转让收入的3/4计入所得，进行综合征税。另一种是单独征收。就是把土地增值收入从所得税中分离出来，单独课征。土地增值税的计税基础是土地的增值额，即土地的售价减去其原价（原来购入价或取得使用权的支付价）和各项成本费用以后的余额。土地增值税的税率，可分为比例税率和累进税率两种。比例税率是根据一定的转让年限征收一定比例的赋税。累进税率，即按照土地价格增长幅度采用累进税率征收，涨幅越大，税率越高。如台湾地区现行土地增值税税率，按土地涨价倍数实行三级超额累进税率，具体计算为：土地涨价总额超过原规定地价或前次转移时申报现值但未达100%者，就其涨价总额按税率40%征收；超过100%而未达200%者，就其超过部分按50%的税率征收；超过200%以上者，就其超过部分按60%的税率征收。

(3) 土地取得和无偿转移税。土地取得税是对个人或法人在通过购买、接受赠与或继承财产等方式取得土地时课征的税，分为因购买、交换等有偿转移取得土地时课征的税和因接受赠与或继承遗产等无偿转移取得土地时课征的税两种情况。[1]

可见，在土地保有、转移、增值的各个环节，都需要缴纳相应的税费。这些税负在调节社会收入，增进社会公平方面起着重要的作用。

---

[1] 参见张同青、苑新丽："土地课税的国际比较"，《税务研究》2000年第1期；李平："美国的地产管理"，《南方房地产》2004年第6期。

(二) 中国土地税负的制度安排

目前,城市地产的权利和义务关系相对比较明确,城市土地作为国有土地,享有各种收益权,也承担相应的税负责任。但是,农村集体土地既没有完整的财产权利,也没有相应的财产责任。一方面,有关土地管理的法律规定农村集体土地不可转让;另一方面,对事实上发生转让、出租并获得巨额收益的行为也没有规定相应的税费,导致无成本地违法使用。在财产权利和义务双双缺席的情况下,违法用地的收益为"权利+义务",也即可获得双倍的回报,同时在法不责众的情况下,违法用地被处罚的成本很低。也就是说,不违法的机会成本很高,违法的风险很低。这也是农村集体土地违法入市,导致以租代征、小产权房和违法建筑盛行的重要原因。其结果是既没有能够控制土地的使用,也造成相关权益人违法获利及国家税收的流失。在经济较发达,城市化发展较快的地区,农村集体经济组织和村民利用集体土地建造了大量的住房和工商建筑出租,有的村民家庭拥有的建筑面积高达数千甚至数万平方米,积累起了巨额的财富,成为城市化过程中新兴的"房东阶层"。[①]

没有完善的房地产税收制度也导致征地拆迁过程中按市场价值赔偿的过高的心理预期。在按市场价值对征地进行补偿的讨论中,研究者基本上没有讨论与土地权利相应的义务,导致包括被征地人在内的社会舆论都认为,被征地者应该得到的是土地市场价值的全部,而非扣除所有相应税费之后的剩余,[②]结果导致对征地拆迁赔偿的过高预期,

---

[①] 参见谢志岿:《村落向城市社区的转型》,中国社会科学出版社 2005 年版,第 106 页。

[②] 参见苏红、陈金永:《土地征用与地方政府的行为》,香港浸会大学中国城市与区域研究中心,2005;杨盛海、曹金波:"失地农民路在何方",《中国改革(农村版)》2004 年 11 期;陈苏:"城市化过程中集体土地的概括国有化",《法学研究》2000 年第 3 期。

无谓地提高了征地拆迁的交易成本(如仅仅拖延时间即可导致成本大幅提高),更有甚者,可能造成漫天要价的所谓"钉子户",致使建设项目难以进行下去,既不利于城市的发展,也给相关居民生活带来不便。如 P 市 H 区"CWW 金融中心区"建设项目,2005 年 11 月启动拆迁,经过开发商与被拆迁户反复讨价还价,2006 年 8 月达成了绝大多数村民能接受的赔偿标准;同时,由于村民担心回迁房烂尾,开发商在市政府的要求下将 4.5 亿元存入 P 市国土局专用监管账户,在国土局监督下使用。2006 年 10 月,CWW 村 386 户业主中,已有 95%以上签订了拆迁补偿安置协议,未签订协议的只有 16 户。之后,又经过反复工作、讨价还价,剩下最后一户"钉子户"仍然不愿搬迁。该户要求以周边的商品房 1.2 万元每平方米的价格赔偿,但由于村民住房建筑密度大、居住环境差、建筑成本较低,实际价值远不能与商品房相比,开发商拒绝了这一赔偿要求,只愿意以每平方米 9 000 元的价格赔偿(按照民房的状况和当时周边二手楼价格,这一价格已较为合理),协定未能达成。随后进入国土局的行政裁决以及法律程序。2007 年 8 月,法院受理了国土局强制执行拆除的申请,准备进行强制拆迁。然而在此期间《物权法》颁布,同时关于重庆市九龙坡区杨家坪鹤兴路片区旧城改造工程"钉子户"报道也形成了关于征地拆迁的强大舆论压力,这些都影响了双方谈判的筹码。同年 8 月 18 日,国土资源部又发文明确要求各地禁止行政命令强制拆迁,这使得强制执行的政治成本骤然升高。同时,在讨价还价的这段时间,P 市房价扶摇直上,周边房价已涨到每平方米 2 万元。一边是不能强制执行,一边是巨额资金占压产生大量利息,同时,开发商每月还要支付被拆迁户数十万的租金补偿,没有别的办法,最后,开发商只能以 1.6 万元每平方米的标准赔偿"钉子户"1 200 万元告终。①

在这个"钉子户"完胜的案例中,并不是"这是私有财产的胜利"这么简单。首先,这笔按市场价格赔偿的 1 200 万元巨款直接被打入了

---

① 《地方土地行政田野调查记录》(2006—2008)。

"钉子户"的私人账户,没有缴纳所得税或者增值税。其次,这幢私房的建筑面积为779.81平方米,至少有299.81平方米属于违法建筑,因为按照P市有关城中村私房建筑的规定,基底面积(投影)不能超过100平方米(或120平方米,不同时期的规定略有差异),高度不能超过两层半,虽然后来P市有关规定将合法建筑面积的标准放宽至480平方米,①但是,这栋占地133平方米、总面积近800平方米的建筑,无疑相当部分面积仍然属于违法建筑,是不能按照合法的建筑面积赔偿的。②

事实是,如果有合理的针对此类土地及其物业的税收安排,该"钉子户"个人并不能取得如此巨款,坐地暴富。如按照城市有关房地产增值税的规定,涨价超过原值200%者,其超过部分需按60%的税率征收。那么这栋据称成本为120万元的建筑,仅增值税约需缴纳600万元。该"钉子户"实际所得应低于600万元。如果只计算合法的480平方米建筑面积,那么其合法所得应为400万元左右。而其余拆迁户每平方米的补偿标准为6500元,779.81平方米可以补偿500万元。也就是说,按照最初开发商与被拆迁人达成的非市场价格的补偿标准,被拆迁人的利益实际上并没有被侵害。③ 但由于缺乏完备的税收制度安排,这种合理的补偿也被认为是对被拆迁人财产的侵害。此个案的实质是,国家和其他区域居民的利益受到了损害。

我们知道,长期以来,中国的经济建设和城市建设都是由国家投资的,并且由于国家的政策倾斜、投资倾斜和城乡差异,中国城市的发展既是农村贡献的结果,也实际上与其他地区的支持有关,因此城市及城市郊区土地的迅速增值不是这些地区农民投入的结果,而这些增值自

---

① 《地方土地行政田野调查记录》(2006—2008)。
② 由于在谈判中,如果不承认全部建筑面积,绝大多数被拆迁人可能不会同意,于是开发商统一采取了计算全部面积的办法。
③ 事实上,与该村相隔不远的"城中村"村民同期私下转让的小产权房的售价,每平方米也仅为4000多元,开发商赔偿的6500元/平方米已经远远高于私下转让的房价,虽然CWW的区位较其他村优越。《地方土地行政田野调查记录》(2006—2008)。

然也不能完全归这些土地的所有者,而是需要缴纳相应的税费,以通过国家的转移支付弥补未得到开发地区的损失,这在国家投资经济的背景下尤其如此。即使是资本主义市场经济国家,土地的增值也不能完全归土地所有者所有。为限制土地投机和土地兼并,体现财富的公平分配,早期的资产阶级经济学者如亚当·斯密(Adam Smith)、大卫·李嘉图(David Ricardo)、约翰·密尔(John S. Mill)和亨利·乔治(Henry George)等都将土地的增值视为不劳而获的收益(unearned incomes/unearned increments),主张课以重税甚至全部征收。孙中山也提出了"地利归公"的主张。正如上文已经讨论,现在资本主义国家在承认私产,主张国家征收私有财产应按照其评估的市场价值进行补偿的同时,都对私有财产的相关税负做出了详细具体的规定。[①] 这些规定,既是对财产权利的尊重,也是对社会公平的尊重。只讲权利不讲义务,只能导致社会不公平,也不利于耕地的保护。

(三)征地赔偿制度的安排

整体制度安排的缺失,还表现在对失地农民安置的制度安排上。针对农村集体非农土地和物业的税收制度的缺失,导致了政府在征地拆迁过程中可能遇到的被动局面,也可能使农民不劳而获,拥地暴富。而对失地农民安置的完善的制度化安排的缺失,则威胁失地农民的生活,进而影响建筑监管本身。

目前,国家虽然出台了提高征地赔偿标准的规定,但各地对被征地农民的社会保障和就业问题并没有统一的解决办法。如 HY 大学城征地案例,除了给付了土地补偿费、安置补偿费和青苗费或地上建筑物等的补偿外,没有为失地农民解决城市的社会保障,也没有安排村民就业。并且在所有赔偿给付后,村民获得的收入仍达不到征地前的收入

---

① 参见谢志岿:《村落向城市社区的转型》,中国社会科学出版社 2005 年版,第 330—334 页。

水平,在将补偿款用完后,没有劳动技能的村民的生活可能陷入困境(详见第三章)。对于那些还有留用宅基地和工商用地的村集体和村民而言,利用剩余土地建房出租,就成了这些失地农民最自然的生存之道。

而对于基层政府和土地管理者而言,他们是征地的实施者,同时也担负着维持辖区内居民基本生活的责任,他们不希望辖区居民因为生活困难而成为政府的负担。在没有更好的谋生手段的情况下,他们会认同不能再种庄稼的失地农民"种房子"谋生是合情合理的。在这种"生存道义"的支配下,他们不会也难以严格限制农民"种房子",于是又出现了土地资源软约束和违法建筑的扩张。

总之,由于整体性制度安排的缺失,导致了地方政府难以按照正式制度的规定行事,地方政府会相机行事,针对不同事情的不同情况,做出符合自己利益的行为选择。

九、组织性非正式制度的政治后果

土地行政领域组织的非正式规则,是在现有的制度环境下发展型地方政府的理性选择。这些非正式规则使地方政府的利益最大化,缓解了地方的财政压力,在某种程度上也是地方经济快速增长的原因之一。但是地方政府土地行政中的非正式规则,除了影响土地管理绩效,造成粗放型的经济增长方式和资源的过快消耗外,也可能造成不利的政治后果。

(一) 影响国家宏观调控效果及政治整合

前面已讨论分税制引起的国家能力悖论,即在使中央财政能力提升的同时,也削弱了国家在一些领域的宏观调控能力。在土地行政领域,地方政府为突破中央政府的土地利用限制所采取的各种非正式规则,使得国家的房地产调控乃至宏观经济调控政策难以落到实处。

所谓宏观调控,是国家对国民经济总量进行的调节与控制,以保持经济总量平衡,抑制通货膨胀,促进重大经济结构优化,实现经济稳定增长。宏观调控主要有价格、税收、信贷、汇率等经济手段和计划、行政监管等行政手段。宏观调控是与经济的周期性变化相伴随的。按照经济学家刘树成的概括,中国改革以来,共经历了五个经济周期。[①] 比较这五个经济周期,我们发现,每个经济周期及随之而来的宏观调控都与违法用地的周期性高潮相联系,这也印证了建设用地与 GDP 增长密切相关的假设(见表 5-3)。

表 5-3 中国改革开放以来的经济周期和建设占用耕地周期

经济周期	峰位经济增长率		占地高潮	
	年份	增长率	年份	面积(千公顷)
1977—1981	1978	11.7%	1978	145
1982—1986	1984	15.2%	1985	323.6
1987—1990	1987	11.6%	1987	214.1
1991—1999	1992	14.2%	1993	271.1
2000—2006	2006	11.1%	2004	292.8(2006 年为 259)

资料来源:1.刘树成:"中国经济周期波动的良性大变形",陈佳贵主编:《2008 年中国经济形势分析与预测》,社会科学文献出版社 2007 年版。
2.本书表 4-1。

每一个经济周期都伴随着经济过热和宏观调控,经济过热的一大表现是固定资产投资过热及通货膨胀。而固定资产增产过快的根源和前提是建设用地扩张。尤其是多次经济过热都集中体现为开发区热和房地产热。因此,调控土地供应成为宏观调控的重要内容和基础。由于地方政府通过各种非正式规则突破中央的土地调控,隐瞒实际用地数量、新开工项目和固定资产投资规模,导致经济信息扭曲,调控措施难以落实,调控效果不明显。

虽然地方政府的投资冲动有利于经济增长,但过热的投资冲动可

[①] 参见刘树成:"中国经济周期波动的良性大变形",陈佳贵主编:《2008 年中国经济形势分析与预测》,社会科学文献出版社 2007 年版。

能给宏观经济带来问题,也为日益紧张的土地资源带来隐忧。正如碎片化权威主义揭示的各个部门之间存在的分割那样,中国的各个地方也非铁板一块,他们从各自的利益出发的行为,对中央权威和国家整合具有负面的影响。

(二) 引起被征地拆迁人的权益抗争

被征地拆迁人的权益抗争是近年来中国城乡社会政治问题的重要方面。本书导论中已经表明,中国每年广义的土地纠纷达 90 万件以上,各级信访部门受理的信访案件 60% 以上为土地争议引发,土地纠纷数量居农村各类纠纷之首,土地行政案件总数亦居全国法院一审受理的行政案件之首。同时,土地信访案件反映的问题相对集中,组织化倾向比较明显,重复信访率较高。这些情况已经表明,征地拆迁问题已经成为影响城乡社会稳定的主要矛盾之一。

土地权益抗争最初一般都表现为合法的抗争形式。被征地拆迁人利用现有的法律规定和中央的政策,通过信访等途径向各级领导、部门反映承担征地拆迁任务的组织和个人的违法违纪行为,请求他们做出合理的裁决,或者诉诸法律,通过司法途径进行裁决,以维护自己的利益。如果被征地拆迁人发现合法的抗争形式难以奏效,自身的合法权益不可避免将受到损害,他们或者认为胳膊扭不过大腿,被动地接受现实,或者会采取过激的行为,以引起领导的重视,促使有关方面出面解决问题,以使自己的权益得到保护,从而使抗争从合法走向不合法。

通过前面几章的分析我们看到,在征地拆迁中,国家、集体和个人的利益是由现有的制度结构决定的,承担征地拆迁的地方政府或机构,即使完全没有利己的打算,也并不能够改变现有制度规定的根本利益结构。而上级政府也难以改变这一根本的利益结构,只有在地方政府成为牟利型经纪人的时候,才可以通过纠正他们的一些自利行为而减少中间环节对被征地拆迁人的侵害。

因此,在目前的制度安排下,被征地拆迁人在利益受到侵害的时候,其抗争行为只能部分地维护自己的利益,而不能从根本上解决自己在谈判中的不利地位。同样,由于没有完善的房地产税制,政府和国家利益在受到土地违法行为侵害时,也没有有效的调节机制。

(三) 导致国家治理的低制度化与政治认同危机

本书已经证明,组织的非正式规则的盛行是导致公共行政低制度化的重要原因,而低制度化的治理不利于形成全社会合理的权利结构,也直接关系到国家的法治水平,影响到整个的行政和政治生态。我们看到,由于正式制度没有得到认真执行,一些地方政府为了实现自身的利益和行政目标,客观上损害了农民的利益。魏德安(1997)在讨论制度性腐败时,将国家机构的乱收费、乱罚款、乱摊派和私设"小金库"等敛财行为都称为制度性腐败。[1] 在土地管理领域,低价征收农民土地然后高价出让获取利益的行为,也具有在制度安排上牺牲某些特定群体利益的制度性腐败的特征。另一方面,以强制力为后盾的征地拆迁行为也在实际上强化了土地执法的暴力特征,造成政府与被征地拆迁人的直接对立。

欧博文和李连江(Kevin J. O'Brien & Li, Lianjiang, 2006)在关于中国农村合法抗争的讨论中,将合法的抗争看成是国家建设及参与观念、基于平等的权利和法治观念的治理方法传播的产物。在他们看来,抗争者常常会利用国家内部的分化(divisions)找到自己的支持者,并在他们的支持下维护自己的权益;合法的抗争能够提高抗争者的权利意识和行动能力,进而在更大范围内改变人们的看法,从而有利于政治上的改革。[2] 这在总体的意义上是成立的。但是在征地拆迁领域,

---

[1] Wedeman, Andrew, "Stealing From the Farmers: Institutional Corruption and the 1992 IOU Crisis", *The China Quarterly*, Vol.152, Dec., 1997, pp. 805-831.

[2] O'Brien, Kevin J. and Lianjiang Li, *Rightful Resistance in Rural China*, Cambridge: Cambridge University Press, 2006.

我们看到,农民的抗争往往很难奏效。基于目前的制度安排,征地补偿的标准早在征地之前就由用地部门研究制定,并经上一级政府(直至国务院,视乎土地审批权限)批准。无论是国家投资的项目还是企业投资的项目,投资的预算都是既定的,在征地项目获得批准后,具体负责征地的部门一般是没有办法答应农民提高补偿的要求的,①上级政府也很难因为农民的抗争而增加预算,土地审批部门为了留住企业,也不会过高地规定其用地的成本。因此,只能通过本书第三章所讨论的各种非正式规则,想方设法让农民同意土地征用。由于征地拆迁补偿标准是按照国家有关规定制定,并经过层层批准的,农民的上访也往往没有结果,甚至不予受理。除了特殊的土地违法案件,政府不同层级、不同部门在土地方面的利益是一致的,土地权益的合法抗争者很难在政府内部找到支持者。信访部门一般都会把信访案件办理再转移到相关主管部门,而法院也往往不受理这些案件,而是让当事人寻求行政仲裁。事实上,这些案件本来就是因为在这些行政主管部门得不到解决才诉诸到信访部门和法院的。至此合法抗争进入了"死胡同"。由于没有制度性的解决办法,面对日益增加的合法的或不合法的抗争,中央只能多次发出通知或有关规定,从补偿标准、工作程序和工作方式方法等方面要求有关方面妥善解决征地拆迁补偿问题。

与成功的抗争相反,没有效果的合法抗争会极大地挫伤抗争者的政治效能感。其结果是造成对地方政府的不信任。由于国家的政策和法规往往为维权提供合法基础,因此中央政府往往能够获得较高的政治信任。这与李连江(2004)的假设是一致的。② HY 大学城被征地的

---

① 一些有财力的地方政府为了完成上级交办的征地任务,从自己的财政拿出一些钱补贴被征地拆迁者,或者用土地补偿被征地拆迁者,使其同意拆迁,P市HS 路改造和 SH 路建设征地拆迁即是如此[(详见第三章及《地方土地行政田野调查记录》(2006—2008)]。但这种情况一般发生在重大市政工程拆迁任务中并不多见。

② See Li, Lianjiang, "Political Trust in Rural China", *Modern China*, Vol. 30, No.2, 2004, pp.228-258.

村民就说:"中央的政策是好的,'一号文件'明确规定要维护农民的利益,但地方没有遵守,到省里去反映没有用,省里和市里是一样的。"①

对地方政府的不信任,会影响政府的公信力,也会进一步影响地方治理的认同基础,增加地方政府其他工作的难度。当然,目前的政治不信任针对的主要是地方政府,但是,如果国家长期不能做出更合理的制度安排,为协调国家、集体和个人之间的利益关系提供更合理的制度框架,对中央政府的政治信任也可能流失。因此,通过制度安排消解地方政府的非正式规则,是国家制度建设的重大使命。

---

① 田野访谈(DXC),《地方土地行政田野调查记录》(2006—2008)。

第六章　关于中国公共行政的制度化和绩效：一个新的解释

改革开放以来,中国的公共行政发生了引人注目的变化,这一变化是复杂的、多元的。一方面,中国公共行政(包括地方行政)出现了许多积极的变化,如公务员制度的建立和行政改革与发展,官僚体制日益理性化,国家与社会、政府与市场的关系逐步理顺,治理能力得到了提升;[1]另一方面,中国的地方治理也出现了诸多问题,引发了诸多社会矛盾乃至群众抗议,影响到社会稳定和对政府治理的认同感,是中国必须面对和解决的问题。正式化与非正式化并存,治理能力增强与行政紊乱同在,是中国转型期政府治理的一个十分吊诡的特征。本书重点关注转型中国出现的行政紊乱现象,但并不否定改革开放以来中国在国家治理方面所取得的重大进步和成就,而是希望通过对紊乱现象的讨论,揭示紊乱现象产生和存在的根源,并提出解决的办法,以消除这些紊乱,提升国家的治理水平,推进国家治理的现代化。

本书关注存在于地方政府的组织性非正式规则,这些非正式规则在地方政府普遍存在,并对地方治理有着深刻影响。本书希望从理论上总结这些组织的非正式规则,并对其在中国公共行政中的意义做出分析和评估。

---

[1] Tsao, King Kwun, "Building Administrative Capacity: Lessons Learned From China", *Public Administration Review*, Vol. 69, No. 6, Nov./Dec., 2009, pp.1021–1024;王绍光:"中国公共政策议程设置的模式",《中国社会科学》2006第5期。

一、"组织的非正式制度"的解释视角

本书以土地行政为例,重点讨论了流行于地方政府的各种非正式规则。这些在地方政府中高度同形化的行为模式和规则,大多是为中央(上级)政府所不允许的,它们大多是不成文的,有的虽然成文,但也只是在地方内部实行并且随时可能被上级要求撤销,是没有正式地位的"土政策",因而是非正式的。这些非正式的行为规则,都是以地方行政组织为主体的行为规则,是组织(性)的行为规则,而不是个人的、零散的、自发的行为规则,因此,本书将其称为组织(性)的非正式制度/规则。

新制度主义文献往往将正式规则视为正式组织(官方)的成文化的规则,而非正式规则则是社会上非官方、非成文的规则。如赫姆基和列维茨基(2004)在他们的综述性的文献中就认为,"正式制度是通过官方接受的官方渠道创立、传播和执行的,包括国家制度(法院、立法、和管理机构)和由国家执行的规则(宪法、法律和规定),即组织的规则";而非正式制度是"由社会分享的规则,常常是不成文的,在官方批准渠道之外创立、传播和执行"。本书第一章导论中已经讨论过,新制度主义文献一般都持这种观点,但是组织性(官方)的规则并不总是正式的。本书的研究表明,作为行动者的组织本身,在一定的制度结构约束下,也会发展出非正式的行为规则,这些组织内部的非正式规则,对组织本身乃至组织体系整体的目标也具有重大影响,甚至直接是目标替代的行为规则。新制度主义文献忽略了组织(性)的非正式规则的存在,对组织的非正式规则的作用和意义也缺乏专门细致的分析。

本书通过对中国土地行政的研究,提出了"组织的非正式制度"这一概念,并对组织的非政治制度的作用和影响进行讨论,拓展、补充了新制度主义关于非正式制度的概念及其作用的认识,同时对中国公共行政的绩效和制度化问题提出了新的解释。

通过对中国土地管理的主要领域的探究,我们看到,无论在土地利用计划管理、非农建设用地报批、土地征用或征收、土地供应、耕地保护、土地监管和房地产调控各个环节,地方政府都存在组织性的非正式行为规则。这些非正式行为规则,在维护和实现地方(局部)利益的同时,也利用、变通或扭曲了国家正式制度,导致国家的正式制度难以得到落实,影响了公共行政的制度化,也影响了国家土地管理总体目标的实现。

我们看到,在土地利用计划管理、非农建设用地报批工作领域的非正式规则,主要目标是突破上级政府规定的指标,获得更多的建设用地,这些领域非正式规则的运用,使得中央(上级)政府正式制度规定的保护耕地、控制建设占用耕地规模的目标落空。而补充耕地工作中的非正式规则,使得补充耕地的数量和质量都没有达到规定的目标。土地供应领域的非正式规则,使得各地为了招商引资,竞相压低一些产业用地的价格,导致用地成本低廉,助长了一些企业的跑马圈地行为,导致用地规模得不到有效控制,影响土地的节约集约利用。土地征收中的非正式规则,导致土地利用上的"囚徒困境"博弈,被征地对象为了防止土地被低价征收,未经许可,竞相违法使用土地,导致农村集体土地违法现象泛滥。土地监管上的非正式规则,使得土地管理中纪律的声誉被严重败坏,难以做到令行禁止。房地产调控中的非正式规则,则使得房地产调控难以达到预期的目标。很明显,非正式规则消弭了正式制度的作用,导致了土地管理的各项任务很多没有达到预期的目标,正式制度绩效还没有得到充分发挥。

本书认为,公共行政制度化的状况,可以从制度成型化、制度认同与执行情况、对反制度行为的处罚几个方面来衡量。从制度成型化来看,中国土地管理的正式制度仍然不健全;从制度的认同与执行情况来看,由于大量非正式制度的存在,正式制度并没有得到很好地遵守和执行;从对反制度行为的处罚来看,违反正式制度的各种行为也没有给予应有的处罚。因而,本书认为,中国土地管理还没有达到高度制度化的程度。

本书将组织的非正式规则看成是影响土地行政绩效和制度化程度的一个主要原因,并从"组织的非正式制度"这一角度,对中国公共行政的制度化、绩效与正式制度、非正式制度的关系提出了一个新的解释,即:"中国在公共行政和政策执行的过程中,由于整体制度安排或制度背景的缘故,地方行政主体为了维护自身利益或完成上级的行政任务,往往会采取或借助非正式规则;这些组织性的非正式规则(制度)在实现局部利益或暂时的行政目标的同时,也削弱了正式制度的权威;正式制度的削弱,影响了制度绩效,也影响了中国地方行政的制度化水平。

新制度主义文献关于非正式制度作用的假定都是单一性、一次性的,对其类型的划分也都是归属于某一个单一的类型。本书发现,组织的非正式规则的作用具有复杂性、层次性和变异性,在初次博弈中具有促进作用的非正式规则(如补充性非正式制度),在后续博弈中可能成为阻碍正式制度作用的竞争性的非正式制度。同时,组织的非正式制度具有强烈的外部性和扩散性,对整体的公共治理具有负面的作用,成为一种消弭法治和正式权威的非正式制度。对组织性非正式制度的作用和类型的复合性、层次性和变异性的分析,可以为关于非正式制度概念、作用和类型的理论提出某些补充或修正。

二、组织的非正式规则在地方行政中的普遍性

在中国公共行政中,组织的非正式规则是普遍存在的,社会上通常将这些非正式规则称为"土政策"或者"潜规则",也有研究用"上有政策,下有对策"这一通俗说法表示地方政府运用各种非正式规则对付中央和上级政府的正式制度的情形。

这些概念的使用比较形象,但也比较随意,并不是严谨的学术语言,没有严谨地界定组织的非正式规则的内涵和外延,也没有将其纳入制度主义的理论背景和理论框架之中。《现代汉语词典》关于"土政策"

的定义为："指某个地区或部门根据自己的具体情况或从局部利益出发制定的某些规定或办法（多与国家政策不一致）。"①而《当代汉语词典》对"土政策"的定义为："指某个地区、部门或单位自行制定的不符合国家政策的法规。"②《辞海》和《辞源》等尚没有相关词条。已有的关于"土政策"的定义都规定了土政策的四个特征：(1)从局部或部门利益出发；(2)不符合国家政策和法规；(3)是在局部起作用的规定和办法，不论成文或不成文；(4)其主体都是组织，如地区、部门或单位。

吴思刻画了中国古代官场的"潜规则"，他对"潜规则"一词下了一个定义，他认为："潜规则是人们私下认可的行为约束；这种行为约束，依据当事各方的造福或损害能力，在社会行为主体的互动中自发生成，可以使互动各方的冲突减少，交易成本降低；这种在实际上得到遵从的规矩，背离了正义观念或正式制度的规定，侵犯了主流意识形态或正式制度所维护的利益，因此不得不以隐蔽的形式存在，当事人对隐蔽形式本身也有明确的认可；通过这种隐蔽，当事人将正式规则的代表屏蔽于局部互动之外，或者，将代表拉入私下交易之中，凭借这种私下的规则替换，获取正式规则所不能提供的利益。"③吴思关于"潜规则"的定义与新制度主义关于非正式制度的定义在概念的内涵和外延上是一致的。主要是指不成文的，以个体而不是组织形式存在的非正式规则，这与本书以地方政府（部门）为主体的组织性的非正式规则存在内在的区别。

在中国地方政府公共行政中，行政组织的非正式规则是普遍存在的，尤其是在等级制、单一制行政体系内，存在委托—代理关系并且二者之间利益不一致的情形下。本书再以环境保护、安全监管、计划生育等领域的例子来加以佐证。

---

① 《现代汉语词典》（第6版），商务印书馆2012年版，第1320页。
② 《当代汉语词典》，中华书局2009年版，第1456页。
③ 吴思：《潜规则：中国历史中的真实游戏》，复旦大学出版社2009年版，第193—194页。

(一) 地方政府在环境保护领域"组织的非正式规则"

环境保护是中国的国策之一,中国政府和人民为保护环境付出了巨大努力:全国人民代表大会及其常务委员会、国务院及有关部门、地方立法和行政机关先后制定了大量的环境保护方面的法律、法规和规章;参加了50多项涉及环境保护的国际条约,并积极履行这些条约规定的义务;在中央和地方不断加强环境保护组织建设,建立了完备的环境保护部门;不断加强环境执法检查和行政执法力度。但是,如同《中国环境保护白皮书》所指出的:"中国环境形势依然十分严峻。一些地区环境污染和生态恶化还相当严重,主要污染物排放量超过环境承载能力,水、土地、土壤等污染严重,固体废物、汽车尾气、持久性有机物等污染增加。新世纪头二十年,环境保护面临的压力越来越大。"

造成环境保护形势严峻的一个主要原因在于地方政府没有严格执行国家的有关环境保护政策。经济合作与发展组织(OECD)2007年7月17日发布的《中国环境绩效评估》明确指出,(中国环境保护)首要的问题在于"实施环境政策的有效性和效率",报告称:

> 环境政策实施的最大障碍在地方。地方领导的政绩考核目标、提高地方财政收入的压力、对于当地居民有限的责任和义务,这些都使得对经济发展的考虑优先于环境问题。需要加强监测、监督和执法能力,以建立一个更加综合的激励和审批机制。此外,还需要提高环境保护支出的效率及环境政策手段的有效性,加强污染者付费和使用者付费原则的应用,提出相关规定来保证欠发达地区在制定经济发展战略时考虑环境问题,并保证贫困人口得到环境服务。与气候和工业污染相关的灾害有增加的趋势,需要采取措施加强预防、减轻危害。①

---

① ORCD:《中国环境绩效评估》(结论和建议),2007年7月。

ORCD报告将中国环境保护政策执行中存在的问题归结为地方政府将经济发展的考虑优先于环境问题,可以说切中了要害。现实中,地方政府将地方短期利益置于环境保护之上的考虑,确实是环境保护政策难以落实的根本原因。由于一些地方政府将经济发展和财政收入作为首要的工作目标,环境保护往往处于从属和次要的地位。宁夏自治区环保局局长在接受媒体采访时就坦承,"治污难,在于地方保护"[①]。地方政府没有严格执行国家的有关环境保护政策,在面对国家的环保政策的限制和检查时,总是想方设法进行逃避,由此也形成了一整套的"组织性非正式规则"。

对地方政府在环境保护方面普遍存在的非正式规则,2007年4月4日,中华人民共和国监察部办公厅、国家环保总局办公厅发布了《关于进一步清理违反国家环境保护法律法规的错误做法和规范性文件的通知》(监办发〔2007〕3号),明令进行清理。该《通知》归纳的需要重点清理的地方政府在环境保护方面的非正式规则主要包括:(1)以实行"封闭式管理"、"挂牌保护"、"企业宁静日"等名义,或者以要求环保部门预先报告或限制环保部门执法次数等方式,阻碍环境执法人员进行现场执法检查。(2)改变排污费征收主体,擅自减免征收排污费或者采取协议收费、定额收费等形式降低收费标准。(3)降低环境保护准入标准,减少环境保护准入条件,下放环境保护事项审批权限。(4)对环保部门、监察机关下达招商引资任务和指标。

2007年5月,国家环境保护总局对湖北省清理环保"土政策"的主要做法、清查成效、工作经验和存在问题进行了调研。调研报告称:"湖北省通过此次清查,基本查清了各地有悖于环保法律法规要求的'土政策'和'土规定'的具体名称和相关条款等内容。"调查发现,全省共有8个市、直管市及50个区县市出台了79项"土政策"。"土政策"的表现

---

① "环保局长坦言治污之难在于地方保护",中央电视台《经济半小时》(节目内容实录),2007年5月10日。

形式多种多样,主要包括:(1)"三零(宁)":宁静日、零收费、零处罚。(2)"三制":检查准入制、处罚核准制、收费审批制。(3)"三免":免缴排污费、免办环评手续、免建环保设施。(4)"三个隐形":某些政府或者部门的挂牌保护;政府领导挂点、蹲点企业;有意延长限期治理时间和长期以"试生产"名义开展生产,不执行环保"三同时"。

报告同时指出了湖北省一些地方政府在清理环保"土政策"工作中存在问题,这些问题包括:(1)个别地方政府仍然对"土政策"清理不够重视,对上级部门的要求停留在口头上,未落实到行动中,对具体"土政策"条款未予修改取消。(2)有的"土政策"处于不公开状态,地方政府某些主要领导的口头要求,成为一种不成文的规定,清理起来特别困难。(3)有的地方在以文件形式取缔"土政策"后,在实际行动中仍然存在干扰和限制环保执法现象。[①]

上述以地方政府为主体的组织性非正式制度的存在,导致有关环境保护的正式制度难以落实,直接影响了中国环境保护工作的绩效。

(二) 地方政府在市场经济活动中的"组织的非正式规则"

形成全国统一的市场,是建立社会主义市场经济的重要目标。经济体制改革以来,中国都在致力于达到这一目标。1993年9月2日第八届全国人民代表大会常务委员会第三次会议通过了《中华人民共和国反不正当竞争法》,此后还出台了多项相关法规,对打击商品生产、流通和消费领域的不正当竞争行为做出了专门规定。其中,《反不正当竞争法》对于各级政府及相关部门做出了如下主要规定。该法第3条规定:"各级人民政府应当采取措施,制止不正当竞争行为,为公平竞争创造良好的环境和条件。县级以上人民政府工商行政管理部门对不正当竞争行为进行监督检查;法律、行政法规规定由其他部门监督检查的依

---

① 国家环境保护总局办公厅:"关于湖北省清理干扰和阻挠环保执法'土政策'情况的调研报告",2007年6月25日。

照其规定。"第 4 条规定:"国家鼓励、支持和保护一切组织和个人对不正当竞争行为进行社会监督。国家机关工作人员不得支持,包庇不正当竞争行为。"第 7 条规定:"政府及其所属部门不得滥用行政权力,限定他人购买其指定的经营者的商品,限制其他经营者正当的经营活动。政府及其所属部门不得滥用行政权力,限制外地商品进入本地市场,或者本地商品流向外地市场。"第 16 条规定:"县级以上监督检查部门对不正当竞争行为,可以进行监督检查。"

  法律和相关法规的颁布,使反不正当竞争行为有法可依。但是,很多地方政府并没有认真执行这些法律。2001 年,国家计划委员会宏观经济研究院课题组所做的一份研究报告指出:"经济秩序混乱是当前我国改革与发展面临的突出问题。地方市场分割是经济秩序混乱的突出表现。这种格局,严重干扰宏观经济平衡和国民经济的正常运行,社会资源无法实现最优配置,妨碍了市场体系建设,非常不适应当前经济全球化和我国对外开放新形势的需要。"①

  2001 年 4 月,为了建立和完善全国统一、公平竞争、规范有序的市场体系,禁止市场经济活动中的地区封锁行为,破除地方保护,维护社会主义市场经济秩序,国务院制定并公布了《关于禁止在市场经济活动中实行地区封锁的规定》(国务院第 303 号令),对市场经济活动中各种地区封锁行为提出了明令禁止。

  然而,国务院的规定并没有根本扭转地方政府的地方保护行为。2004 年,《国务院关于印发 2004 年工作要点的通知》要求按照国务院第 303 号令继续加强地方政府出台的各种地区封锁规定的清理。同年 6 月,商务部、监察部、国务院法制办、财政部、交通部、国家税务总局、国家质检总局七个部门联合发出《关于清理在市场经济活动中实行地区封锁规定的通知》,要求对各地县级(含县级,下同)以上地方各级人

---

  ① 国家计划委员会宏观经济研究院课题组:"如何打破地方市场分割建立全国统一市场",《中国经济周刊》2001 年第 36 期。

民政府所属商务、财政、交通、国税、地税、质检等部门制定的属于排斥外地产品和服务、对本地产品和服务予以特殊保护的各种分割市场的规范性文件以及其他文件予以清理和废除。

地方政府及其所属部门(包括被授权或者委托行使行政权的组织,下同)为了实行地方保护,出台了各种实行地区封锁的规定,按照国务院《关于禁止在市场经济活动中实行地区封锁的规定》的归纳,需要废止和撤销的相关规定包括:(1)以任何方式限定、变相限定单位或者个人只能经营、购买、使用本地生产的产品或者只能接受本地企业、指定企业、其他经济组织或者个人提供的服务;(2)在道路、车站、港口、航空港或者本行政区域边界设置关卡,阻碍外地产品进入或者本地产品运出;(3)对外地产品或者服务设定歧视性收费项目、规定歧视性价格,或者实行歧视性收费标准;(4)对外地产品或者服务采取与本地同类产品或者服务不同的技术要求、检验标准,或者对外地产品或者服务采取重复检验、重复认证等歧视性技术措施,限制外地产品或者服务进入本地市场;(5)采取专门针对外地产品或者服务的专营、专卖、审批、许可等手段,实行歧视性待遇,限制外地产品或者服务进入本地市场;(6)通过设定歧视性资质要求、评审标准或者不依法发布信息等方式限制或者排斥外地企业、其他经济组织或者个人参加本地的招投标活动;(7)以采取同本地企业、其他经济组织或者个人不平等的待遇等方式,限制或者排斥外地企业、其他经济组织或者个人在本地投资或者设立分支机构,或者对外地企业、其他经济组织或者个人在本地的投资或者设立的分支机构实行歧视性待遇,侵害其合法权益;(8)实行地区封锁的其他行为。

然而,虽然中央政府在2004年集中进行了地方保护政策的清理,但是,各种限制外地产品和服务进入本地市场,限制本地产品和服务进入外地市场,指定经营、购买、使用本地产品的各种地方保护政策,仍然在各地实施和流行。比如,2006年,湖北汉川市政府办公室下发了《关于倡导公务接待使用"小糊涂仙(神)"系列酒的通知》,对本市各局、各乡镇在内的105个单位分别下达了"小糊涂仙(神)"系列酒的"喝酒任务指标",规定2006年全市相关单位需完成消费"任务"200万元,年终完不成的要通报批评,完成的则按照10%奖励。① 无独有偶,湖北省公安县卷烟市场整顿工作领导小组下发的《2009年县直部门和单位及乡镇公务用烟考核管理办法》,对全县包括学校在内的各个单位和部门公务香烟消费提出了指令性指标,要求全县相关单位公务消费省烟草专卖局规定品牌香烟2.3万条,完不成任务或消费省规定品牌之外的香烟的要给予处罚。② 在2008年以来的金融危机背景下,有报道称,各地地方保护主义又开始重新抬头,纷纷出台了鼓励优先采购本地产品的措施。③

(三) 计划生育工作领域"组织的非正式规则"

计划生育政策的执行是现今中国公共行政中除土地征用之外最为人诟病的领域之一,因为它针对的是人类的生育权利,涉及中国3亿多家庭、十多亿人口。中国的人口和计划生育工作主要经历了三个阶段。一是严格控制人口增长阶段。从20世纪70年代开始在全国城乡全面推行计划生育,到20世纪90年代中后期,中国人口再生产类型实现了由高出生、低死亡、高增长到低出生、低死亡、低增长的历史性转变。二是稳定低生育水平阶段。以2000年3月,中共中央、国务院公布的《关于加强人口与计划生育工作稳定低生育水平的决定》为标志,在这一阶段,人口过多仍然是中国的首要问题,人口与计划生育工作的主要任务是稳定低生育水平,提高出生人口素质。三是稳定低生育水平、统筹解

---

① 参见胡成:"汉川市政府办公室下达喝酒任务",《楚天都市报》2006年4月6日。
② 参见余飞:"湖北公安县以红头文件摊派烟草指标",《法制与新闻》2009年第6期。
③ 参见孙小林:"地方保护主义利用政府政策重新抬头",《21世纪经济报道》2009年2月17日。

决人口问题、促进人的全面发展阶段。以2006年12月22日中共中央、国务院发布《关于全面加强人口和计划生育工作统筹解决人口问题的决定》为标志。这一阶段的主要任务是千方百计稳定低生育水平,大力提高出生人口素质,综合治理出生人口性别比偏高问题,不断完善流动人口管理服务体系,积极应对人口老龄化。中国的计划生育工作虽然没有实现中共第十二次全国代表大会提出的"到本世纪末,必须力争把我国的人口控制在十二亿以内"的目标(到1995年2月,中国的人口数即达到12亿),但是,中国计划生育工作的成绩却是有目共睹的,可以说基本上实现了既定的人口控制目标。根据国家计划生育委员会"计划生育投入与效益研究"课题组的研究成果,从1980年至2000年的二十年间,中国因计划生育工作少生了2.5亿个孩子,在3.5亿家庭中,平均每个家庭少生了0.74个孩子。①

与环保领域和土地管理领域相比,中国计划生育工作的绩效是显著的,但是简单粗暴、滥用国家的强制能力的工作方法仍然比较普遍。虽然国家为了规范计划生育工作的运作,先后出台了《中华人民共和国人口与计划生育法》、《流动人口计划生育工作管理办法》、《计划生育技术服务管理条例》、《社会抚养费征收管理办法》等法规,规范计划生育工作,但是地方政府为了完成计划生育工作任务,仍然采取了各种非正式规则,包括计划生育工作过程中针对计生对象的非正式规则和对付上级计生工作检查的非正式规则。

1.针对计生对象的非正式规则

1995年5月19日,国家计划生育委员会发出《关于印发在计划生育行政执法中坚持"七个不准"的通知》。《通知》称,"七个不准"是国家计生委针对基层计划生育工作存在的问题提出的,"七个不准"所针对的错误行为,违背了为人民服务的宗旨,损害了党和政府在人民群众中

---

① 参见薛冬:"我国实行计划生育20年少生2.5亿个孩子",《光明日报》2000年9月22日。

的威信;损害了计划生育工作的形象,不利于工作的健康发展,不利于社会的安定和团结。"七个不准"包括:(1)不准非法关押、殴打、侮辱违反计划生育规定的人员及其家属;(2)不准毁坏违反计划生育规定人员家庭的财产、庄稼、房屋;(3)不准不经法定程序将违反计划生育规定人员的财物抵缴计划外生育费;(4)不准滥设收费项目、乱罚款;(5)不准因当事人违反计划生育规定而株连其亲友、邻居及其他群众,不准对揭发、举报的群众打击报复;(6)不准以完成人口计划为由而不允许合法的生育;(7)不准组织对未婚女青年进行孕检。

实际上,《通知》中不准的行为,正是流行于基层计生管理机构在工作中的各种"非正式规则"。这个要求不公开广播、张贴但要口头传达到各级计划生育工作部门、每一名计划生育工作人员的《通知》,并没有根本解决基层计生工作部门在工作中存在的问题,简单、粗暴执法的情况仍然普遍存在。一些地方甚至毫不掩饰自己的粗暴执法行为,一些粗暴的执法方式甚至被制成标语,赫然布置在社区一些最醒目的地方。2007年7月,为清理这些粗暴血腥的标语,国家人口和计划生育委员会办公厅下发了《关于开展清理规范更新人口计生宣传标语口号的通知》,并推荐了100多条更为人性化、更温情的标语,供各地宣传之用。

近年来,计划生育执法较过去有了较大的改观,正在从传统的行政干预型向利益导向型转变。[1] 但是,粗暴执法在各地仍然时有发生。2006年5月,广西博白县计划生育工作由于存在粗暴执法和乱收费现象,导致多个乡镇发生数千群众聚集围堵政府驻地事件,即是一个典型案例。[2]

---

[1] 参见蔡昉、汪正鸣、王美艳:"中国的人口与计划生育政策",中国社会科学院公共政策研究中心等编:《中国公共政策分析》(2002年卷),中国社会科学出版社2002年版。

[2] 参见张周来、梁思奇:"广西博白县群众围堵乡镇政府事件平息",http://news.sina.com.cn/c/2007-05-23/004913050407.shtml。

2. 针对上级计生工作检查的非正式规则

主要表现在:(1)弄虚作假,应付检查。人口出生率、计划生育率、出生人口性别比各项数据都必须符合上级制定的规范要求。如果事实不符合上级的要求,就要伪造一套台账,使之符合上级的要求。为此,一般都有真假两套台账,或者只做一套假台账,总之要使报表符合上级的要求。(2)尽力招待好上级计划生育检查工作的人。① (3)对违反计生政策的流动人口实行劝离。在上级检查前,要求违反计划生育政策的外来人口实行离开本辖区,这样,这些违反计划生育的外来人口就不属于该辖区的责任。

从上面三个领域可以看出,地方政府的非正式规则是普遍存在的。在环保和经济活动中,地方政府发展出了多种竞争性和变应性的非正式规则,使得中央和上级有关环境保护和公平竞争的正式法规难以落实。而计划生育领域的非正式规则则大多属于补充性的非正式规则,这些规则对完成上级规定的计划生育任务发挥了作用。但是,地方政府无视正式法规的执法行为,不利于推进公共行政的制度化,也不利于在观念和行为上推进中国的法治进程。

三、"组织的非正式制度"的解释意义

在第一章文献综述中我们曾经讨论,已有研究将中国地方治理低制度化和低效问题视为:(1)中央与地方政府之间集权与分权状况;(2)政治体制,如政党、立法、行政、司法机构之间的权力划分及其关系;(3)韦伯意义上的官僚体制的理性化程度等三个主要变量的函数。本书认同上述三种解释的价值,但同时认为,这些理论并没有完全解释转型期地方行政中存在的所有问题。土地行政的案例表明,行政制度化和绩

---

① 参见欧阳中球:"计划生育亟需公开透明的考核机制",http://www.chinaelections.org/NewsInfo.asp? NewsID=94304。

效状况并不完全是上述因素的直接结果,而是还有其他原因。

本书用"组织的非正式制度"来解释中国土地行政中存在的低制度化和低效问题,将以地方政府为主体的"组织的非正式规则"作为地方政府在土地管理中存在的低制度化和低效问题的直接原因,并且从制度环境的多个方面解释了组织的非正式规则存在的原因。

这一解释在已有各项研究的基础上,试图为中国地方行政的紊乱和失序行为提供一个不同于已有的研究路径的新的解释视角。

首先,本书提出了"组织的非正式制度"的概念,并将这一概念置于新制度主义关于正式制度、非正式制度及其相互作用的理论背景下,试图用中国的事实案例,从理论上丰富新制度主义关于"非正式制度"的概念及其作用的认识。在已有的研究中,学者们关注到地方政府运作的非正式方面,但没有专门从新制度主义对它们进行概括。如有的研究将这些非正式方面主要看成是一种行为和非正式运作(孙立平、郭于华,2000;周雪光,2008),有的也将其看成是一种政策或规则,但只是运用了日常的语言来表达,如用"上有政策、下有对策"、"土政策"、"潜规则"等词语来表达,没有将这些"规则"纳入到新制度主义的概念框架内。虽然相关研究也使用"地方政府的土政策"之类的表述,但没有有意识地将之概括为"组织的非正式规则/制度"。本书关注非正式运作背后的行为规则,一方面这些行为规则是一套规则,而不仅是单一的孤立的行为;另一方面,这些规则又是以地方政府为主体的,是组织的非正式规则。本书的研究表明,这些组织的非正式规则在中国地方行政中是比较普遍地存在的。这对丰富和拓展现有新制度主义文献关于非正式制度的定义提出了经验事实和需要。因为现有关于非正式制度的定义没有包括组织的非正式制度,而中国地方行政中组织的非正式规则无疑是一种非正式制度。

其次,本书的解释不同于中央与地方关系理论关于地方政府失序行为的解释。中央与地方关系理论将中国地方政府行政中的紊乱行为归因于政府间在财权和事权方面的集权和分权关系不合理或者国家能力不足,但是,地方政府的一些非正式运作并非只是集权和分权关系或者国家能力的函数,也不是通过调整中央与地方政府之间的关系就可以解决的。(1)地方政府的一些非正式运作并非只是集权和分权关系的函数。如地方政府在土地征用、建设占用耕地、土地供应中的一些非正式规则,同时也与土地产权制度、政府与经济(市场)的关系有关,单纯调整中央与地方关系,并不能完全解决这些问题,因此,还需要把政府与社会、政府与市场等关系引入到政府行为函数的变量中。(2)在某些制度环境下,国家能力与地方政府运作存在悖论。国家能力包括财政汲取能力、宏观调控能力、合法化能力以及强制能力等。[①] 但是,在土地行政领域,低制度化的运作并不一定是国家能力不足造成的,有时候,上级政府是完全可以控制下级政府的,只要上级政府愿意这样做。但是,上级政府(包括中央政府)却并不一定会严格执行有关土地管理的规定,土地违法案件的处罚不力即是证明。同时,在土地行政的一些领域,现实的情况是国家能力过强,如一些建设项目以较低的价格强制征收农村集体土地即是如此。因此,不同类型的国家能力对行政的制度化的意义是不一样的,如果不加区分,会导致矛盾的结论。也许,国家的政策执行能力和合理化地进行总体制度安排的能力才与行政的制度化呈正相关的关系。

第三,本书的解释也与政治体制的解释路向存在区别。政治体制的解释路向将中国治理中存在的失序行为归因为政党、立法、行政、司法等政治机构的权力划分及其关系。比如党政不分、权力过于集中、人大作为权力机关没有发挥应有作用、司法不独立等。中国地方治理中的一些失序行为确实与政治制度设计中的某些方面有关,但本书讨论的土地行政中的非正式规则,与中国政治体制并没有直接的关联,组织的非正式规则并不是党政不分的结果,也不是立法、行政、司法之间权力划分不合理的直接结果。

---

① 参见王绍光、胡鞍钢:《中国国家能力报告》,辽宁人民出版社1993年版。

第四,本书的解释也不同于韦伯主义理性化官僚体制的解释。从韦伯主义理性官僚制理论出发,很多研究将中国地方行政中存在的非正式运作归因于韦伯式官僚体制的缺乏。吕晓波的研究认为中国在进行政权建设时,没有采用韦伯式的理性官僚制,而是采用动员和意识形态教化等革命模式;在改革年代,虽然将制度化和理性官僚制作为政权建设的方向,但是以形式主义、关系网络和庇护主义为特征的新传统主义仍然存在。在吕晓波看来,正是这些因素导致了中国政权建设的内卷化。黄宗智关于集权的简约治理的讨论,也关注基层政权的非官僚制的传统,在他的讨论中,集权的简约治理是一种运用准官员、结合了正式制度和传统伦理的治理,是一种半正式的治理。在"非正式政治"模型里,治理也被看成是一个由"非正式团体"基于非正式关系和非正式制度等开展的非正式政治持续作用的过程。马骏、侯一麟讨论的非正式预算,指的也是一种非正式关系起重要作用的预算体制。周雪光关于基层政府共谋现象的研究,也关注到人际关系在其中的作用,并揭示科层化、非人格化管理与行政关系人缘化的矛盾,他将"共谋行为"只看成一种现象,没有探究其背后的规则,其所指的非正式制度也属于韦伯主义非正式制度的范畴。孙立平、郭于华讨论的基层政府的非正式运作,其主体是基层政府及其官员,其工具则是诸如人情、面子、常理等非正式关系和非正式制度(文化)。上述研究都将理性官僚制的缺乏视为地方行政紊乱的主要原因,但他们忽视了一个事实,即近年来土地行政中愈演愈烈的失序行为,正是在同时进行的行政改革和建设理性化、法治化政府的背景下发生的。本书"组织的非正式制度"的概念,与韦伯主义理性官僚制的解释有所不同:(1)"组织的"非正式制度的主体是地方政府及其部门,理性官僚制所指的非正式运作的主体主要是"非正式团体"、"宗派"或官员个体;(2)组织的"非正式制度"是机构的、组织性的、不成文乃至成文(部分)的规则,理性官僚制所说的非正式制度主要是个体的、自发的、零散的;(3)组织的非正式制度主要不是以"关系"为基础形成的,而是为了地方或部门利益或实现特定的行政目标而形成的非正式规则,理性官僚制所说的非正式制度的基础是非正式关系、传统文化等。

组织理论和新制度主义理论,都讨论了组织内部存在的各种非正式制度,包括文化、习俗、关系网络、道德规范等,但这些非正式制度一般都被视为自发的、个体的和不成文的,对组织整体的非正式规则没有进行深入细致地讨论。中国地方政府行政的事实表明,组织性的非正式规则是客观存在的。除本书未详细讨论的大量存在的改革试点等组织的非正式制度外,还有大量突破正式制度限制的非正式规则。概而言之,只要在一个统一的、单一制的组织体系内部,存在委托—代理关系,尤其是存在多个和多重委托—代理关系,并且在委托人和代理人之间存在利益冲突,代理人(组织)就有可能形成不为组织体系和委托人允许的行为,如果这些行为模式化、同形化,甚至以内部行为规则的形式出现,就成为这些组织整体的非正式规则(或制度)。流行于中国地方政府的很多所谓的"土政策"、"土规定",就是这一类的规则(制度)。它们一方面是行为规则,为地方所遵循,有的不敢公开宣扬或成文,大家口头传达或心照不宣,默默执行;有的则以内部文件的形式存在。另一方面,它们又与组织整体的规定不一致,为组织体系所不容许,没有合法的地位,虽然一般不会因此遭受严厉处罚,但往往会因中央和上级组织的要求而撤销,因而是暂时、易变和不正式的。

在一个庞大的等级制组织体系中,必然存在复杂的委托—代理关系,由于信息的不对称,代理人的道德风险是普遍存在的。因此,等级制(单一制)、多重代理人的组织背景和利益上的分野,可能是组织的非正式制度产生的组织基础。如果没有行政集权,而是采取行政分权,下级组织可以自主决定相关事项,下级组织的这些运作就不再是非正式的了,也就没有如此之多针对正式制度的组织化的非正式规则。而整体制度安排的问题以及由其形成的利益结构的不合理,使得上级难以严格依法行事,这是组织的非正式规则形成的制度原因。本书除了关注代理人的种种道德风险行为,同时试图探究以组织为主体的道德风险行为背后的规则,从而对组织内部的非正式规则提供新的内容。

组织的非正式规则违背了组织的正式制度,对组织整体目标的实现构成了威胁,甚至以局部的目标取代整体的目标。因此,关注和研究这些规则及其产生的原因,对提高组织绩效、改善组织的管理和运作具有重要意义。

四、地方土地乱象的治理

当前土地管理领域存在的问题,概括起来,主要包括如下方面:(1)地方政府为了发展经济和财政收入,大肆圈地,导致群体性事件频发;(2)农村集体和个人为避免土地被征,争相违法用地渔利,而无须承担相应责任,导致国家和社会利益事实受损;(3)各地都没有动机保护耕地,导致土地滥用、耕地锐减;(4)土地腐败;(5)土地财政、房地产泡沫与住房困难,等等。这些矛盾和问题,严重影响了经济社会的健康发展。

上述矛盾和问题的原因,与土地管理的制度环境,如财税体制、政府监管和政绩评价体系有关,也与土地管理制度建设和总体制度安排有关。中国目前的土地管理制度是改革开放以来,适应人地关系变化和市场经济体制建立等外生因素变化而建立起来的,反映了当时的需要和历史条件。但也正是因为是在当时的历史条件下建立起来的,土地管理制度对土地财产权利界定及国家、集体和个人之间利益的安排,没有充分反映改革开放三十年来国家、集体和个体之间在土地利益上的深刻变化,也没有形成合理的制度化的相关利益调节和实现机制,导致了土地领域的囚徒困境博弈和诸多矛盾。

一个制度化的土地权益调节和实现机制,应该是使土地权益人依法取得所有土地权益、同时承担义务(税收),国家通过各种税收文明地取得土地收益的制度安排。而目前的土地管理制度,实际上是将政府置于依靠行政权夺取土地利益(与民争利)的位置,将农民等权益人置于通过违法用地才能保障自身权益的位置(政府垄断建设用地),势必导致政府与土地权益人之间的矛盾与对立。

因此,要制度化地解决土地领域存在的矛盾和问题,必须在加强监管的同时,改革土地管理制度及其环境,形成各方在土地利用上合理的利益结构,从而有效地约束各方在土地利用上的行为。

(一) 改革土地管理的制度环境

获取土地收益,是地方政府低价征地、高价卖地的经济动机;而目前过于看重 GDP 和财政收入的政绩评价机制,则是地方政府圈地的政治动机。因此,要改变地方政府在土地行政中的机会主义行为,必须对形成地方政府机会主义行为的制度环境进行改革。

1. 深化财税体制改革

(1)尽快开征物业税,作为地方政府主要收入来源之一

即将物业税及其他一些大宗的稳定的税种主要划归地方(必要时,中央视情形也可以分享适当比例),改变地方政府收入构成,形成地方政府稳定的收入来源,以遏制地方政府过度依赖一次性出让土地和自然资源生财的冲动。

目前,各大城市房地产物业面积已经达到相当规模,制定和完善各类房地产物业保有、使用、流转及其增值环节合适的应税范围和税率,由此形成的地方政府的稳定收益,大体上可以抵偿地方政府一次性卖地获得的收益(比如,如果一个城市有商品房面积 3 亿平方米,粗估应税面积约 1.5 亿平方米,假定商品房价格为 1 万元/平方米,保有税率为 1.5%,每年的物业税收入即可达 225 亿元,加上土地、房屋转移的增值税等收益,完全可以形成一个取代卖地收入的大宗收入来源)。同时,由于土地出让金随着经济形势波动很大,并且将随着城市化的完成而枯竭,并不是一个稳定持续的收入来源。因此,适时推出作为替代的物业税更是尤为重要。

物业税的征收是一个非常复杂的经济和技术问题。在关于物业税征收的讨论中,争议较多的是物业税出台对房地产市场的冲击以及征

收的各种技术问题。本书认为,这些问题并不构成物业税开征的真正障碍,通过完善制度设计,全面开征物业税的时机已经完全成熟。

比如,关于物业税开征对房地产市场构成冲击的问题,可以通过逐年递增的办法解决。假定物业税的全额税率为物业市场评估价格的1.5%,可以分十年每年递增0.15%,到第十年实行全额征收;甚至可以分十五年,每年递增0.1%,到第十五年实行全额征收。通过税率逐年递增的办法,可以减少物业税对房地产市场的冲击。

关于物业类型,不应区别商业物业和住宅物业,应全面计征。

关于计征面积。可以按面积实行累进税率,对基准面积部分(按每个家庭人口核定)实行减免税率,对超出基准面积部分,实行累进税率。有观点认为自住房可以免征,但由于自住住房面积差异很大,笼统规定免征有失公平。建议可按人均经济适用房面积标准和家庭人口数核定一个基准面积,基准面积以下的部分按应征税率的0—25%计征,中小户型(如90平方米)超过基准面积的部分,按应征税率的25%—50%计征,超过中小户型到大户型(144平方米)之间的面积,按应征税率的75%计征,超过大户型的部分,按应征税率的100%计征;每个人只能归入一个居民家庭户,核定免征面积;农村自住住房和政府廉租住房,可免征物业税。

关于物业税率,全额税率宜维持在物业市场评估价的1.5%左右。提高和维持较高的房地产持有成本,目的是限制房地产投机和持有数量(如一户一套),恢复住房的居住功能。在美国、英国、日本等发达的市场经济国家,由于规定了较高的物业税(大多在房地产估值的1%—3%),普通家庭一般均只拥有一套房产,而较高的物业税率及由此形成了财政收入,也是城市政府提供公共服务最基本的财政来源之一。对于人多地少的中国而言,通过提高持有成本限制住房持有数量,尤其必要。如果能将一般家庭住房持有量限制在一户一套,从根本上压缩房地产持有需求,对改变目前房地产供需关系,调控房地产价格具有重大意义。按1.5%计征物业税率,在扣减实行减免的基准面积部分及土地使用权的购买成本后,不会对一般家庭构成过大的税负负担。当然,将来应税范围和税率也可以视居民拥有住房情况和财政状况适时做出调整。

至于目前讨论的购房者已经购买了70年土地使用权,再征物业税可能存在重复征税的问题,则可以通过扣除相应土地价格的办法解决。具体而言,可以在扣除房屋的土地成本后,对房屋增值部分进行征税。

只要完善制度设计,物业税的征收在技术和理论上并没有不可逾越的障碍。因此,应加强研究,早日开征物业税,以从根本上完善房地产调控的制度建构。

(2)改革土地出让金的分配和使用

在政府垄断土地一级市场的情况下,可考虑提高中央财政在统筹使用全国土地出让金方面的决定权,不再执行"谁出让、谁获益;谁出让多,谁获利多"的政策。因为土地使用具有较大的外部性,提高中央财政统筹分配土地出让金的决定权,可以抑制一些地方政府的卖地冲动,同时,可以平衡不同地区之间的土地收益,促进不同地区的协调发展。

加强土地出让金使用的监管。按照现行规定,土地出让金是作为地方预算内基金收入,没有纳入一般预算。其资金主要用于地方基础设施建设等。但在实际使用中违规和浪费的现象比较严重。因此,应进一步明确土地出让金的用途,提高土地出让金用于地方住房保障和社会福利支出的比例,同时,加强土地出让金的预算和审计监督,提高资金使用效率,建立公开透明的地方财政。

(3)建立资源硬约束的机制

进一步探索控制土地和自然资源过度使用的各种机制。包括建立限制地方政府用土地等自然资源作为抵押举债的机制等。

(4)进一步调整中央和地方,上级和下级的事权关系,使不同政府层级间的财权和事权更加匹配

通过完善事权、财权划分或完善财政转移支付制度,合理核定中央政府与地方政府、上级政府与下级政府之间的财权事权关系,减少由于事权与财权关系不匹配导致的地方(下级)政府的变应行为。

(5)通过公共财政平衡土地权益

权利义务的缺失与失衡以及不同区域土地开发权的不平等,会造成社会财富分配不公。因此,有必要通过公共财政平衡土地权益。国家应该通过土地房屋的税收,统筹解决被征地人的社会保障等问题。同时,考虑到长期以来国家投资和政策上的倾斜,城市土地大幅增值与其他地区的贡献有关,因此土地增值不应该由这些城市及其居民完全享有,而应该将土地出让金和增值税的适当部分交给上一级财政(直至中央政府),由上级财政统一用于转移支付和区域内其他农民的社会保障及福利问题。只有通过公共财政,提高政府调节收入和提供公共物品的能力,才能切实维护和提高全社会的福利,而不是任由丰歉不均、贫富分化。这是公共财政的本质,也是政府的职责。另外,被征地拆迁人的社会保障,除了直接的经济方式外,还可考虑对被征地拆迁家庭的适宜人口实行教育保障,为他们提供良好教育,提高他们的知识和技能,使他们能真正适应城市的就业和生活,而不是继续依靠土地为生。

2.进一步改革地方政府的政绩评价体系,强化对地方政府政策执行的监督

在现有体制下,一个地方的经济规模和财政实力,可以给这一地方的领导带来诸多好处,如可以使地方领导有能力为当地办更多的事;可以给地方领导带来经济利益;还可以在政绩上获得更高的评价,使地方政府领导获得更高的政治地位和升迁的机会等。

长期以来,适应发展经济的需要,在地方政府评价体系上,那些拥有雄厚经济实力和财政收入的地方政府领导往往能得到更高的评价,获得更高的政治地位和升迁机会,而土地资源和其他自然资源的消耗则没有得到充分的重视。在以 GDP 为核心的政绩评价体系的引导下,地方政府在追求经济发展的过程中,不惜以消耗资源和牺牲环境为代价。这种粗放型的经济增长模式,不利于经济的可持续增长。

因此,改变对地方政府以 GDP 规模论英雄的政绩评价体制,将资

源节约和环境友好等因素纳入到地方政府绩效的评价体系,并依据经济发展、资源节约、环境保护等因素综合作为地方干部晋升的条件,确保地方政府实现有质量的发展。

强化中央对地方政府土地行政的监督。包括:健全土地行政监督的组织和制度;加强对地方政府土地出让数量、程序、行为,地方政府执行中央政策情况及地方政府土地出让金使用与管理的监督;加强对房地产市场的监管,改善土地供应结构,保障合理的住宅用地供应量,完善住房保障体系;加强对地方政府土地违法情况的处理;将地方政府土地和资源利用与保护的情况纳入政绩考核,作为晋升的依据等。

(二) 构建权利义务平衡的土地管理制度体系

目前,土地管理制度改革(含征地拆迁)已经被提上议事日程。对此,有各种主张,概括起来,主要有两个视角:一个是"权利视角",主张实现土地的各项权利,虽然实现权利的路径各有不同;一个是"行政义务视角",认为征地拆迁对象应该从地方发展大局出发,服从全局利益,积极配合政府征地拆迁,地方政府多持这种观点。

行政义务视角无视权益人的权利,已经受到广泛批评。但是,"权利视角",在主张权利的同时,忽视了相应的义务,也是不全面或者是有问题的。对征地拆迁的赔偿,权利视角往往认为,征地拆迁应按市场价赔偿,并且权利人应该得到市场价的全部(甚至不论被征地拆迁人的权利是否合法)。按照这种视角,相关权益人将无偿地获得房地产的全部增值收益;国家和社会则无法获得正常的土地收益。这一方面会造成分配不公,国家和社会利益受损;另一方面会助长不劳而获,违法用地,不利于有效实施土地管理。

具体到征地拆迁,目前一个比较普遍的观点是提高补偿标准。但是单一的制度安排(单纯提高征地拆迁补偿标准)而非系统的制度安排(从完善对等的权利与义务体系角度提出解决当前土地问题的构想),可能难以系统地、制度化地解决这一问题,因为没有为各方利益提供公认合理的边界(比如说赔偿标准提高十倍也不一定合理,因有的征用土地的市场价可能远高于十倍,而有的则可能低于十倍,简单地规定比例不一定符合实际,也难以消除争议)。按照发达国家的成熟经验,国家和土地权益人在建设用地利益上有一个天然的、合理的、公认的边界,即:"土地权益人的利益＝土地市场价值－土地义务(各种保有、增值税费等)"。在这种利益格局下,土地权益人获得土地的市场价值,但需承担相应税费;政府通过合理税费文明地、规范地获得土地收益,而不需顶着权益人的反对,利用国家强制力赚取土地差价。这样,就可以形成各方在土地利益上制度化的实现和调节机制。

因此,单纯提高征地拆迁补偿价格的改革思路,也许可以减少征地拆迁上的争议,但可能难以根本消除争议。因为征地拆迁补偿标准仍然是行政规定或人为确定的;对多高的赔偿是合理的,不同的人有不同的判断和诉求,没有一个客观的、公认的边界。如果没有客观标准,被征地拆迁人提出即使是过高的利益要求(超过市场价减土地税费),也难以评判其不合理,因而难以消除分歧和冲突。因此,必须引入完善、对等的权利和义务体系,为各方利益提供一个公认的符合实际的合理边界,以降低土地权益变更时的交易成本。

因此,科学的土地管理制度安排的目标模式,应该是一个权利和义务完善、对等的制度体系。通过这一制度体系,确立各方面的合理利益,从而为各方利益实现提供一个公认的范围和边界,消除相关方在土地利用上"囚徒困境"博弈的利益诱因,以推进土地行政的制度化。构建完善对等的土地权利和义务体系包括如下具体制度安排:

1.健全土地权利体系,通过产权限制地方政府征地冲动

明晰的产权是财产得以保护的重要前提。我们看到,在缺乏明确而充分的法律保护下,农村集体土地成为地方政府、企业、集体和个人觊觎的目标。地方政府在没有土地供应时,会合法甚至不合法地利用土地征用权从农村集体获取土地。企业或者通过政府,或者直接通过与农村集体或村民进行私下交易(租用或者购买),获得土地的使用权。

村集体甚至村民个人,也擅自利用集体所有的土地建造住宅或厂房出租或出售,或者将土地直接出租或出售给他人牟利。由于农民对集体所有的土地没有明确而充分的占有、使用、收益和处分的权利,导致了各方在土地利用上的"囚徒困境"博弈和耕地保护上的"搭便车"行为,其结果是土地的滥用和土地管理上的混乱局面。在权益没有得到明确划分和保障(可能被征收)、"不用白不用"的心理指导下,农村集体所有土地的保护无疑是十分困难的。因此,应该通过进一步明确农村集体土地权利来保护土地。

财产权利是一个包括占有、使用、收益和处分等各项权利在内的权利束。中国的《民法通则》第 71 条规定,财产所有权是指所有人依法对自己的财产享有占有、使用、收益和处分的权利。按照阿尔钦(Armen A. Alchian)的定义,财产权包括三个要素:(1)排他性地决定财产用途的权利;(2)排他性地享有财产收益的权利;(3)以相互同意的方式让渡财产的权利。[①] 目前,农村集体土地的财产权利是不完整的,表现在两个方面:(1)所有权方面。虽然国家土地管理法规对农民集体所有的土地的权利主体及经营管理主体作出了规定,但是这里的"农民集体"究何所指?代表农民集体的实体究竟为何?并不十分明确。并且,作为所有者的农民集体并不直接经营、管理集体所有的土地,经营管理集体所有土地的组织是村集体经济组织、村民委员会或村民小组。这种不清晰的所有制设置,导致所有权缺乏适当的保护主体和途径。(2)财产权能方面。按照国家土地管理方面的法规,农村集体土地主要拥有两项使用权:一项是农业承包经营权,一项是根据土地管理法规规定程序批准的用于非农建设的权利。这些权利均不足以体现农村集体土地完整的财政权利。第一,土地所有人不能自主地决定土地的用途。基层政府经常干预集体土地的种植作物和面积,农民的土地承包经营权也

[①] Alchian, Armen A., "Property Rights", *The Concise Encyclopedia of Economics*, http://www.econlib.org/library/Enc/PropertyRights.html.

不是完全自主的经营权。第二,土地所有人不能自主处分其所有的土地。农民集体所有的土地除例外情形外,不得出让、转让或者出租用于非农业建设;农村土地承包经营权的流转也不规范。第三,农村集体土地没有充分的收益权。农民没有主动转让土地承包经营权和非农建设用地(如宅基地)获取收益的权利,也没有适当获取农地被国家征收转为建设用地后增值的权利详见上一章。

因此,要改变土地管理上的混乱局面,必须完善土地权利体系。(1)进一步明晰土地所有权,完善农村集体土地所有制。针对集体土地所有权主体模糊的现状,可以建立农村集体土地的按份共有制度或者合有制度。① 农村集体的每个成员均平等地拥有对集体土地的处置权,集体土地权利的变更,均由农民集体民主投票决定,避免农村基层组织擅自处置集体土地。② (2)赋予农村集体建设用地(含宅基地)与城市建设用地同样的财产权利,消除农村与城市建设用地的二元分割,实行同地同权同义务,农民集体可以依据法律的规定按市场价格转让有开发权的土地,农民集体享有排他性的土地使用权、收益权和处分权等。③ 通过明晰农村集体土地的相关所有权和收益权等,从产权基础上建立农村集体土地保护的机制。

与明确财产权相适应,要改革征地制度,限制地方政府征地权。目前,农业用地转国家建设用地只能通过国家征收土地这一条途径。在赋予农村土地完整的财产权利后,应该允许农村集体自行将规划为建设用地、拥有建设用地开发权的土地转让,自行获取土地收益,同时缴

---

① 参见韩俊:"土地农民集体所有应界定为按份共有制",《政策瞭望》2003年第12期。
② 参见王铁雄:"集体土地所有权制度之完善",《法学》2003年第2期。
③ 参见刘守英:"土地制度与农民权利",《中国土地科学》2002年第3期;"中国的二元土地权利制度与土地市场残缺——对现行政策、法律与地方创新的回顾与评论",《经济研究参考》2008年第31期。

纳相关土地税费(包括取得开发权的费用)。由此建立土地使用者与土地所有人之间通过市场机制和市场价格自主、自愿进行权益流转的机制,因此要严格执行政府只有基于公共利益才能征收土地的规定。国家的强制征地权只适用于真正基于公共和准公共利益的征地项目。这类公共项目征地,也要按照第三方的市场评估价格进行补偿。在当前的土地管理制度背景下,也可实行由政府或开发商按市场价格征(洽)购,由土地权益人负担相关税费(参照城市房地产增值税费标准)的办法,创新征地制度,实现集体土地合法权益。通过征地制度改革,协调好国家、集体和个人之间的利益,防止地方政府滥用土地征收权,解决目前因征地导致的各种城乡社会问题。

2. 健全土地义务体系,防止违法用地和坐地暴富,维护政府和全社会的利益

任何权利的实现都是与义务的履行相伴随的。要赋予农村集体土地完整的财产权利,必须健全农村集体土地的财产义务体系。土地的义务体系包括土地用途管制、土地开发强度管制、土地税制等,其中最关键的是土地税收制度。与完善的土地权利相对应,完善的土地税制体系也是完整的土地制度体系的重要组成部分。在实行土地私有制度的国家,其土地拥有完全的财产权利,但也要负担完全的财产义务。在土地保有、转移、增值的各个环节,都需要缴纳相应的税费。目前,城市房地产的使用和交易已经制定了相关税收政策,而农村集体土地的财产权利不完整,相应的财产义务(税收制度)也不完善。滥用土地而不缴纳相应的税费,导致国家土地资产和税收流失的现象也相当严重,这在实际上助长了违法用地的行为。

因此,国家应该在完善城市房地产税收的同时,对农村集体土地房产的保有、使用、流转及其增值的税负问题等做出具体规定。当然,农村集体土地的税费与国有土地应该有所区别,以鼓励和扶持这些地区的发展。同时,农业用地应该在免税之列,并且,税收制度应该保护具有社会保障功能的农业用地,充分发挥税收在经济和市场发展方面的

引导调节作用。

　　国家通过土地义务体系的完善,以土地税收为基础建立公共财政社会支持体系和转移支付制度,用于对农村城市化地区农民的社会保障等社会福利支出,同时通过转移支付平衡地区间的土地收益,促进不同地区地权和地利的公平。

　　土地的市场交易行为需要缴纳相应的税费,这一点没有什么疑问。但对政府征地拆迁中以第三方市场评估价进行的赔偿,课征相应的税费,可能会引起一些争议。因为征地拆迁的原则之一是不使权益人的利益因征地拆迁而受到损害,这要具体分析。在政府垄断土地一级市场交易(实际上也是市场主体)的情况下,如果不参照市场交易行为扣除相应的税费,所有按市场价赔付的相关土地的增值将全部为权益人获得,政府和社会将不能获得土地的增值,这是不公平的。如果将来市场主体之间可以按照市场原则就土地开发权进行交易,那么,土地的义务在制度上就更加顺理成章。

　　建立权利与义务完善平衡的土地管理制度体系,可以型构国家和土地权益人之间合理的利益结构,即:土地所有者利益＝土地的市场价格－土地义务(各种税费,含土地开发权费用);国家利益＝完善的土地税费。这一利益结构为各方利益确立了合理边界及制度化的实现机制,从而改变了土地利用上的"囚徒困境"博弈格局的利益诱因,有利于消除各方在土地利用上不合规矩的行为。

　　权利与义务平衡的制度体系,也可为解决小产权房和拆迁问题奠定制度基础。各地违法建设的小产权房,已成为挑战土地管理制度的棘手问题。合法化可能助长违法,不合法则使国家利益事实受损。建立权利与义务对等的制度体系,可以为解决存量和增量的小产权房提供制度化的渠道。一方面,国家可以赋予小产权房完整产权;另一方面,要按照城市房地产的义务,对小产权房课以完全的义务,包括土地、房产的保有和增值税以及购买土地开发权的开支(针对土地持有人),房产增值税和全额地价(针对小产权房购买者)等。对不愿承担义务的小产权房持有人,按照有关偷漏税的办法予以法律制裁。通过课以相应义务,平衡国家、集体和个人的利益。城市房屋拆迁也是这样,应该通过权利义务平衡的制度体系,一方面保障被拆迁人的合法权益,一方面对被拆迁人的物业增值按照累进税率课以相应的税费(以可比价计算),平衡国家和被拆迁人之间的利益。防止被拆迁人的合法权益受到侵害,也防止因规划改变导致的物业增值全部归被拆迁人所得,同时防止被拆迁人漫天要价,延缓城市发展的确当进程。

3. 建立土地开发权及其交易制度,建立不同地域保护耕地的利益动机

中国在土地管理上实行用途管制制度。土地的用途是通过行政方式决定的,但是,通过行政权力划分土地用途毕竟造成了不同区域土地利用权的不公平及利益差异。因此,应该建立一种耕地保护的利益补偿机制,通过调节不同用途土地所有者的利益,形成保护耕地的内在动机。为此,首先应该设定,不同区域土地用于非农开发建设的权利是均等的,[①]农村集体所有的合法的非农建设用地和宅基地,均为拥有开发权的建设用地,享有与国有建设用地同样的权利,农村宅基地原则上遵循一户一栋标准,法定面积由国家统一规定;其次,土地开发权(包括农村集体所有的非农建设用地和宅基地)是可以交易的,经交易后对应土地的开发权随即灭失,土地恢复为农业用途;第三,没有非农建设用地开发权的土地不可用于非农业用途,擅自开发的,除了接受相关处罚外,需按市场价补交购买土地开发权的款项。通过建立土地开发权及其交易制度,既可以使不同地区土地的开发权均等化,也可以形成对农业区域的利益补偿机制,使得这些区域形成保护耕地的内在动机,从而从总体上遏制过多地将耕地转为建设用地的冲动。

---

① 为简便操作及平均地权,可设定不分城乡、不同地区每人拥有的建设用地数量是均等的,并以地区人口数与全国人均非农建设用地标准作为非农建设用地指标分配的依据。

适应土地开发权的总量控制和耕地保护,应建立全国性的土地开发权交易市场,使土地开发权在全国范围内流动和交易,提高土地的使用效率,为防止囤积,可设立一些机动指标,供建设用地需求量较大的地区购买使用,同时,规定新增建设用地指标的有效使用期限。

4. 建立健全农村集体土地的民主管理制度,防止暗箱操作

民主管理也是保护集体土地产权的重要途径。本书主张明晰农村集体土地财产权利,但并不主张实行农村集体土地的私有化。土地私有化可能存在两大风险:一个是可能造成土地兼并。在中国,土地具有社会保障功能,土地兼并可能导致一些农民失去基本的生活资料,沦为赤贫。第二个风险是高昂的城市化成本。土地私有化会造成小土地所有制,可能造成城市建设用地交易成本过高,不适应中国快速的城市化现代化发展的要求。因此,这里的关键是找到既能明确财产权利,又能降低交易成本的制度安排。而民主的集体土地产权管理模式可以实现这两个目标。一是建立农村集体土地权益处置的民主决策体制,由全体土地所有人集体决定土地的使用和权益改变,没有全体村民 2/3 的多数通过,土地权益不得发生转移和变更;二是由全体土地权益人决定土地收益的使用和分配;三是土地交易、收益分配的过程全部公开,议程由全体村民讨论决定,改变目前集体土地由少数村庄代理人暗箱操作造成的不公开、不公平的现象。通过财产的民主管理,可以避免土地产权虚位的问题。这应该成为未来完善中国农村村民自治制度最核心的内容之一。

5. 推进土地供应和管理制度改革

适应上述制度变革,应改革目前的计划管理体制和由国家垄断土地一级市场的做法。一方面,适应土地权利义务关系的变化,应实行政府与市场(社会)的分权,能够由市场供应的土地由土地市场供应,不能由市场供应的公共和准公共建设用地,则由政府供应。具体而言,对于非公共用地,开发人可以自行与有开发权的土地权益人通过市场的途径实现土地权益的转移,而不一定由政府通过行政手段征收和出让。

对于公共用途的土地,如道路和基础设施等用地,则可由政府通过行政手段征收。另一方面,国家通过控制有开发建设权的建设用地总量进行土地管理。本来,消除地方政府非正式规则的一个有效办法是实行托克维尔意义上的行政分权,即由地方政府自行决定地方的土地利用。但由于土地利用的外部性、人多地少的现实国情及耕地保护的切实需要,如果由地方自行决定土地利用,可能导致各地建设用地使用上的过度和混乱。因此,在现阶段,宜维持对建设用地总量的控制。国家可根据经济社会发展需要,确定每年的农地开发建设权指标,然后分配给各省市,再由各省市层层分配。由于建立了土地开发权的交易机制和不同用途土地的利益调节机制,形成了农业区域耕地保护的内在动机,也使得土地利用总量控制更加现实。政府土地主管部门只要掌握土地利用变化现状,并强化执行和监管,即能达到控制土地利用总量的目标。等到中国城市化基本实现,建设用地总量的边际增长趋于停滞的时候,土地管理领域行政分权的时机才会成熟。

总之,国家应该通过改革土地管理制度及其制度环境,形成土地管理相关方合理的利益结构,消除土地利用上"囚徒困境"博弈的利益诱因,才能从根本上解决土地利用上的矛盾和问题,实现土地管理的制度化,提高土地管理绩效。

五、政府转型、制度安排与行政制度化前景

所谓行政(治理)形态,是指特定行政系统(行政结构、功能)及其在运行过程和结果上所表现出来的的总体特征。依据不同标准,行政形态可以有多种划分。本书所讨论的行政形态,指的是行政的制度化状况(过程)和行政绩效(结果)两个方面所表现出来的总体特征,尤其是行政的制度化特征,因此,实际上主要是指行政的运行形态。

行政的制度化有高有低,行政绩效也有高有低,行政过程和结果的不同组合,可以形成不同的行政运行形态,如下图:

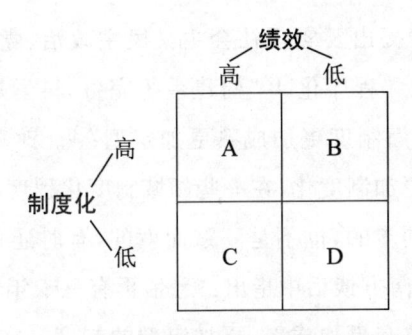

图 6-1 行政运行形态的四种典型类型

其中 A 类型是制度化和绩效均高的理想的行政形态,D 类型则是制度化和绩效均低的行政形态。当然,上述 A、B、C、D 四种类型只是行政运行的四种典型形态。事实上,不同的行政类型,其制度化和绩效均会存在程度上的差别,如较高、较低、一般等,由此派生出更多的行政形态类型。现实中多数行政类型均不一定属于上述某种典型的行政运行形态,而是属于某种派生形态。总体而言,改革开放以来,中国公共行政在很多领域日益制度化,也取得了良好绩效,但仍然在一些领域、一些环节,制度化和绩效状况还不理想。建立理想的行政形态,必须全面地推动行政制度化和绩效的提升。行政制度化与绩效之间相互关联,但并不一一对应,从长期来看,只有规范的制度化的行政,才能降低交易成本,确保行政绩效,因此实现行政形态转型,尤其要提升行政的制度化状况。

建立一套制度化、现代化的治理体制和模式,是中国政治、行政体制改革的一个重要目标,也是国家现代化的重要组成部分。邓小平多次强调,必须改革党和国家领导制度,加强制度建设,使民主制度化、法律化,使这种制度和法律不因领导人的改变而改变,不因领导人的看法和注意力的改变而改变。① 江泽民指出:"改革的目的,就是要在各方面都形成与社会主义初级阶段基本国情相适应的比较成熟、比较定型

---

① 参见《邓小平文选》第二卷,人民出版社 1994 年版,第 146,320—343,359 页。

的制度。"①胡锦涛提出要实现社会主义民主政治、党的建设等各方面的制度化、规范化和程序化,②"构建系统完备、科学规范、运行有效的制度体系,使各方面制度更加成熟更加定型"③。改革开放以来,国家治理在一些领域更加制度化,在一些领域制度化程度仍然偏低的情况,说明制度化不是同步的,也不是一蹴而就的,有时还存在反复。因此,邓小平在1992年南方谈话中指出:"恐怕再有三十年的时间,我们才会在各方面形成一整套更加成熟、更加定型的制度。在这个制度下的方针、政策,也将更加定型化。"④

本书在导论中已经讨论,治理总体上是一个从非正式到正式的过程,这是一个持续、反复的过程。一方面,行政(治理)的制度化(正式制度的形成和执行)要经历一个过程;另一方面,正式制度随着制度环境的改变,也会失去效用,从而开始新一轮的制度变迁和制度化过程。

在制度变迁中,组织体系内部主要有两种非正式的制度调整:一种是制度或政策试验,即针对不能获取适当的外部利润的现有制度(无效的正式制度)进行的制度调整。这类探索性的制度调整如果有效就可能总结推广,成为替代现有制度的正式制度。这类制度试验也往往符合组织整体的利益,为整体所默许,是制度变迁的必要步骤和策略(当然,由于社会科学知识和意识形态的原因,有的符合整体利益的政策试验也不会及时得到组织的许可。在实践中,需将这类政策试验与本书讨论的与整体利益相违背的非正式规则进行区分)。另一种则主要是扭曲现有正式实施的正式制度的非正式规则,它们一般与组织整体的利益不一致,也为组织整体所禁止。这类非正式制度,以组织的下级代

---

① 江泽民:《论党的建设》,中央文献出版社2001年版,第382页。

② 参见胡锦涛:"高举中国特色社会主义伟大旗帜,为夺取全面建设小康社会新胜利而奋斗",2007年10月15日;"在庆祝中国共产党成立90周年大会上的讲话",《人民日报》2011年7月2日。

③ 胡锦涛:"坚定不移沿着中国特色社会主义道路前进,为全面建成小康社会而奋斗",《人民日报》2012年11月9日。

④ 《邓小平文选》第三卷,人民出版社1993年版,第372页。

理人为主体,由于受正式制度的约束,它们往往不是以明目张胆的方式表现出来,并且经常改变。这些非正式规则,主要是以局部利益为出发点的,因此影响正式制度执行和整体目标的实现。

两类组织性非正式制度的存在,都表明正式制度在制度设计上的不完善或者在执行方面的困难。它们与典型的正式及非正式制度均存在区别,在"非正式—正式"制度的连续体中,是一种不稳定的、过渡性的制度形态,在公共行政中也具有不同的性质、意义和前景。

本书以土地行政为例,讨论的主要是与正式制度目标和利益不一致的非正式规则,揭示中国土地行政制度化程度较低的重要原因之一是地方政府高度同形化的非正式规则。由于这些非正式规则的存在,导致正式制度没有得到很好的执行,也导致中央的土地管理目标难以实现。表明在一些行政领域,地方政府在政策执行上制度化程度仍然较低。在土地管理中地方政府组织性非正式规则广泛存在的原因,在于土地行政所由存在的总体的制度环境,包括财政税收体制、土地产权、计划管理体制、执行体制、司法体制、意识形态背景等。正是在这些整体性的制度结构的约束下,地方政府为了自己的行政目标和局部利益,采取了高度同形化的非正式规则的选择。与农民维权和抗争的研究不同,本书以农民维权和抗争的另一方——地方政府及其行为为主要的研究对象(前者是以农民及其行为为主要的分析对象),通过对政府、政府行为及其制度环境的研究,可以对中国公共行政的状况、存在问题及其原因有更深入的认识,也为土地维权和抗争行为提供一个新的解释视角。比如,通过对财税体制的研究,即可以为当前比较流行的征地拆迁中集体土地的财产权利设立边界,从而建立权利和义务对等的土地制度体系,纠正只讲权利不讲义务、只讲局部及个人利益不讲社会整体公平的片面观点。

组织的非正式制度的解释也与非正式政治模型以及政治结构、政治文化和非正式关系等理论模型对中国政治制度化的解释不同。组织的非正式制度的解释着眼于以政府为主体,由地方政府产生的模式化行为。它们不是自发的、零散的,不是由于党政不分的政治结构造成的,也不是单纯的国家能力不足造成的,不是韦伯主义意义上的传统政治文化和非正式关系的产物。它们更多的是与国家的制度安排和制度建设有关。

组织的非正式规则不是土地行政独有的,也不是某些地方某个时期的特殊现象,在环境保护、共同市场和计划生育等工作领域,我们也发现了类似的情形,这表明了地方政府非正式规则的普遍性。只要在一个等级制、单一制的行政体系内存在多个行政(组织)主体,存在委托—代理关系,并且这些组织之间的利益存在不一致,出于自身利益考虑的各种组织性非正式规则就可能存在。当然,不同时期,不同制度背景下,非正式规则表现的范围和程度会有较大的差异。制度设计的目的就是尽量在制度安排上消除与正式制度对立的非正式规则产生的根源,以减少竞争性甚至对抗性的非正式规则的产生。

行政运行形态与政府类型(由政府职能范围、目的和履职方式决定)有关,不同的政府类型有着不同的目标、职能和行为模式,也有着不同的制度化和绩效特征。

1978年以前,中国是典型的全能型政府。[1] 在经济上表现为僵化的计划体制,过多地干预微观经济活动(包括生产、流通和分配),在政治上表现为权力过于集中和官僚主义,在社会生活上表现为过度介入社会和个体生活,造成经济和社会缺乏必要的活力。由于与市场和社会缺乏必要的分工,"管了很多不该管、管不了也管不好的事情"[2]。同时,全能政府在管理方式上频繁地借助政治手段和意识形态,对公民政治权利和财产权利也缺乏合理地界定。因此,全能主义不是建立在现代社会分工和社会权利基础上的制度化的治理。1978年以来,中国进

---

[1] 参见邹谠:《二十世纪中国政治:从宏观历史与微观行动的角度看》,(香港)牛津大学出版社1994年版。

[2] 参见邓小平:"解放思想,实事求是,团结一致向前看",《邓小平文选》第二卷,人民出版社1994年版。

行了经济体制和财政体制改革,不但使企业成为自负盈亏的独立的经济实体,也使地方政府成为在财政上独立核算、自求平衡的主体,这使得地方政府比以往任何时候都积极地寻求地方经济发展和收入增长,他们积极招商引资,支持和鼓励地方产业发展,甚至直接兴办企业,成为所谓的发展型政府。与全能型政府相比,发展型政府在相当程度上从经济和社会领域退出,但是在很多经济领域仍然保持了较强的影响力。约翰逊(Chalmers Johnson,1982)较早提出了发展型政府的概念。[1] 怀特(Gordon White,1984)则将发展型政府的概念应用于社会主义国家。怀特指出,资本主义发展型政府与社会主义发展型政府的共同点是其经济发展是由一个强大而有渗透力的政府指导下的整个国家努力的结果。[2] 埃文斯(Peter B. Evans,1989)从政府官员对社会财富使用和支配的角度对国家进行分类。在他看来,有一些国家,虽然政府也许会将一些社会剩余用于官员或他们的朋友而不是全体国民的利益,但是他们通过提升参与转型投资并降低其风险的动机,促进而不是阻碍了经济发展与转型,这些国家可以被称为"发展型的国家"。[3] 因此,发展型政府与公共选择学派的新功利主义政府观将政府假定为纯粹的利益最大化者存在区别。众多的学者都对中国政府在促进经济发展中的作用和行为特点进行了深入讨论,如戴慕真(1992)讨论了中国的财政改革如何为地方提供了追求经济发展的动机,地方政府为了

---

[1] Johnson, Chalmers A., *MITI and the Japanese Miracle: the Growth of Industrial Policy, 1925 – 1975*, Stanford Calif.: Stanford University Press, 1982.

[2] White, Gordon and Robert Wade, "Developmental States and Markets in East Asia: an Introduction", Gordon White (ed.), *Developmental States in East Asia*, Basingstoke: Macmillan Press in Association with the Institute of Development Studies, University of Sussex, 1988.

[3] Evans, Peter B., "Predatory, Developmental, and Other Apparatuses: A Comparative Political Economy Perspective on the Third World State", *Sociological Forum*, Vol. 4, No. 4, Special Issue: Comparative National Development: Theory and Facts for the 1990s, Dec., 1989, pp.561 – 587.

增加收入,都积极发展乡镇企业,在从乡镇企业获得收入的同时,也在投资和其他方面给予支持。① 魏昂德(1995)则进一步讨论了地方政府如何克服科尔内的预算软约束,以促进乡镇企业的发展。② 当然,还有众多的研究,关注政府宏观政策(财政改革、市场化改革及政府改革等)对经济发展的促进作用。③

发展型政府将 GDP 和财政收入增长作为自己的首要任务,有力地推动了经济增长,但是其对治理的意义却是双重的。在发展经济的名义下,由地方政府推动的投资热、圈地热,成为经济过热的重要表现和根源,耕地和环境保护等工作则成为次要和从属性的工作。发展型政府为了经济发展的需要,会制定和完善与市场经济发展相适应的政策和法规,从这个意义上说,发展型政府是有利于国家的法治建设的,正如波森(2007)关于规则和治理的正式化会伴随经济增长和多样化出现那样(在那里,波森同时指出规则和治理的正式化既不是经济起飞前的必然要求,也与经济发展没有必然的逻辑联系)。但是,发展型政府,尤其是在财产权利还不完全明晰的发展型政府,除了可能存在日本式发展型政府与企业之间存在的复杂的非正式关系造成的各种问题外,政府作为利益主体,还可能存在针对上级政府和社会的各种非正式规

---

① Oi, Jean, "Fiscal Reform and the Economic Foundation of Local State Corporation in China", *World Politics*, Vol. 45, No.1, Oct., 1992, pp. 99 – 126.

② Walder, Andrew G., "Local Government as Industrial Firms: An Organizational Analysis of China's Transitional Economy", *American Journal of Sociology*, Vol. 101, No.2, Sep., 1995, pp.263 – 301.

③ White, Gordon and Robert Wade, "Developmental States and Markets in East Asia: an Introduction", Gordon White (ed.), *Developmental States in East Asia*, Basingstoke: Macmillan Press in Association with the Institute of Development Studies, University of Sussex, 1988; Montinola, Gabriella, Yingyi Qian and Barry R. Weingast, "Federalism, Chinese Style: the Political Basis for Economic Success in China", *World Politics*, Vol.48, No.1, Oct., 1995, pp. 50 – 81; Woo, Wing Thye, "The Real Reasons for Chinese Growth", *The China Journal*, No.41, Jan., 1999, pp.115 – 137.

则。他们一方面要逃避来自上级政府对自身利益不利的监管,另一方面为了地方经济发展和提供公共服务,要尽可能低地从社会征用各种资源。在这一过程中,政府不可避免地损害了其作为社会仲裁者的形象。因此,本书认为,发展型政府对中国法治建设和行政制度化的意义也是双重的,在现有的制度背景下,发展型政府很难建立起高度制度化的治理。

发展型政府组织性非正式规则难以消除的原因在于政府与企业、政府与市场、政府与社会的职能没有得到明确划分。政府不是完全充当监管人的角色,而是常常直接充当了市场的主体。它也像企业一样,与市场和社会的其他主体争夺资源和利益,因此,难以将自己置身于超越其他市场和社会主体利益的仲裁者和监管者的角色上。换句话说,由于地方政府兼具监管者和被监管者的双重角色,它没有从市场化社会中超越出来,不能克服"自我监管"的问题,因此,难以建立制度化的治理。高度制度化的治理有赖于政府与市场、社会的分权,有赖于政府身份和角色的重新确认,有赖于政府内部权力的适当划分。[1] 也就是说,有赖于政府从发展型政府向监管型政府的转型。

随着中国市场经济的发展,市场失灵带来的经济社会问题日渐显露,中国对市场的监管也逐渐加强。学者们注意到了这种趋势,并且热切地寄望于"监管型政府"的崛起。[2] 与全能型、发展型政府相比,监管型政府是实现了政府与市场及社会合理分权并依法对市场和社会进行管理的政府。按照约翰逊(1982)的说法,以监管为导向的政府与以发展为导向的政府存在着如下显著区别。

---

[1] 参见谢志岿:"协调中央与地方关系需要两次分权",《江海学刊》1998年第1期。

[2] 参见王绍光:"煤矿安全生产监管:中国治理模式的转变",《比较》2004年第13辑,中信出版社 2004 年;Bach, David, Abraham L. Newman and Steven Weber, "The International Implications of China's Fledgling Regulatory State: From Product Maker to Rule Maker", *New Political Economy*, Vol. 11, No. 4, Dec., 2006, pp. 499–518.

表 6-1　监管型政府与发展型政府在治理形态上的区别

	监管型政府	发展型政府
重点职能	经济竞争的形式或过程(或称规则),但不关注实质的经济事务	将产业政策置于优先地位,关注并致力于提升国内的产业结构
决策主体	由从职业阶层选举出来的成员而不是官僚主导,政府公务员吸收的往往不是最有能力的人才	政府官僚为主,政府内部存在一群强力的、富有才华的、有声望的经济官僚
评价标准	最重要的评价标准是效率	效能(effectiveness)优先于效率
对外部的回应	更透明,更迅速	不够迅速、透明
政策变化过程	从议会关于新立法的斗争和选举战中体现出来	从官僚内部的争论、宗派性的内部斗争和部门间的冲突反映出来

资料来源:Johnson, Chalmers A., *MITI and the Japanese Miracle: the Growth of Industrial Policy, 1925－1975*, Stanford Calif.: Stanford University Press, 1982, pp. 18－23.

监管型政府重视政府与市场、社会的分工和各司其职,重视法律的作用,因此对典型的监管型政府而言,政府的治理是高制度化的。

不可否认,在市场化和非国有化改革的过程中,中国政府对市场的监管日益加强,但目前即将其视为监管型政府尚为时过早。从典型的监管型政府的起源来看,监管型政府都从守夜型政府转型而来,它与市场和社会存在明显的边界。而中国政府监管是从全能型、发展型政府和残留的计划型、公有制经济基础上发展出来的,政府自身常常是经济活动的主体。这种角色,使得政府很难担负起单纯的监管人的职责。至少在土地管理领域,由于地方政府常常是违法用地的主体,真正意义上的市场监管还无从谈起。因此,政府主要还是发展型政府而不是监管型政府。

也正如此,在现阶段,制度化的土地管理体制的建立,有赖于土地利用的进一步市场化,有赖于政府从土地利用市场主体中退出,有赖于政府与市场的分权。只有这样,政府才能恢复其作为监管者的本来角色,才能为土地市场确立真正的监管主体和监管对象,土地管理领域的监管型政府才可能确立。

不同政府类型与制度化关系见表6-2。

表6-2 不同政府类型与行政制度化特征

政府类型	制度化程度	影响制度化的主要原因	研究的主要领域	主要分析单元(主体)
全能型政府	较低	政治结构	政府与市场及社会关系	政府职能与行为
发展型政府	中性	政府职责不清/非正式关系	政府与市场及社会关系	地方政府
监管型政府	趋向制度化	政府职责不清/非正式关系	政府与市场及社会关系	政府机构及其职责行为

资料来源:作者整理。

实现地方政府从发展型政府到监管型政府的转变,还要改变地方政府的政绩评价体系,将经济发展之外的因素,如资源节约和环境保护等纳入到考评体系之中,作为地方政府工作评价的标准。GDP指标是目前主导地方政府工作的最主要的指挥棒,在这一指挥棒下,其他的各项工作都被置于次要和服从的位置,要改变这一局面,必须将GDP的增长指标只作为评价地方工作的指标之一。土地行政的案例还说明,中国公共行政的制度化亦有赖于国家整体性制度安排的变迁。

在土地行政案例中,我们看到,土地行政中非正式规则的产生与中国的财税体制、土地权利体系、土地义务体系、征地赔偿制度、计划管理体制、政策执行体制等制度环境和整体制度安排密切相关。在目前的制度安排中,由于国家、集体和个人在土地上的利益都缺乏公认合理的制度化的实现和调节机制,导致了各相关方在土地利用上的"囚徒困境"博弈和不守规矩的行为。本书认为,只有改革这些制度,建立新的土地权利制度、土地义务(税收)制度、土地开发权及其交易制度、集体土地民主管理制度、征地拆迁制度、土地供应和管理制度,才能改变土地行政各个方面的利益结构,才能从根本上改变地方政府在土地行政方面的非正式运作及其规则。

　　土地行政案例表明,中国地方行政中的非正式规则并不一定直接是中央和地方之间集权分权的函数,也不直接是国家政治体制和官僚制理性化程度的函数,它与国家整体制度安排有关。制度环境及其型构的利益结构对于国家治理的制度化具有决定性的作用。事实上,目前国家治理中存在的其他诸多方面的问题,都不一定是上述因素的结果。在现有制度架构下,如果总体制度安排适当,国家的整体治理能力即能得到极大提高,而不一定需要经过剧烈的政治变革。因此,制度建设成为解决中国改革开放以来出现的各种社会问题最重要、最现实的途径,成为实现中国社会新的转型的基石,[1]我们有必要对影响公共行政运行的总体性制度安排(制度背景)重新进行省思。

　　戴维斯和诺斯(Lance E. Davis & Douglass C. North,1971)指出,制度环境,是一系列用来建立生产、交换与分配基础的基本的政治、社会和法律基础规则。制度环境为行动者确立了基本的结构,只有改变制度环境,才能改变由这一制度环境决定的行为。如果预期的净收益超过预期的成本时,一项制度安排就会被创新。只有当这一条件得到满足时,我们才可望发现在一个社会内改变现有制度和产权结构的尝试。[2] 目前,中国的治理模式正在发生变化,正在从发展型政府向服务型、监管型政府转型,同时无论中央和地方财政能力都有了很大提高;但是,一些地方行政领域存在的低制度化状况造成的政府内部、政府与社会(农民)的矛盾,不利于政府治理的制度化,也影响到对政府治理的认同感和国家的整合,影响到国家行政目标(粮食安全和环境保护)的实现。伴随着国家的进步,适应外部利润变化、型构新的利益结

---

[1] 参见胡鞍钢、王绍光、周建明:《第二次转型:国家制度建设》,清华大学出版社2003年版。

[2] Davis, Lance E. and Douglass C. North, *Institutional Change and American Economic Growth*, Cambridge: Cambridge University Press, 1971, p.10.

构的,包括土地使用制度、土地管理制度以及其他领域在内的行政改革,必将成为中国下一步改革的重要内容。

附录　田野访谈人员名单

在本研究和其他相关研究的田野调查地点，笔者接触了大量政府部门、研究机构工作人员和社区居民，进行了形式和程度不同的访谈，这些接触和访谈使笔者得以深入了解土地管理的状况。本访谈人员名单列举的主要是在本书中引用其访谈内容的人员，而没有包括前前后后接触和访谈过的所有人员。其中主要是本书田野工作涉及的访谈对象，也包括笔者此前相关研究及其他一些研究项目涉及的少数相关访谈对象。表中列举了访谈人姓名的首字母代码、身份和访谈时间等信息。

序号	访谈人	身份	时间
1	BTJ	P 市 B 街道办事处干部	2007 年 7 月 28 日，8 月 2 日，8 月 23 日，8 月 24 日
2	CJH	原 P 市 L 国土所负责人	2006 年 10 月 14 日晚
3	CML	P 市 D 社区党支部书记	2006 年 10 月 20 日；2006 年 12 月 16 日
4	DH	原 P 市城市规划研究院工作人员	2003 年 7 月 10 日
5	DJ	P 市 H 街道办事处工作人员	2006 年 11 月 22 日
6	DW	P 市国土资源局干部	2008 年 9 月 12 日
7	DXC	H 市 L 乡 SJ 村村民	2006 年 12 月 26—28 日
8	DY	P 市 D 社区干部	2006 年 11 月 22 日
9	FHW	原 P 市城市规划研究院负责人	2007 年 8 月 15 日
10	FX	P 市规划局干部	2007 年 10 月 23 日
11	HCL	P 市 H 区 LH 村村民	2006 年 7 月

(续表)

12	HMC	P市驻D社区工作人员	2006年8月15日;2006年9月25日
13	HXJ	P市X村村民	2006年7月28日;2007年5月16日
14	HZM	P市H街道城市化办公室负责人	2006年11月29日上午
15	JHL	P市H街道办事处工作人员	2006年11月14日
16	JML	P市YL居委会负责人	2002年11月27日上午
17	JSJ	P市Y区建设局负责人	2007年6月28日
18	MCY	P市H区LH社区干部	2009年6月
19	MDL	P市H街道出租屋管理站负责人	2006年10月23日
20	MFZ	H市L乡SJ村村民	2006年12月26日
21	MZ	H市L乡SJ村村民	2006年9月17日
22	PX	H市L乡政府秘书	2006年12月28日
23	QBY	原H市L乡负责人	2006年12月28日
24	RL	P市H街道负责人	2007年7月25日
25	SG	J省RD经济技术开发区国土局负责人	2007年8月27日—28日
26	SHX	X省D县Z村村民	2007年2月20日
27	TJG	P市国土局干部	2007年6月28日
28	WBT	P市Y村股份合作公司工作人员	2007年4月15日;2007年4月25日
29	WQL	P市F村村长	2006年10月16日下午
30	WWC	P市H区C股份公司负责人	2004年4月
31	XCB	P市H区BX村村民	2002年3月22日
32	XDX	X省D县Z村村民	2007年2月17日
33	XPZ	P市国土资源局工作人员	2008年7月18日下午;2008年9月17日上午
34	XSZ	P市H街道办事处工作人员、D社区居民	2006年11月16日

(续表)

35	XTX	P市L村村长	2006年10月25日下午,10月31日下午
36	YHG	P市H国土所负责人	2006年11月29日下午
37	YHW	P市Y社区居民	2007年4月15日
38	YJL	P市H街道规划联络办公室负责人	2006年11月29日上午
39	YLC	P市H街道"查违办"负责人	2006年11月29日,12月1日
40	YLL	P市H街道D社区居委会干部	2006年10月26日
41	YXZ	P市H街道办事处工作人员	2007年8月16日
42	YZS	原P市规划国土局处室负责人	2003年7月10日
43	ZBF	P市法制办公室干部	2008年10月21日
44	ZSC	P市H街道财政所负责人	2006年11月29日下午
45	ZYW	H市高校教师	2006年12月26日

参考文献

一、中文部分

（一）著译作

1.《邓小平文选》第二卷，人民出版社1994年版。

2.《邓小平文选》第三卷，人民出版社1993年版。

3.江泽民:《论党的建设》，中央文献出版社2001年版。

4.胡鞍钢、王绍光、周建明:《第二次转型:国家制度建设》，清华大学出版社2003年版。

5.胡伟:《政府过程》，浙江人民出版社1998年版。

6.李益彬:《启动与发展:新中国成立初期城市规划事业研究》，西南交通大学出版社2007年版。

7.林尚立:《当代中国政治形态研究》，天津人民出版社2000年版。

8.荣敬本等:《从压力型体制向民主合作体制的转变——县乡两级政治体制改革》，中央编译出版社1998年版。

9.苏星:《我国农业的社会主义改造》，人民出版社1980年版。

10.唐铁汉主编:《中国公共管理的重大理论与实践创新》，北京大学出版社2007年版。

11.王国林:《失地农民调查》，新华出版社2006年版。

12.王力:《逐步实现国家对农业的社会主义改造》，华东人民出版社1954年版。

13.王绍光、胡鞍钢:《中国国家能力报告》，辽宁人民出版社1993年版。

14. 王绍光:《分权的底线》,中国计划出版社 1997 年版。

15. 吴国光、郑永年:《论中央与地方关系:中国制度转型中的一个轴心问题》,(香港)牛津大学出版社 1995 年版。

16. 吴思:《潜规则:中国历史中的真实游戏》,复旦大学出版社 2009 年版。

17. 谢志岿:《村落向城市社区的转型》,中国社会科学出版社 2005 年版。

18. 邹谠:《二十世纪中国政治:从宏观历史与微观行动的角度看》,(香港)牛津大学出版社 1994 年版。

19. 邹玉川主编:《当代中国土地管理》,当代中国出版社 1998 年版。

20. 〔德〕马克斯·韦伯:《经济与社会》,商务印书馆 1997 年版。

21. 〔法〕托克维尔:《论美国的民主》(上卷),董果良译,商务印书馆 1996 年版。

22. 〔美〕道格拉斯·诺斯:《制度、制度变迁与经济成就》,刘瑞华译,(台湾)时报文化出版企业有限公司 1994 年版。

(二) 报刊及网络资料

1. 财政部办公厅协作调研课题组:"关于化解地方政府债务有关情况的调研报告",《2006 财税改革纵论——财税改革论文及调研报告文集》,经济科学出版社 2006 年版。

2. 蔡昉、汪正鸣、王美艳:"中国的人口与计划生育政策:执行与效果",中国社会科学院公共政策研究中心编:《中国公共政策分析 2002 年卷》,中国社会科学出版社 2002 年版。

3. 蔡玉梅:"土地利用规划应与社会经济发展同步——我国两轮土地利用总体规划的评价",《中国土地学会会讯》2004 年第 3 期。

4. 曹康泰:"进一步转变政府职能需要研究和解决的几个问题",《行政管理体制改革问题研究》,中国法制出版社 2008 年版。

5. 柴会群:"郑州龙子湖高校园区违法占地案始末",《南方周末》2006年10月19日。

6. 车晓蕙、陈钢:"警惕新一轮招商引资热的负效应",《北京现代商报》2003年11月11日。

7. 陈陈:"重庆大学城计划:宏大叙事里的阴影",《21世纪经济报道》2003年9月3日。

8. 陈芳:"圈地,以大学城的名义",《环球》2004年第9期。

9. 陈杰等:"转卖土地获数百万?梁平聚奎镇政府非法征地出售",《重庆商报》2004年9月15日。

10. 陈苏:"城市化过程中集体土地的概括国有化",《法学研究》2000年第3期。

11. 陈晓:"土地出让金审计锁定10大重点城市",《21世纪经济报道》2007年5月15日。

12. 范利祥:"'元一国际'高尔夫球场:谁蒙骗了国土部?",《21世纪经济报道》2004年8月4日。

13. 方红生、张军:"中国地方政府扩张偏向的财政行为:观察与解释",《经济学》(季刊)第8卷第3期。

14. 冯仑:"深圳市土地管理二十年",《深圳特区报》2006年6月22日。

15. 福建省土地开发整理中心:"目前土地开发整理项目工程施工过程中存在一些亟待解决的问题",《土地整理动态》总第290期。

16. 高聚辉、伍春来:"分税制、土地财政与土地新政",《中国发展观察》2006年11期。

17. 谷欣:"北京公示最后一批协议出让工业用地",《新京报》2007年6月26日。

18. 国家计划委员会宏观经济研究院课题组:"如何打破地方市场分割建立全国统一市场",《中国经济周刊》2001年第36期。

19. 国土资源部:"关于2006年度耕地占补平衡考核情况的通报"

（国土资通〔2007〕12号），《国土资源通讯》2007年第17—18期。

20. 国土资源部："2006年度全国土地利用变更调查结果报告"，《资源与人居环境》2007年第9期。

21. 韩博天："中国异乎常规的政策制定过程：不确定情况下的反复试验"，《开放时代》2009年第7期。

22. 韩福东："河北定州绳油村遭袭真相"，《凤凰周刊》2005年第19期。

23. 韩俊："土地农民集体所有应界定为按份共有制"，《政策瞭望》2003年第12期。

24. 郝倩："工业地出让遭逢大限上海协议用地搭末班车"，《北京青年报》2007年1月5日。

25. 何达志："番禺太石村事件：村民依法'罢'村官"，《南方都市报》2005年9月12日。

26. 何禹欣、陈芳："铁本之乱"，《财经》2004年第10期。

27. 何振红："如何坚守18亿亩耕地'红线'"，《经济日报》2006年6月4日。

28. 胡成："汉川市政府办公室下达喝酒任务"，《楚天都市报》2006年4月6日。

29. 黄光权："一位村主任报告的土地权益案例"，《农民土地权益与农村基层民主建设研究》，中国社会出版社2007年版。

30. 黄宗智："改革中的国家体制：经济奇迹和社会危机的同一根源"，《开放时代》2009年第4期。

31. 黄宗智："集权的简约治理——中国以准官员和纠纷解决为主的半正式基层行政"，《开放时代》2008年第2期。

32. 黄宗智："中国的'公共领域'与'市民社会'——国家与社会间的第三领域"，邓正来、〔英〕J. C. 亚历山大主编：《国家与市民社会：一种社会理论的研究路径》，中央编译出版社2002年版。

33. 江山、蒋云翔："地方政府负债或超8万亿，违约风险已现"，《21

世纪经济报道》2010年3月3日。

34. 焦新波、张君:"曲阳县土地违规使用乱象",《民主与法制时报》2007年7月16日。

35. 金璐:"深圳人大代表称房价过高将削弱深圳竞争力",《羊城晚报》2007年7月25日。

36. 荆宝洁:"卖地财政正在遭遇挑战 税制改革或成方向",《21世纪经济报道》2008年4月25日。

37. 柯鹏、何契、唐文祺:"地王梦:难刹车的恶性循环",《上海证券报》2007年8月3日。

38. 孔繁平、卢金增、刘长清:"土地批租,'油水'几何?",《检察日报》2005年7月12日。

39. 雷爱先:"挂牌出让亟待规范——从操作层面看挂牌出让存在的问题及对策建议",《中国土地》2004年第12期。

40. 雷成:"昆明三任规划局长接连落马,官商勾结抬高房价",《中国青年报》2007年3月23日。

41. 李斌:"深圳闲置土地20平方公里",《南方都市报》2007年2月24日。

42. 李佳鹏、勾晓峰:"委员痛陈土地招拍挂制度四大弊病",《经济参考报》2007年3月12日。

43. 李婧:"大开发商囤地,足够开发27年",《广州日报》2007年9月18日。

44. 李靖:"土地征用中的农民维权与基层政府冲突控制的策略",《农民土地权益与农村基层民主建设研究》,中国社会出版社2007年版。

45. 李立勋:《广州市城中村形成及改造机制研究》,中山大学博士学位论文(2001)。

46. 李平:"美国的地产管理",《南方房地产》2004年第6期。

47. 李昕洪:"南京首次出售国有开发企业",《南京日报》2002年10

月9日。

48.立新:"土地规划:跟着谁在走",《中国改革·农村版》2004年第10期。

49.李兆汝、曲长虹:"规划岁月:几度春暖秋凉——访城市规划界的老前辈曹洪涛",《中国建设报》2006年8月8日。

50.连玉明、武建忠:"每年土地纠纷90万件,已取代税费争议居各类纠纷之首",《中国国力报告》,中国时代经济出版社2006年版。

51.凌翔:"收了'喝茶费'就多给征地补偿款",《检察日报》2007年8月14日。

52.刘春蕾:"房山144栋别墅非法占地,三相关负责人已被羁押",《北京晨报》2007年4月4日。

53.刘守英:"土地制度与农民权利",《中国土地科学》2002年第3期。

54.刘守英:"中国的二元土地权利制度与土地市场残缺——对现行政策、法律与地方创新的回顾与评论",《经济研究参考》2008年第31期。

55.刘树成:"中国经济周期波动的良性大变形",《2008年中国经济形势分析与预测》,社会科学文献出版社2007年版。

56.刘廷俊:"誓为党旗添光彩",江西南昌市高新区2005年"我身边的共产党员"先进事迹报告会演讲稿。

57.刘薇:"国土部称符合规划小产权房可转为合法",《京华时报》,2007年12月14日。

58.刘佐:"我国房地产税制建设的简要回顾与展望",《税务研究》2006年第3期。

59.龙平川:"王家营村土地之争",《方圆》2004年第10期。

60.罗昌平:"湖南嘉禾县政府:谁影响发展,我影响他一辈子",《新京报》2004年5月8日。

61.洛涛等:"小产权房背后的黑金交易:暴利超过商品房",《经济参考报》2007年12月10日。

62. 马骏、侯一麟:"中国省级预算中的非正式制度:一个交易费用理论框架",《经济研究》2004年第10期。

63. 马力、王姝:"今年将增加廉租房土地供应",《新京报》2006年3月12日。

64. 毛泽东:"关于党在过渡时期的总路线",《毛泽东著作选读》下册,人民出版社1986年版。

65. 牛建宏:"北京热销小产权房,售价仅为商品房价30%",《中国经济周刊》2007年6月11日。

66. 普德法:"深圳工业企业成规模外迁引发当地忧虑",《南方都市报》2007年11月13日。

67. 郄建荣:"各地存在严重的土地透支现象 规划红线变成了'弹簧线'",《法制日报》2005年7月15日。

68. 郄建荣:"土地利用规划纲要为何难产,部门利益博弈是主因",《法制日报》2006年7月7日。

69. 郄建荣:"土地信访数量居高不下,国土资源信访规定出炉",《法制日报》2006年2月6日。

70. 人民日报社论:"人民公社要制定土地利用规划",《人民日报》1960年3月17日。

71. 任彦芳:"河北省容城县王家营村民的维权之路",《农民土地权益与农村基层民主建设研究》,中国社会出版社2007年版。

72. 沈威风:"大连土地拍卖遭遇外资门,拍卖岂可厚外薄内?",《每日经济新闻》2007年7月26日。

73. 石破:"青岛?青岛!",《南风窗》2007年第2期。

74. 宋蕾:"违规增多 国土部百日严查农用地以租代征",《第一财经日报》2007年9月18日。

75. 宋振远、张晓晶:"我被开发商腐败攻关击倒",《北京青年报》2006年12月15日。

76. 孙立平、郭于华:"'软硬兼施':正式权力非正式运作的过程分析",《清华社会学评论》特辑 2000 年。

77. 孙立平:"社会转型:发展社会学的新议题",《开放时代》2008 年第 2 期。

78. 孙荣飞:"九省未达抽查合格线 国土部阻击耕地占优补劣",《第一财经日报》2007 年 9 月 3 日。

79. 孙小林:"地方保护主义利用政府政策重新抬头",《21 世纪经济报道》2009 年 2 月 17 日。

80. 田新杰:"2 亿平方米土地惊蛰,上海囤地遭遇'630 大限'",《21 世纪经济报道》2008 年 1 月 9 日。

81. 田毅、蒋明倬:"缘起于一份审计报告,五部委突查土地违规内幕",《21 世纪经济报道》2003 年 9 月 6 日。

82. 王俊秀:"浙江省义乌上千亩良田被非法征用已荒芜三年多",《中国青年报》2007 年 4 月 19 日。

83. 王立彬:"'以租代征'有深层原因",《中国青年报》2007 年 10 月 12 日。

84. 王立彬:"城市新增建设用地一半以上违法占用农地",《中国青年报》2007 年 10 月 12 日。

85. 王立彬:"土地规划:被权力和资本使唤的'丫环'?",《新华日报》2004 年 5 月 13 日。

86. 王绍光:"国家汲取能力的建设——中华人民共和国成立初期的经验",《中国社会科学》2002 年第 1 期。

87. 王绍光:"煤矿安全生产监管:中国治理模式的转变",《比较》2004 年第 13 辑,中信出版社 2004 年。

88. 王绍光:"中国公共政策议程设置的模式",《中国社会科学》2006 第 5 期。

89. 王绍光:"中国政府汲取能力下降的体制根源",《战略与管理》1997 年第 4 期。

90. 王铁雄："集体土地所有权制度之完善"，《法学》2003 年第 2 期。

91. 王维香、周朗："关于地方土地违法案件的调查与思考"，《人民日报》2004 年 4 月 23 日。

92. 王炜："90/70 政策实施一年，中小户型在哪里？"，《市场报》2007 年 8 月 31 日。

93. 王卫国："协议出让工业地急搭末班车"，《南方都市报》2007 年 6 月 28 日。

94. 王庠："农民口粮田，哪堪随意占——浙江里安市莘塍镇部分镇村干部违法征用农民土地问题调查。"《人民日报》2004 年 1 月 13 日。

95. 王新友："1103 名处以上干部涉商业贿赂被查处"，《检察日报》2007 年 09 月 30 日。

96. 王亦白、宋檀："解决土地信访问题的几点思考"，《中国房地产》2006 年第 6 期。

97. 王亦君："房地产项目征地 1000 亩 是重点工程还是违法圈地"，《中国青年报》2004 年 4 月 26 日。

98. 魏黎明："广东公布八起土地违法案"，《信息时报》2004 年 12 月 30 日。

99. 翁校龙："一位下派干部亲历的征地过程"，《农民土地权益与农村基层民主建设研究》，中国社会出版社 2007 年版。

100. 夏珺："国土资源部通报十一起土地违法案件"，《人民日报》2001 年 7 月 11 日。

101. 萧功秦："权力中国转型期地方庇荫网形成的制度因素"，《文史哲》2005 年第 3 期。

102. 萧功秦："中国现代化转型中的地方庇荫网政治"，《社会科学》2004 年第 12 期。

103. 谢红玲："京城 3000 万平米问题土地再遇大考"，《中国经营报》2007 年 9 月 17 日。

104. 谢志岿:"协调中央与地方关系需要两次分权",《江海学刊》1998年第1期。

105. 徐湘林:"后毛时代的精英转换和依附性技术官僚的兴起",《战略与管理》2001年第6期。

106. 许慧文:"统治的节目单和权威的混合本质",《开放时代》2008年第2期。

107. 薛冬:"我国实行计划生育20年少生2.5亿个孩子",《光明日报》2000年9月22日。

108. 杨盛海、曹金波:"失地农民路在何方",《中国改革(农村版)》2004年11期。

109. 叶建国等:"地方债务危机",《中国经济周刊》2010年第8期。

110. 易博文、贺正:"10起国土违法违纪案件曝光",《湖南日报》2004年1月20日。

111. 于兵兵:"京沪土地招拍挂暗行'限价回购'",《上海证券报》2006年10月10日。

112. 于建嵘:"当代中国农民的以法抗争",《社会学研究》2004年第2期。

113. 于建嵘:"农村黑恶势力和基层政权退化——湘南调查",《战略与管理》2003年第5期。

114. 于建嵘:"土地问题已经成为农民维权抗争的焦点",《调研世界》2005年第3期。

115. 于祥明、李和裕:"闲置土地有望挤出,开发商须加快消化手中土地",《上海证券报》2008年1月8日。

116. 余飞:"湖北公安县以红头文件摊派烟草指标",《法制与新闻》2009年第6期。

117. 虞伟:"土地是当前腐败重点",《南方都市报》2007年9月18日。

118. 雨之:"国有土地使用权招拍挂出让实证分析",《中国房地产金融》2005年第5期。

119."在全区经济工作会议上的讲话",《河北邯郸市F区人民政府公报》2005年第1期。

120.张和平:"违法用地又现高潮,土地篱笆为何总是扎不紧?",《瞭望·新闻周刊》2006年6月20日。

121.张泓铭:"对中国房地产宏观调控历史的初步探讨",《社会科学》2003年第9期。

122.张同青、苑新丽:"土地课税的国际比较",《税务研究》2000年第1期。

123.张炜:"以人为本促和谐——对西临城市快速干道城区段拆迁安置工作的思考",《西安日报》2007年7月5—6日。

124.张晓松:"郑州违法占地案又有数高官受处",《现代快报》2006年9月30日。

125.张馨:"中国财政制度对发展观的影响及'治本'建议",《改革》2007年第8期。

126.张玉林:"中国农村环境恶化与冲突加剧的动力机制——从三起群体性事件看政经一体化",《洪范评论》第9集,法律出版社2007年版。

127.张远方:"8月31日土地协议出让终结,'最后通牒'能否实现?",《上海侨报》2004年4月13日。

128.赵燕华,"12亿征地款未到农民手",《羊城晚报》2004年6月24日。

129.赵紫阳:"当前的经济形势和今后经济建设的方针",《人民日报》1981年12月14日。

130.郑建峰:"省国土资源厅领导到我县调研",《正定风采》2007年5月18日。

131.钟强、东来:"沈阳幕绥新、马向东与黑社会枭雄勾结实录",《检察风云》2001年第11期。

132. 仲伟志:"谁是最大输家? 沈阳追踪慕绥新马向东案经济根源",《经济观察报》2001 年 8 月 8 日。

133. 周炯:"今年 7000 亿土地出让金将计入财政收入",《南方都市报》2007 年 11 月 27 日。

134. 周雪光:"基层政府间的'共谋现象'——一个政府行为的制度逻辑",《社会学研究》2008 年第 6 期。

135. 朱莉娅:"谁没做到守土有责?",《中国青年报》2007 年 3 月 12 日。

二、英文部分

(一) 著作

1. Berger, Perter L., and Thomas Luckmann, *The Social Construction of Reality*, New York: Doubleday, 1967.

2. Buchanan, James M. and Gordon Tullock, *The Calculus of Consent: Logical Foundations of Constitutional Democracy*, Ann Arbor: University of Michigan Press, 1965.

3. Buchanan, James M., *Liberty, Market and State: Political Economy in the 1980s*, Brighton: Wheatsheaf, 1986.

4. Davis, Lance E. and Douglass C. North, *Institutional Change and American Economic Growth*, Cambridge: Cambridge University Press, 1971.

5. DellaPorta, Donatella and Alberto Vannucci, *Corrupt exchanges: Actors, Resources, and Mechanisms of Political Corruption*, New York: Aldine De Gruyter, 1999.

6. Dia, Mamadou, *Africa's Management in the 1990s, Reconciling Indigenous and Transplanted Institutions*, Washington: World Bank, 1996.

7. Downs, Anthony, *Inside Bureaucracy*, Boston: Little,

Brown, 1967.

8. Duara, Prasenjit, *Culture, Power, and the State*, Stanford, Calif.: Stanford University Press, 1988.

9. Ellickson, Robert C., *Order Without law: How Neighbors Settle Disputes*, Cambridge: Harvard University Press, 1991.

10. Fukuyama, Francis, *State-building: Governance and World Order in the 21st Century*, Ithaca, N. Y.: Cornell University Press, 2004.

11. Giddens, Anthony, *The Constitution of Society*, Berkeley: University of California Press, 1984.

12. Giddens, Antony, *Central Problems in Social Theory*, Berkeley: University of California Press, 1979.

13. Giddens, Antony, *New Rules of Sociological Method*, London: Hutchinson, 1976.

14. Huang, Jing, *Factionalism in Chinese Communist Politics*, Cambridge: Cambridge University Press, 2000.

15. Huntington, Samuel P., *Political Order in Changing Societies*, New Haven: Yale University Press, 1968.

16. Hydén, Göran, Julius Court and Kenneth Mease, *Making Sense of Governance: Empirical Evidence from Sixteen Developing Countries*, Boulder, Colo.: Lynne Rienner Publishers, 2004.

17. Johnson, Chalmers A., *MITI and the Japanese Miracle: the Growth of Industrial Policy, 1925 – 1975*, Stanford Calif.: Stanford University Press, 1982.

18. Kornai, Janos, *Economics of Shortage*, Amsterdam: North-Holland, 1980.

19. Lü, Xiaobo, *Cadres and Corruption: the Organizational Involution of the Chinese Communist Party*, Stanford, Calif.: Stan-

ford University Press, 2000.

20. Michels, Robert, *Political Party*, New York: Free Press, 1968.

21. Niskanen, William N. , *Bureaucracy and Public Economics*, Brookfield, Vt. , USA: E. Elgar Pub. , 1994.

22. North, Douglass C. , *Institutions, Institutional Change and Economic Performance*, Cambridge: Cambridge University Press, 1990.

23. O'Brien, Kevin J. and Lianjiang Li, *Rightful Resistance in Rural China*, Cambridge: Cambridge University Press, 2006.

24. Oi, Jean, *State and Peasant in Contemporary China: The Political Economy of Village Government*, Berkeley: University of California Press, 1989.

25. Putnam, Robert D. , *Bowling Alone: the Collapse and Revival of American Community*, New York: Simon & Schuster, 2000.

26. Putnam, Robert D. , *Making Democracy Work*, Princeton University Press, 1994.

27. Pye, Lucian W. , *The Dynamics of Chinese Politics*, Cambridge, Mass. : Oelgeschlager, Gunn & Hain, 1981.

28. Scott, W. R. , *Institutions and Organizations*, Thousand Oaks, Calif. : Sage Publications, 2001.

29. Scott, W. R. , *Organizations, Rational, Natural and Open Systems* (4th ed.), New Jersey: Prentice Hall, 1995.

30. Walder, Andrew G. , *Communist New-Traditionalism: Work and Authority in Chinese Industry*, Berkeley: University of California Press, 1986.

31. Weber, Max, *From Max Weber: Essays in Sociology*, Trans. by H. H. G. , York:Oxford University Press, 1946.

32. Zheng, Shiping, *Party Vs State in Post-1949 China: the Institutional Dilemma*, Cambridge: Cambridge University Press, 1997.

(二) 论文

1. Alchian, Armen A., "Property Rights", *The Concise Encyclopedia of Economics*, http://www.econlib.org/library/Enc/PropertyRights.html.

2. Anastassiya, Zagainova, "The Analyses of Corruption as Informal Institution and Its Dynamics", project presented at European School on New Institutional Economics, Cargese, May, 2006.

3. Bach, David, Abraham L. Newman and Steven Weber, "The International Implications of China's Fledgling Regulatory State: From Product Maker to Rule Maker", *New Political Economy*, Vol. 11, No. 4, Dec., 2006.

4. Barley, Stephen R. and Pamela S. Tolbert, "Institutionalization and Structuration: Studying the Links between Action and Institution", *Organization Studies*, Vol. 18, No.1, 1997.

5. Boesen, Nils, "Governance andAccountability: How Do the Formal and the Informal Interplay and Change?", J. Jütting, D. Dreschler, S. Bartsch, and I. de Soysa (eds.), *Informal Institutions: How Social Norms Help or Hinder Development*, Paris: OECD, 2007.

6. Boisot, Max and John Child, "The Iron Law of Fiefs: Bureaucratic Failure and the Problem of Governance in the Chinese Economic Reforms", *Administrative Science Quarterly*, Vol. 33, No. 4, Dec., 1988.

7. Böröcz, József, "Informality Rules", *East European Politics*

and Societies, Vol. 14, No. 2, 2000.

8. Boussard, Caroline, "Democratic Consolidation: The Role of Informal Institutions-Illustrations from Central America", Paper Delivered at the XXII International Congress of the Latin American Studies Association, Miami, Florida, Mar. 16 - 18, 2000.

9. Brass, D. J., "Being in the Right Place: A Structural Analysis of Individual Influence in an Organization", *Administrative Science Quarterly*, Vol. 29, No. 4, Dec., 1984.

10. Collins, Kathleen, "Clans, Pacts and Politics in Central Asia", *Journal of Democracy*, Vol.13, No.3, Jul., 2002.

11. Collins, Kathleen, "The Political Role of Clans in Central Asia", *Comparative Politics*, Vol.35, No.2, 2003.

12. Cox, Wendell and Hugh Pavletich, "7th Annual Demographia International Housing Affordability Survey", http://www.demographia.com/dhi.pdf.

13. Darden, Keith, "Graft and Governance: Corruption as an Informal Mechanism of State Control", paper prepared for the Conference Informal Institutions and Politics in the Developing World, Harvard University, Apr. 5 - 6, 2002.

14. Dewatripont, Mathiasand Jean Tirole, "A Theory of Debt and Equity: Diversity of Securities and Manager-Shareholder Congruence", *The Quarterly Journal of Economics*, Vol. 109, No. 4, Nov., 1994.

15. Ding, Xue Liang, "Systemic Irregularity and Spotaneous Property Transformation in Chinese Financial System", *The China Quarterly*, Vol. 163, Sep., 2000.

16. Dittmer, Lowell, "*Modernizing Chinese Informal Politics*", Jonathan Unger (ed.), *The Nature of Chinese Politics: from Mao to*

Jiang, Armonk, N.Y.: M.E. Sharpe, 2002.

17. Eisenstadt, Todd, "Trust but Verify: How Mexico's Opposition Forced Electoral Dispute Resolution from Bargaining Tables to Court Rooms and Lived to Tell about It", paper presented at the Conference Informal Institutions and Politics in the Developing World, Weatherhead Center for International Affairs, Harvard University, Apr. 5-6, 2002.

18. Evans, Peter B., "Predatory, Developmental, and Other Apparatuses: A Comparative Political Economy Perspective on the Third World State", *Sociological Forum*, Vol. 4, No. 4, 1989.

19. Fan, Chengze and Herschel I. Grossman, "Incentives and Corruption in Chinese Economic Reform", *Journal of Policy Reform*, Vol. 4, No.3, 2001.

20. Freitas, Carlos Alberto Sampaio de and Tomás de Aquino Guimaraes, "Isomorphism, Institutionalization and Legitimacy: Operational Auditing at the Court of Auditors", *BAR*, Vol. 4, No. 1, Jan./Apr. 2007.

21. Fukui, Haruhiro, "Introduction: On the Significance of Informal Politics", Lowell Dittmer, Haruhiro Fukui and Peter N. S. Lee (eds.), *Informal Politics in East Asia*, Cambridge: Cambridge University Press, 2000.

22. Gong, Ting, "Forms and Characteristics of China's Corruption in the 1990s: Change with Continuity", *Communist and Post-Communist Studies*, Vol.30, No.3, 1997.

23. Helmke, Gretchen and Steven Levitsky, "Informal Institutions and Comparative Politics: A Research Agenda", *Perspectives on Politics*, Vol. 2, No. 4, Dec., 2004.

24. Huang, Yasheng, "Central-Local Relations in China during

the Reform Era: The Economic and Institutional Dimensions", *World Development*, Vol. 24, No. 4, 1996.

25. Isenstadt, Todd, "Thinking Outside the (Ballot) Box: Informal Electoral Institutions and Mexico's Political Opening", *Latin American Politics and Society*, Vol. 45, No. 1, Spr., 2003.

26. Jepperson, Ronald L., "Institutions, Institutional Effects, and Institutionalism", Walter W. Powell and Paul J. DiMaggio (eds.), *The New Institutionalism in Organizational Analysis*, Chicago: University of Chicago Press, 1991.

27. Jütting, J., "Institutions and Development: A Critical Review", OECD Development Centre Working Paper No. 210, 2003.

28. Kornai, Janos, "Resource-Constrained Versus Demand-Constrained Systems", *Econometrica*, Vol. 47, No. 4, Jul., 1979.

29. Kornai, Janos, "The Concept of the Soft Budget Constraint Syndrome in Economic Theory", *Journal of Comparative Economics*, Vol. 26, No. 1, Mar., 1998.

30. Krackhardt, D., "Assessing the Political Landscape: Structure, Cognition, and Power in Organizations," *Administrative Science Quarterly*, Vol. 35, No. 2, Jun., 1990.

31. Lauth, Hans-Joachim, "Informal Institutions and Democracy", *Democratization*, Vol. 7, No. 4, Win., 2000.

32. Li, Lianjiang, "Political Trust in Rural China", *Modern China*, Vol. 30, No. 2, 2004.

33. Li, S., S. H. Park, et al., "The Great Leap Forward: The Transition From Relation-Based Governance to Rule-Based Governance", *Organizational Dynamics*, Vol. 33, No. 1, 2003.

34. Lin, J. Y., "An Economic Theory of Institutional Change: Induced and Imposed Change", *Cato Journal*, Vol. 9, No. 1,

1989.

35. Lü, Xiaobo, "Booty Socialism, Bureau-Preneurs, and the State in Transition Organizational Corruption in China", *Comparative Politics*, Vol. 32, No. 3, Apr., 2000.

36. Manor, James, "Center-state Relations", Atul Kohli (ed.), *The Success of India's Democracy*, Cambridge: Cambridge University Press.

37. Milgrom, Paul R., Douglas C. North, and Barry R. Weingast, "The Role of Institutions in the Revival of Trade: The Law Merchant, Private Judges, and the Champagne Fairs", *Economics and Politics*, Vol. 2, No. 1, Mar. 1990.

38. Moe, Terry, "The New Economics of Organization", *American Journal of Political Science*, Vol. 88, 1984.

39. Montinola, Gabriella, Yingyi Qian and Barry R. Weingast, "Federalism, Chinese Style: the Political Basis for Economic Success in China", *World Politics*, Vol. 48, No. 1, Oct., 1995.

40. Nathan, Andrew, "A Factionalism Model for CCP Politics", *The China Quarterly*, Vol. 53, Jan./Mar., 1973.

41. Nee, Victor and Paul Ingram, "Embeddedness and Beyond: Institutions, Exchange, and Social Structure", Mary C. Brinton and Victor Nee (eds.), *New Institutionalism in Sociology*, New York: Russell Sage Foundation, 1998.

42. North, Douglas C., William Summerhill, and Barry R. Weingast, "Order, Disorder, and Economic Change: Latin America Versus North America", Bruce Bueno de Mesquita and Hilton L. Root (eds.), *Governing for Prosperity*, New Haven: Yale University Press, 2000.

43. O'Donnell, Guillermo, "Another Institutionalization: Lat-

in America and Elsewhere", Kellogg Institute Working Paper, No. 222, University of Notre Dame, 1996.

44. Oi, Jean, "Fiscal Reform and the Economic Foundation of Local State Corporation in China", *World Politics*, Vol. 45, No.1, Oct., 1992.

45. Pejovich, Svetozar, "The Effects of the Interaction of Formal and Informal Institutions on Social Stability and Economic Development", *Journal of Markets and Morality*, Vol. 2, No. 2, 1999.

46. Powell, W. W., "Expanding the Scope of Institutional Analysis", W. W. Powell and P. J. DiMaggio (eds.). *The New Institutionalism in Organizational Analysis*, Chicago: The University of Chicago Press, 1991.

47. Sargeson, Sally and Jian Zhang, "Reassessing the Role of the Local State: A Case Study of Local Government Interventions in Property Rights Reform in a Hangzhou District", *China Journal*, No. 42, 1999.

48. Sewell, William, "A Theory of Structure: Duality Agency and Transformation", *American Journal of Sociology*, Vol. 98, No. 1, Jul., 1992.

49. Suchman, M. C., "Managing Legitimacy: Strategic and Institutional Approaches", *Academy Management Review*, Vol. 20, No. 3, Jul,. 1995.

50. Tolbert, P. S. and L. G. Zucker, "The institutionalization of institutional theory", S. R. Clegg, C. Hardy and W. R. Nord (eds.), *Handbook of Organization Studies*, London: Sage, 1996.

51. Tsao, King Kwun, "Building Administrative Capacity: Lessons Learned From China", *Public Administration Review*, Vol. 69,

No. 6, Nov./Dec., 2009.

52. Tsou, Tang, "Chinese Politics at the Top: Factionalism or Informal Politics? Balance-of-Power Politics or a Game to Win All?", Jonathan Unger (ed.), *The Nature of Chinese Politics: from Mao to Jiang*, Armonk, N.Y.: M.E. Sharpe, 2002.

53. Tsou, Tang, "Prolegomenon to the Study of Informal Groups in CCP Politics", *The China Quarterly*, Vol. 65, May, 1976.

54. Walder, Andrew G., "Local Government as Industrial Firms: An Organizational Analysis of China's Transitional Economy", *American Journal of Sociology*, Vol. 101, No. 2, Sep., 1995.

55. Wang, Hongying, "Informal Institutions and Foreign Investment in China", *The Pacific Review*, Vol. 13, No. 4, 2000.

56. Wedeman, Andrew, "Stealing from the Farmers: Institutional Corruption and the 1992 IOU Crisis", *The China Quarterly*, Vol. 152, Dec., 1997.

57. White, Gordon and Robert Wade, "Developmental States and Markets in East Asia: an Introduction", Gordon White (ed.), *Developmental States in East Asia*, Basingstoke: Macmillan Press in Association with the Institute of Development Studies, University of Sussex, 1988.

58. Woo, Wing Thye, "The Real Reasons for Chinese Growth", *The China Journal*, No. 41, Jan., 1999.

59. Xia, Ming, "Political Contestation and the Emergence of the Provincial People's Congress as Power Players in Chinese Politics: A Network Explanation", *Journal of Contemporary China*, Vol. 9, No. 24, 2000.

60. Zenger, T., S. Lazzarini, and L. Poppo, "Informal and

Formal Organization in New Institutional Economics", Paul Ingram and Brian S. Silverman (eds.), *The New Institutionalism in Strategic Management*, Boston: JAI, 2002.

61. Zheng, Leying, "Chinese Central-provincial Fiscal Relationships, Budgetary Decline and the Impact of the 1994 Fisical Reform: A Evalution", *The China Quarterly*, Vol. 157, Mar., 1999.

62. Zucker, L. G., "The Role of Institucionalization in Cultural Persistance", W. W. Powell and P. J. DiMaggio (eds.), *The New Institutionalism in Organizational Analysis*, Chicago: The University of Chicago Press, 1991.

63. Zucker, L. G., "WhereDo Institutional Patterns Come From? Organizations as Actors in Social Systems", Zucker, L. G. (eds.), *Institutional Patterns and Organizations: Culture and Environment*, Cambridge, Mass.: Ballinger Pub. Co., 1988.

后　记

　　建立一套制度化的治理体制和模式，是中国政治、行政体制改革的一个重要目标，也是国家现代化的重要内容。邓小平多次强调，必须改革党和国家领导制度，加强制度建设，使民主制度化、法律化，使这种制度和法律不因领导人的改变而改变，不因领导人的看法和注意力的改变而改变。江泽民指出："改革的目的，就是要在各方面都形成与社会主义初级阶段基本国情相适应的比较成熟、比较定型的制度。"胡锦涛提出要"构建系统完备、科学规范、运行有效的制度体系，使各方面制度更加成熟更加定型"。习近平指出，党的十八届三中全会提出的全面深化改革的总目标，就是完善和发展中国特色社会主义制度、推进国家治理体系和治理能力现代化。几代领导集体的相关阐述，充分说明了制度建设和制度化的重要性。

　　推进国家治理的现代化，必须深化对转型时期制度及其运作的研究。分析制度本身、制度运作、影响制度运作的各种因素，提出制度变迁的趋势和适应外部利润变化的制度安排。这对于认识和改善国家治理都是十分重要的。

　　土地行政提供了一个理解和诠释当前制度运作的极佳案例。它解释了在从传统体制转型到市场体制过程中，由于土地制度变迁没有及时、充分反映利益格局的变化，所导致的制度失衡及制度变异的问题。提醒我们在转型过程中，制度环境（系统的制度安排）和利益结构调整的重要性。

　　本书是作者在香港中文大学完成的博士学位论文的基础上修改而成的。2004 年 8 月，本人赴香江攻读博士学位。2008 年完成论文初稿,形成论文核心观点,2010年完成修改并答辩。之后再陆续对论文的一些章节进行了较大修改,形成了目前的稿子(因此,本书相关参考文献也截至成稿期间)。

感谢论文导师曹景钧教授,在论文写作的整个过程中,曹教授自始至终都进行了精心指导,督促我不断完善论文内容。感谢王绍光、李连江、徐湘林教授。作为本人博士学位论文的评审委员,三位教授对论文给予了较高的评价,也提出了中肯的修改意见。感谢王浦劬、夏书章、林尚立、桑玉成等教授,他们也对本著作的研究和修改提供了支持和建议。各位教授的相关意见对修改完善本书内容具有重要价值。

感谢关信基、牛铭实、马树人、黄伟豪、李咏仪和王邦佐、竺乾威、孙关宏、胡伟等诸位教授,作为攻读博士和硕士学位期间的老师,他们的学识拓展了我的知识基础和研究视野。

本著作的研究前后长达数年,实地考察了多个地区和部门,与数十位相关人员进行了访谈,是他们提供的协助,使田野工作得以顺利进行。由于涉及的机构和人员很多,这里不能一一列举,但是对他们的感谢却是由衷的。

我所在工作单位对本书的研究和出版给予了宝贵支持。感谢乐正、吴忠、张骁儒、王世巍、黄发玉等诸位院领导,感谢科研处、办公室、社会所及其他各研究所的同事。各位领导和同事的支持与帮助,为本书完成提供了良好条件。

最后,我要特别感谢我的家人。家人的理解支持,是我不断前进的动力,而我无以为报,只能怀着歉意,在这里对他们表达深深的感谢!

由于著者水平所限,本书不足之处在所难免,欢迎来自各方面的批评,电子邮箱:xiezhikui@163.com。

谢志岿

2014年3月于深圳